예수 믿기가 어렵지요?

최 진 호 지음

기독교문서선교회

기독교문서선교회(Christian Literature Crusade: 약칭 **CLC**)는 1941년 영국 콜체스터에서 켄 아담스에 의해 시작되었으며 국제 본부는 영국의 쉐필드에 있습니다.

국제 CLC는 59개 나라에서 180개의 본부를 두고, 약 650여 명의 선교사들이 이동도서차량 40대를 이용하여 문서 보급에 힘쓰고 있으며 이메일 주문을 통해 130여 국으로 책을 공급하고 있습니다.

한국 CLC는 청교도적 복음주의 신학과 신앙서적을 출판하는 문서선교기관으로서, 한 영혼이라도 구원되길 소망하면서 주님이 오시는 그날까지 최선을 다할 것입니다.

Hard to Believe in Jesus?

Written by
Choi, Jinho

Korean Edition
Copyright © 2013 by Christian Literature Crusade
Seoul, Korea

머리말

 나는 30대 후반에 정규적으로 교회에 나가기 시작했고 40대에 세례를 받았다. 나의 신앙생활에는 남들이 흔히 하는 간증과 같은 특별한 체험이나 계기는 없었다. 그러나 다행히도 나의 주변에 좋은 조언자들이 있어서 많은 도움을 받을 수 있었고 성경공부를 통해서 조금씩 하나님을 알아 갈 때 기쁨의 설레임을 느낄 수 있었다. 그러면서도 때로는 의심하는 과정을 반복하면서 60대 후반인 오늘에 이르렀다.

 부모로부터 신앙을 물려받은 사람의 신앙을 흔히 모태신앙(母胎信仰)이라고 하는데 나는 그렇지 못하고 상당히 나이가 들어서야 예수님을 받아들였던 것이다. 어려서부터 신앙생활을 해온 사람들의 습관처럼 몸에 밴 믿음의 생각이나 태도가 어떤 때는 부럽기도 하였지만 나는 그런 것이 없기 때문에 모든 것을 나의 이성으로 판단해서 결단해야만 했다. 그러자니 예수님을 믿게 되는 데 남들보다 오래 걸렸지만 그런 점에서는 장점도 있었던 것 같다. 집의 바깥 모양을 집안에서는 볼 수 없듯이 나는 기독교의 밖에 있다가 들어왔기 때문에 기독교에 대해서 모태신앙이 볼 수 없는 부분을 볼 수 있었다고 생각한다.

나 자신이 기독교를 쉽게 받아들이지 못하고 오랫동안 갈등해 왔던 문제들에 대해서 아직도 그 때문에 결단을 하지 못하는 사람들이 있다면 나의 경험과 생각을 나누고 싶은 생각이 든다. 바로 그것이 본서를 출판하게 된 첫째 이유이다. 본서가 그런 분들에게 하나님을 받아들이기로 결단하는 데 도움이 되기를 바란다.

본서에서는 주로 내가 기독교에 대해서 과거에 가졌던 의문점들을 중심으로 풀어 보았다. 나는 신학을 체계적으로 공부하지는 않았기 때문에 신학적인 문제에 깊이 들어갈 수는 없고 내가 아는 범위 내에서 쉽게 다루었지만 평신도가 본 신학이기 때문에 평신도들에게는 전문 신학자들의 글보다 오히려 이해하기 쉬울지도 모른다.

한편 오랫동안 신앙생활을 해 온 분들이라도 기독교 신앙의 핵심이 잘 이해되지 않는 분들도 있을 것이다. 예수님이 나를 위해서 십자가에서 죽으셨다는 사실에 대해 충분한 이해나 감동이 없이 형식적으로 교회에 출석만 하는 것으로는 신앙생활을 하고 있다고 말하기에는 부족하지 않겠는가. 그런 분들에게도 본서가 신앙에 대한 확신을 갖는 데 도움이 되기를 바란다.

2013년 봄
최진호 識

목 차

머리말　5

1 믿음의 기초

태초에 하나님이 천지를 창조하시니라　11
나는 사랑 받기 위해서 태어났다　23
삼위일체(三位一體)의 하나님　31
나는 왜 죄인인가?　39
성경은 하나님의 말씀　49
믿음은 바라는 것들의 실상　61

2 하나님의 계획

하나님의 계획과 이스라엘의 역할　77
아브라함이 바랐던 하나님의 성　85
요셉을 통해 보여 주시는 하나님의 역사　93
하나님 마음에 맞는 자, 다윗　107
사랑의 하나님　117

3 예수님 사역의 의미

오시기 700년 전에 예언되었던 예수님의 사역	129
영원한 대제사장 예수님	141
하나님이신 예수님	153
교회를 위한 예수님의 기도	165
예수님의 승리	177
주 안에서 자유	185

4 교회생활

교회란 무엇인가	193
그리스도의 몸	201
감사하는 삶	209
실천하는 사랑 – 선한 사마리아인의 비유	221
하나님 앞에 의로운 자	231
개혁적인 신앙	241
기름 부음 받은 주님의 종	253
참 선지자와 거짓 선지자	261

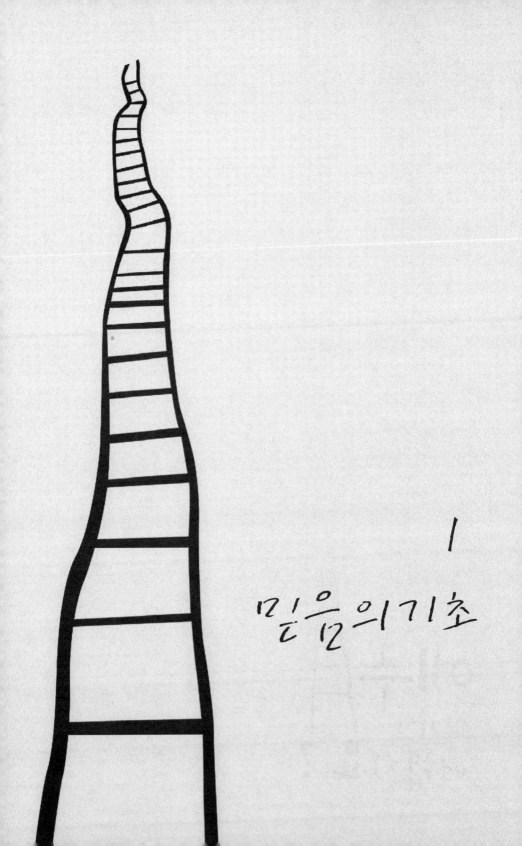

1
믿음의 기초

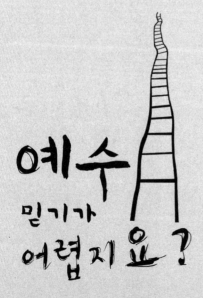

믿음의 기초
태초에 하나님이 천지를 창조하시니라

　성경은 "태초에 하나님이 천지(오늘날 우리의 개념으로는 온 우주를 말함)를 창조하셨다"(창 1:1)고 기록하고 있다. 성경 전체를 통틀어 맨 첫 문장이다. 기독교의 기본은 전능하신 하나님이 계시고, 그 하나님이 우주 만물을 지으셨고, 지금도 그 모든 것을 주관하고 계신다는 것을 믿는 것이다. 그런데 그것이 과연 사실인가? 정말 믿어지는가? 이것을 믿지 않는 사람들에게는 황당하고 웃기는 소리로 들릴 것이다. 자신이 합리적인 사고를 한다고 자부하는 사람일수록 이런 유치한 말을 믿는다는 것은 어리석다고 생각될 것이다. 그러나 아무리 비논리적인 것 같더라도 이 세상의 그토록 많은 사람들이 사실이라고 믿고 있다면 간단히 일축해 버릴 일은 아니지 않은가. 적어도 한 번쯤은 관심을 가져 봐야 할 일이다.

　기독교를 믿는 가정에서 태어나서 자연스럽게 그리스도인이 된 사람(이런 사람의 신앙을 흔히 모태신앙이라고 한다)이라면, 자기 자신의 판단력이 생기기 전에 부모의 신앙에 의해서 또는 주일학교에서 배우면서 거부감이 없이 받아들였을 것이다. 그러나 철이 들면서 부모의 신앙이 자신의 신앙으로 재정립되는 과정에 한 번쯤 갈등을 겪기도 했겠지만 그 기간을 큰 흔들림 없이 넘긴 사람이라면 하나님이 천지를 창조하셨다는 것을 비교적 쉽게 믿을 수 있었으리라 생각된다.

그러나 기독교를 믿지 않는 사람에게 하나님의 천지창조를 믿으라고 하면 선뜻 믿어지지 않는 것도 이해할 수 있다. 이 우주가 얼마나 크고 복잡한가? 도대체 하나님이라는 분이 어떤 존재이기에 아무리 능력이 많다고 해도 이것을 만든다는 말인가. 도무지 논리적으로 설명할 수 없는 일을 믿으라고 하니 믿어지지 않는 것은 당연하다. 심지어 기독교인이라 자처하는 사람들 중에도 확실히 믿기보다는 의심을 가지고 있는 사람이 적지 않은 것이 사실이다. 하나님이 천지를 창조하셨다는 것은 기독교가 성립되는 가장 기초적인 토대인데 이것을 믿지 않는다면 기독교인이라고 할 수조차도 없겠지만, 믿는다고 하면서도 확신이 없고 자꾸만 의심이 생기는 것도 이해할 만하다.

이솝우화에 이런 이야기가 있다. 아기 개구리가 냇가에서 황소를 보았다. 황소의 큰 몸집을 보고 놀라서 왕 개구리에게 달려와 몸집이 엄청나게 큰 짐승을 보았다고 말했다. 그러자 개구리들 중에서는 늘 자기의 몸집이 크다고 자랑하는 왕 개구리는 자기의 배를 크게 부풀리면서 "이만큼 크더냐?" 하고 물었다. 그러자 아기 개구리는 "아니요, 그보다 훨씬 더 컸어요." 하고 대답했다. 왕 개구리는 "그럼 이만큼?" 하고 배를 더 크게 부풀렸다. "아니요, 그보다 더….""그럼 이만큼?" 하면서 왕 개구리는 자기 배를 자꾸만 더 크게 부풀리다가 결국은 배가 터져 버렸다.

  왕 개구리는 세상에서 아무리 큰 짐승이라고 해도 자기의 배를 부풀려서 비교가 될 정도의 크기만 상상할 수 있었지 실제 황소만한 크기에 대해서는 개념조차도 없었던 것이다. 사실은 우리 인간도 그 범주에서 크게 벗어나지 못하는 것이다. 사람들이 상상하는 틀은 자기가 경험해 본 범위에서 크게 벗어나지 못한다는 것을 우화의 형식을 빌어서 표현한 것이다. 우리가 지극히 큰 능력을 가진 분을 생각할 때 같은 사람으로서 대단한 능력을 가진 사람 정도나 그보다 좀 더한 정도의 초인적인 능력을 상상하지, 우주를 창조할 만큼의 능력에 대해서는 상상도 하지 못하기 때문에 믿어지지 않는 것이다.

  실제로 우주가 존재하는 것은 사실인데 그것이 어떻게 해서 존재하는 것인지, 그 안에서 살고 있는 '나'라는 존재는 어떻게 해서 존재하는 것인지는 역사적으로 수천 년 동안 수많은 과학자들과 철학자들이 고민해 온 과제였다. 그럼에도 아직까지 명쾌한 답을 얻지 못하고 있다. 우리가 어떤 사물을 이해하기 위해서는 그것을 포함하는 보다 더 큰 틀에서 그것을 조망(眺望)해 보아야 하는데 우리 인간에게는 그러한 능력이 없다. 우주를 조망할 만큼 그보다 더 큰 틀이 없기 때문이다.

  과학자들은 우주의 생성에 대해서 과학적으로 설명하려고 애를 쓰고 있다. 전문가가 아니어서 자세한 것은 알 수 없으나 대체로 알려진 것은 최초에 작은 점 같은 것이 있었는데, 대폭발에 의해서 이것이 팽창하면서 우주가 생성되었고, 우주는 지금도 계속해서 팽창하고 있다고 한다. 그러나 대폭발이라고 하는 것도 그 이전에 무엇인가 있었기에 폭발이 가능했을 것이다. 그 작은 점이라는 것이 무엇인지는 모르지만 그 안에 우주를 만들 만한 잠재적인 무엇인가(에너지)가 압축되어 있었다고 추론하게 된다.

하나님을 믿는 사람의 관점에서 볼 때 어떤 물질이 만들어지기 전부터 있었다는 작은 점이라고 표현되는 무한한 에너지가 바로 하나님의 능력이라고 해석할 수 있지 않을까 생각해 본다. 그 에너지로부터 우주를 구성하는 모든 물질이 만들어졌다고 볼 수 있을 것이다. 아인슈타인이 발표한 이론 중에

$$E = mc^2$$

라는 공식으로 표현되는 이론이 있다. 이때 E는 에너지를, m은 질량(質量)을, c는 빛의 속도를 의미한다. 이 이론에 의하면 에너지와 물질의 질량은 상호전변(相互轉變)이 된다는 것이다. 즉, 에너지로부터 물질이 만들어지고 물질이 에너지로 변화될 수 있다는 것이다.

애초부터 '무'(無)에서 '유'(有)가 만들어진다는 것을 과학으로 설명하는 것은 불가능하다. 과학이 아무리 발달하더라도 과학으로 발견할 수 있는 것은, 하나님이 이루어 놓으신 것을 뒤늦게 발견하고 확인하는 정도라고 생각하는 것이 올바른 태도이다. 과학적으로 뭔가를 발견했다고 해서 그것은 하나님과 관계없이 설명할 수 있다고 말하는 사람들이

있는데 이는 어리석은 일이다.

　기독교인들은 성경은 하나님의 말씀이라고 믿는다. 물론 성경을 기록한 것은 사람들이지만, 그들이 자기가 생각한 것을 쓴 것이 아니고 하나님으로부터 영감을 받아서 하나님의 뜻을 기록한 것이므로 성경은 하나님의 말씀이라는 것이다. 실제로 성경이 만들어진 과정을 알아보면 신비스럽고 그 내용을 읽어보면 도저히 인간의 지혜로는 이렇게 쓸 수가 없다고 느껴지는 부분들이 많다. 기독교인들이 하나님의 말씀이라고 믿는 성경이 "하나님이 천지를 창조하셨다"고 하니 그렇게 믿는 것이 옳지 않겠는가. 설사 기독교인이 아니라 하더라도 역사적으로 수많은 기독교인들(그중에는 위대한 철학자나 과학자들도 많았고, 지적으로 천재성을 가진 사람들도 많았다)이 그렇게 믿었고 그 믿음을 지키기 위해서 목숨을 버리는 것까지도 주저하지 않았던 사람들이 많다는 사실을 생각하고 조금은 겸손하게 주의를 기울일 필요가 있는 것이다.

　하나님을 믿지 않는 사람이라 하더라도 우주가 누군가에 의해서 만들어지지 않았다면 어떻게 해서 존재하는가를 생각하게 될 것이다. 누군가에 의해서 만들어지지 않았다면 우연히(진화라는 용어가 있지만 진화라는 것은 따지고 보면 우연의 누적이다) 생성되었다고 생각할 수밖에 없을 것이다. 과학자들이 말하는 대폭발설은 먼 과거의 어느 때 우주가 시작된 시점이 있다는 점에서는 창조설과 공통점이 있다. 기독교에서는 우주는 하나님이 만드셨으니 분명히 시작이 있고 장차에는 종말이 있어서 그때에는 지금의 이 우주는 없어진다는 것이다. 먼 옛날 어느 시점에 우주가 시작되었다고 믿는다는 점에서 대폭발설과 기독교의 창조론은 일치한다. 그러나 과학자들은 우주가 언젠가 없어진다는 것에는 말이 없지만 우주 안에 있는 각각의 별들은 새로 생겨나기도 하고 별의 수명이 다하면 없어지기도 한다고 설명하고 있다.

이 밖에 우주가 영원한 과거부터 저절로 존재한다고 하는 가설을 생각해 볼 수 있다. 이것은 우리에게 오히려 더 이해하기 어려운 가설이다. '영원'이라는 것도 엄밀히 따지면 인간이 도저히 설명할 수 없는 개념이다. 한 없이 거슬러 가는 과거(또는 미래도 마찬가지이다)를 상상할 때 그 결과는 알 수 없다. 계속해서 과거로 거슬러 갈 때 그 끝은 무엇일까 하고 생각하게 되는데 그 끝이 있다면 그것은 영원이 아니다. 끝이 없으므로 영원한 것인데 끝이 없다는 것이 무엇을 의미하는지 개념정립이 되지 않는다. 따라서 결론은 우리는 '시간'이 무엇이지 알지 못한다고 말할 수밖에 없다. '시간'만이 아니라 '공간'의 개념도 우리는 정확하게 알지 못한다.

우주가 누군가에 의해서 만들어졌다는 생각은 기독교가 아니라도 과거에 많은 사람들이 생각했었던 것 같다. 우리말로 '조물주'(造物主)라는 단어가 있다. 조물주의 개념은 기독교의 하나님처럼 구체적이지는 못하지만 우주 만물이 대단히 능력이 많은 누군가에 의해서 만들어졌다고 생각한 것이다. 거기에서 좀 더 발전한 생각이 조물주를 인격화해서 착한 사람에게는 상을 주고, 악한 사람에게는 벌을 주는 존재로까지 상상하게 되었다.

옛날부터 중국이나 우리나라에서는 막연하게 '하늘'을 의인화(擬人

化)해서 천지의 법칙을 주관하는 존재로 생각하기도 하였다. '하늘의 뜻'을 거스리지 않아야 한다고 하기도 하고 "민심은 천심"이라는 말이나 "진인사대천명"(盡人事待天命)이라는 말에서 '하늘'(天)이 뜻하는 것은 조물주 또는 기독교의 하나님에 어느 정도 접근한 개념으로 볼 수도 있지 않을까 싶다.

성경에는 사람에게는 본시 하나님을 알 만한 것이 그들 속에 보였다고 기록하고 있다(롬 1:19). 이런 점으로 미루어 볼 때 이 땅에 기독교가 알려지기 전이라도 하나님에 대해서 어렴풋이나마 알 수 있도록 하나님이 역사하신 것이라 생각된다. 이것을 사도 바울은 하나님이 "사람으로 하여금 하나님을 혹 더듬어 찾아 발견케 하려"(행 17:27)하셨다고 하였다.

> **로마서 1:19** 이는 하나님을 알 만한 것이 그들 속에 보임이라 하나님께서 이를 그들에게 보이셨느니라.
>
> **사도행전 17:27** 이는 사람으로 혹 하나님을 더듬어 찾아 발견하게 하려 하심이로되 그는 우리 각 사람에게서 멀리 떠나 계시지 아니하도다.

성경에는 "태초에 하나님이 천지를 창조하셨다"고 한다. 이 말씀은 천지가 있기 전에 하나님이 먼저 존재하셨다는 의미가 된다. 그렇다면 천지를 창조하시기 전에 하나님은 무엇을 하셨을까? 아무리 먼 옛날이라고 하더라도 천지를 창조하신 시점이 있다면 그것은 유한(有限)한 것이다. 그리고 천지창조 이전의 시간을 상상해 본다면 그 시간은 무한(無限)한 것으로 가정할 수 있을 것이다. 그것은 말 그대로 영원(永遠)한 시간일 것이다. 그러한 가정 하에서는 천지를 창조하신 이후의 시간보다는 창조 이전에 하나님 혼자 계셨던 시간이 훨씬 길었을 것이라고 생각할 수 있다. 이러한 생각은 자연스럽게 태초 이전의 시간을 가정하게 되는데 태초란 모든 것이 시작된 가장 처음을 말하는 것이라고 한다면 '태초 이전'이란 말 자체가 모순이다. 설명이 되지 않는다. 결국은 '시간'이라는 것도 하나님이 만드신 것이라는 결론에 도달한다. 즉 하나님이 천지를 창조하시면서 그때부터 시간이 시작된 것이다. 따라서 천지창조 이전의 시간은 없는 것이다.

이런 생각을 계속해 보아도 결국은 사람의 생각으로는 이해할 수가 없다는 결론에 도달한다. 전지전능하신 하나님은 우리의 생각을 초월하시는 분이므로 우리가 이해할 수 없는 지혜로 모든 것을 다 해결하신 것이다. 우리가 그나마 이해할 수 있는 것은 하나님은 시간을 창조하신 분이므로 시간의 구속받지 않으실 것이라는 점이다. 하나님은 시간을 초월하시는 분이며 따라서 하나님은 과거와 미래와 현재를 동시에 보실 수 있다.

성경에 의하면 하나님은 우주를 창조하시고, 그 안의 모든 동식물과 인간을 창조하실 때 분명한 목적이 있었고, 의도적으로 만드셨다. 만일 이것을 부정하고 모든 것이 우연히 만들어진 것이라고 한다면 우연에는 목적이 있을 수 없고 무엇이든 생겼다가 없어지는 과정에 아무런 의미가 있을 수 없다. 인간인 내가 이 세상에 태어난 것도 우연이므로 사는 목적도 없고 어떻게 사는 것이 바르게 사는 것인지도 정의할 수 없으며 바르게 살아야 할 이유도 없는 것이다. 그러나 성경에는 하나님이 인간을 지으실 때 모든 피조물보다 귀한 존재로 지으시고 인격을 부여하셔서 사랑의 대상으로 그리고 하나님을 대신해서 이 세상을 다스리는 존재로 삼으신 것이다. 그래서 우리는 이 세상에 태어날 때 하나님이 의도하신 목적이 있고 어떻게 살아야 한다는 목표가 주어졌다. 따라서 우리 인간의 삶에는 의미가 있고 우리의 신분은 무한히 귀한 존재로 격상되는 것이다.

하나님은 우리 사람들을 '인류'라고 하는 하나의 집단으로만 보시는 것이 아니다. 하나님은 우리 한 사람, 한 사람을 개별적인 목적을 가지고 지으셨다. 따라서 우리 사람들은 인류의 한 사람으로서의 의미도 있지만 동시에 각자가 자기만의 독특한 삶의 의미를 가지는 것이다.

한편 하나님이 천지를 창조하셨다는 것을 과학으로 설명하기 위해서 많은 기독교를 믿는 과학자들이 모여서 창조과학회를 만들어 활동하고 있다고 한다. 하나님의 창조를 부정하고 우주가 우연히 생성되었다는 것을 과학으로 설명하려고 하는 것과 마찬가지로 하나님이 창조하셨다는 것을 과학으로 설명하려는 의도도 부질없다는 생각이 든다. 그런 연구를 해 주는 사람들이 있으니 고맙기는 하지만 어차피 그것은 인간의 지혜의 결집인 과학으로 해결될 수 있는 문제가 아니라고 생각된다. 하나님이 세상을 지으시고 하나님의 말씀으로 '내가 천지를 창조했다'고 하시니 그 말씀을 믿어야지, 하나님 말씀보다 더 신빙성 있는 증거가 어디 있겠는가.

하나님이 존재하신다는 것을 연역적(演繹的)인 방법으로 증명할 수는 없지만 17세기 프랑스의 철학자이자 과학자이며 동시에 신학자였던 파스칼은 그래도 하나님의 존재를 부정하는 것보다는 믿는 것이 현명하다는 것을 내기에 비유해서 재미있게 설명하였다.

논리적으로 하나님은 존재하거나 존재하지 않거나 두 가지 경우가 있다. 그리고 나는 하나님을 믿거나 믿지 않거나 둘 중의 하나를 선택할 수밖에 없다.

먼저 내가 하나님을 믿지 않았을 경우를 생각해 보자. 그런데 만일 실제로 하나님이 존재하지 않는다면 나의 판단은 옳지만 그렇다고 해서 나는 얻는 것도 없고 잃는 것도 없다. 그러나 나의 선택과는 달리 실제로 하나님이 존재한다면 어떤가. 실제로 존재하시는 하나님을 믿지 않았을 때 나는 모든 것을 잃고 마지막에는 비참한 상태가 될 것이다. 이것은 실로 심각한 문제인 것이다.

이번에는 내가 하나님을 믿었을 경우를 생각해 보자. 그런데 실제로 하나님이 존재하지 않는다면 나의 판단은 틀렸지만 그렇다고 해서 잃는 것은 없다. 오히려 하나님이 계신다고 믿음으로써 바르게 살려고 노력했다면 보다 나은 삶이라는 보상을 받을 것이다. 그리고 실제로 하나님이 존재한다면 나의 판단은 옳았고 나는 모든 것을 얻게 되는 것이다.

결론적으로 내가 하나님을 믿었을 경우에는 나의 판단이 옳았으면 큰 유익이 있지만 틀렸더라도 손해 볼 것은 없는 데 비해서 내가 하나님을 믿지 않았을 경우에는 나의 판단이 옳았더라도 얻는 것도 잃는 것도 없는데 나의 판단이 틀렸을 경우에는 큰 재앙이 된다는 것이다. 그렇다면 나로서는 하나님이 존재한다고 믿는 것이 현명한 선택이라는 것이다.

이것은 흔히 '파스칼의 내기'라고 알려진 얘기인데 다소 우습게 들리기도 하지만 이 내기야 말로 나의 전 인생이 걸린 내기이다. 이보다 더 큰 내기가 있을까? 당신은 이 내기에서 어느 쪽에 걸겠는가?

우주가 어떻게 해서 존재하는가에 대해서 몇 가지 가능성을 생각해 보았지만 인간의 논리로는 어느 것도 명쾌한 답을 제시하지는 못하는 것 같다. 그러나 그중에서 전능하신 하나님이 창조하셨다고 믿는 것이 가장 타당하다고 생각된다. 아무리 이렇게 주장하더라도 믿지 않기로 작정한 사람에게는 여전히 믿어지지 않을 것이다. 그러나 일단 믿어 보고 다른 논제들과 연관해서 생각하면 그 믿음이 점점 더 확실해지는 것을 알게 될 것이다.

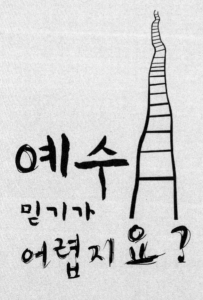

믿음의 기초
나는 사랑 받기 위해서 태어났다

지난 수천 년 동안 인간은 삶이란 무엇이며 삶의 목적이 무엇인가에 대해서 생각하고 답을 얻으려고 노력해 왔지만 답을 얻지 못하고 혼란스럽기만 했다. 생각의 출발점이 우리 자신이었기 때문이다. 그 이유는 나의 존재 자체가 나 자신의 의지에 의한 것이 아니기 때문이다. 어떠한 인간도 스스로 태어나겠다는 의지를 가지고 태어난 사람은 없다.

찰스 다윈(Charles Robert Darwin)이 1859년 『종의 기원』(*On the Origin of Species by Means of Natural selection*)이라는 책을 발표하면서 사람들의 관심을 모은 진화론은 지금까지 창조론과 대립하는 학설로 많은 사람들의 인정을 받고 있다.

어떤 과학자들은 태초에 지구를 덮고 있었을 것으로 추정되는 대기와 같은 조건의 기체의 조합을 만들어 밀폐된 상자 안에 넣고 그 안에 전기의 스파크를 일으켜 번개가 치는 것과 비슷한 상태를 시뮬레이션해서 오랫동안 실험했더니 그 상자 안에서 생명체가 형성되기 위해 필수적인 기본 화합물인 아미노산이 만들어졌다고 한다. 그들은 이것을 진화론을 뒷받침하는 근거의 하나로 주장하기도 하였다. 만약 실험을 훨씬 오랫동안 계속한다면 이렇게 우연히 만들어진 아미노산으로부터 단백질도 만들어질 수 있고 또 핵산(RNA와 DNA)도 만들어질 수 있다는 것이다. 이런 물질들이 계속 진화하면 가장 원시적인 형태의 생명체가 형성될 수 있고 그것이 계속 진화하면 점차 고등 생명체도 만들어지는 것이라고 추론하였다. 이것이 계속 진화되어 사람까지 진화가 이루어진 것이라고 한다.

진화론에는 나름대로 논리의 체계가 있어 보이고 실제로 오늘날 바이러스나 세균 종류들은 환경에 따라 변이를 일으켜 진화함으로써 새로운 변종이 생겨나고 있는 것도 사실이다. 상당한 설득력이 있는 것도 사실이고 어떤 이들은 하나님의 창조를 믿기는 하지만 진화론을 완전히 틀렸다고 부정해 버릴 수는 없으므로, 하나님이 창조를 하셨는데 진화의 방법으로 창조하셨다고 하기도 한다. 그러나 이러한 진화에 의해서 하급 생물에서부터 고급 생물로, 궁극적으로 사람까지 진화되었다고 주장하는 데에는 설명되지 않는 부분도 있어서 그대로 받아들이기에는 문제가 있다.

여러 가지 화석을 통해서 밝혀지는 지구의 역사상 과거에는 지구 상에 존재했지만 지금은 멸종되고 없는 동식물이 있다. 반대로 과거에는 없었지만 지금은 존재하는 동식물도 많다. 그런 관점에서 볼 때 하나님의 창조는 태초에 단번에 이루어진 것이라기보다는 오랜 시간을 두고 진행되었다고 보는 것이 옳을 지도 모른다. 어쩌면 짧은 시간을 사는 우리의 눈으로는 보이지 않지만 하나님의 창조는 지금도 진행 중인 것 같다.

진화란 궁극적으로 우연의 누적이다. 우연히 이루어진 작은 변화가 누적되어 큰 변화가 이루어지고 새로운 것이 만들어진다는 논리이기 때문이다. 그런데 만일 인간의 존재가 순전히 우연의 결과라고 한다면 거기에는 어떤 목적이 있을 수 없다. 굳이 착하게 살아야 할 이유도 없고 다른 사람을 사랑해야 할 이유도 없다. 과연 우리가 그러한 존재에 지나지 않는가? 그렇다면 우리의 인격은 무엇인가? 우리의 감정이나 우리가 생각하고 판단하는 능력은 아무 것도 아니라는 말인가? 여기에 쉽게 수긍할 수 없는 문제가 있다.

　그렇다면 내가 존재하는 의미는 무엇이며 사는 목적은 무엇인가? 우리가 길을 가다 보면 나무나 돌에 지명과 화살표가 그려진 이정표를 가끔 볼 수 있다. 그것이 거기에 서있는 목적은 길을 가는 사람에게 방향을 가리켜 주는 것이다. 그런데 그 나무나 돌에게 그러한 목적을 부여한 것은 그 나무나 돌 자체가 아니고 그것을 그곳에 세워 놓은 사람에 의해서 주어졌다는 사실을 생각할 필요가 있다. 목수는 나무를 가지고 사람이 앉을 수 있는 의자도 만들고 책상도 만든다. 의자와 책상은 각자 만들어진 목적이 있지만 나무가 스스로 나는 의자가 되겠다거나 책상이 되겠다고 결정하는 것이 아니고 그것을 만드는 목수가 결정하는 대로 되는 것이다.

　사람도 마찬가지이다. 사람은 살아가면서 장래의 계획도 세우고 목표도 세우지만 날 때부터 스스로 목적을 가지고 태어나는 사람은 없다. 사람이 진화에 의해서 우연히 생겨난 것이라면 태어난 목적이 있을 수 없다. 그런데 성경은 하나님이 인간을 창조하셨다고 한다. 따라서 사람이 태어날 때의 목적은 하나님이 주시는 것이다. 무엇보다도 중요한 것은 사람이 우연의 결과로 생겨나서 존재하는 것이 아니고 전능자가 어떤 목적을 가지고 의도적으로 만들었다는 것이다. 사람이 자기 자신을 중심으로 생각할 때 아무리 깊이 생각한다 해도 자신이 존재하는 의미나 목적을 발견할 수가 없는 것은 그것이 사람을 만드신 이, 하나님에 의해서 주어지는 것이기 때문이다. 하나님을 의식하지 않고는 사람이 이 세상에 사는 의미와 목적을 찾을 수가 없는 것이다.

그렇다면 하나님이 나를 창조하신 목적은 무엇인가? 하나님은 사람을 하나님의 형상대로 만드셨다고 한다(창 1:26-27). '하나님의 형상(Image of God)대로'라는 말은 무엇을 의미하는가? 여기에서 형상이란 우리가 눈으로 볼 수 있는 외모를 말하는 것은 아니다. 하나님은 영이시므로 손이나 발처럼 눈에 보이는 육신을 가진 분이 아니다. 영어로 'Image'라고 표현되고 우리 말로는 '형상'으로 번역된 이 말이 뜻하는 것은 무엇인가? 성경에 의하면 하나님이 천하의 모든 것을 창조하셨지만 오로지 사람만을 하나님의 형상대로 만드셨다. 하나님의 특성 중에서 다른 모든 피조물과 달리 인간만이 가진 '하나님을 닮은 유사점'은 무엇인가? 그것은 인간은 하나님처럼 인격체라는 것이다. 하나님은 인격체이시며 모든 피조물 중에 오직 인간만을 인격체로 지으셨다. 인간을 제외한 어떤 피조물도 인격체가 아니다. 하나님이 인간을 하나님의 형상대로 만드셨다는 말은 인간을 인격체로 만드셨다는 뜻이다.

창세기 1:26-27 ²⁶하나님이 이르시되 우리의 형상을 따라 우리의 모양대로 우리가 사람을 만들고 그들로 바다의 물고기와 하늘의 새와 가축과 온 땅과 땅에 기는 모든 것을 다스리게 하자 하시고 ²⁷하나님이 자기 형상 곧 하나님의 형상대로 사람을 창조하시되 남자와 여자를 창조하시고.

하나님이 인간을 인격체로 만드신 이유는 무엇일까. 하나님은 우주 만물을 창조하셨고 헤아릴 수 없을 만큼 많은 종류의 동식물을 만드셨다. 하나님은 단순히 사람을 당신께서 만드신 그 많은 종류중의 하나로 여기실까? 하나님이 인간을 다른 피조물과는 특별히 구별되게 만드셨다는 사실이 그렇지 않다는 반증이다.

인격체란 무엇을 의미하는가? 인격체란 자유의지를 가지고, 따라서 스스로 생각하며 결정하고 그 결과에 대해서 책임질 수 있는 존재를 말한다. 인격체는 사랑을 할 수 있고 사랑을 받을 수 있는 존재이다. 사랑은 인격적인 행위이기 때문에 인격체만이 사랑을 할 수 있고, 사랑을 받을 수 있다. 비인격체는 사랑을 할 수도 없고 받을 수도 없다. 모든 피조물 중에 사람만이 사랑을 할 수 있고 사랑받을 수 있다.

하나님은 사람을 사랑하시기 위해서 만드셨다. 하나님은 사람을 사랑의 대상으로 삼으시기 위해서 오직 사람만을 하나님과 같은 인격체로 만드신 것이다. 그리고 하나님은 사람을 사랑하시고 또한 사람인 우리도 하나님을 사랑하라고 명령하셨다. 하나님이 나를 사랑하신다는 것은 어떤 의미를 가지는가?

가끔 비행기가 추락하는 사고로 수백 명의 사람이 한꺼번에 사망하는 사고가 발생하곤 한다. 그런 뉴스를 접할 때 우리는 안됐다는 생각과 함께 왜 그런 일이 일어날까 하고 안타까워하기도 한다. 그러나 곧 잊어버리고 만다. 그러나 만일 그 비행기에 내가 사랑하는 사람, 아내나 남편, 또는 자녀가 타고 있었다면 어떻겠는가? 그 충격은 말로 표현하기 어려울 것이다. 사랑하는 사람을 잃은 슬픔은 무엇으로도 위로가 되지 않을 것이다. 사랑하는 사람은 이 세상을 다 준다 하더라도 바꾸지 않을 만큼 무한한 가치를 가지는 것이다.

하나님은 우리를 그 이상으로 사랑하신다. 예수님은 "사람이 만일 온 천하를 얻고도 제 목숨을 잃으면 무엇이 유익하리요 사람이 무엇을 주고 제 목숨을 바꾸겠느냐"고 하셨다(마 16:26). 우리 한 사람, 한 사람의 가치는 천하보다도 귀한 것이다. 하나님은 나를 사랑하시기 때문에 나를 천하보다도 귀하게 보시는 것이다.

하나님은 나를 사랑의 대상으로 지으셨다. 사랑하시기 위해서 지으셨다는 말이다. 따라서 나는 천하보다도 귀한 존재이다. 하나님은 나를 통해서 기쁨을 얻으시기를(영광을 받으시기를) 원하신다. 하나님은 우리가 동물적인 본능으로 순종하는 것이 아니라 자유의지를 가진 인격체로서 자발적으로 하나님의 뜻에 순종하며 하나님을 사랑하고 하나님을 기쁘시게 하며 하나님을 영화롭게 하기를 원하신다. 그리고 하나님은 사람을 창조하신 후에 그들에게 복을 주시며 이르시되 "생육하고 번성하여 땅에 충만하라, 땅을 정복하라, 바다의 고기와 공중의 새와 땅에 움직이는 모든 생물을 다스리라"(창 1:28)고 임무를 부여하셨다. 하나님은 사람에게 하나님을 대신하여 이 세상을 다스리는 임무를 부여하신 것이다. 이것이 바로 하나님이 나를 창조하신 목적이며 동시에 내가 사는 목적이다.

하나님은 사람을 지으실 때 모든 사람에게 해당되는 공통적인 목적이 있지만 또한 각 사람마다 특별한 목적과 이유를 부여하셨다. 앞에서 언급한 사랑의 대상이라든가 하나님을 대신하여 피조 세계를 다스리는 임무는 모든 사람에게 해당되는 목적이라 할 수 있다.

그러나 각각의 개인에게는 그 사람에게만 해당되는 특별한 목적이 있고 그에 따르는 환경과 재능을 주신 것이다. 우리 각 사람은 서로가 다르며 모두 저마다의 개성과 능력이 있고 처해진 상황에도 차이가 있다. 하나님은 다른 사람이 아닌 나를 통해서 특별히 이루시고자 하시는 일이 있고 기대하시는 것이 있다. 하나님이 보실 때 각 사람은 자기만의 독특한 가치와 의미를 가지는 것이다. 따라서 우리는 하나님이 나에게 주신 재능이 무엇인가를 찾아서 개발하고 나를 통해서 이루시기를 원하시는 것이 무엇인가를 발견하고 이루도록 노력해야 하는 것이다.

어떤 물건이 존재하는 목적은 만든 자에 의해서 주어지지만 그 목적(용도)이 그 물건을 사용하는 자에 의해서 바뀔 수도 있다. 오래 전 어느 목사님이 설교를 통해서 인용하신 예화이다.

한 일본인 친구가 목사님을 방문했을 때 목사님은 그에게 사기로 만든 예쁜 요강을 선물했다고 한다. 얼마 후 이 목사님이 일본에 갔을 때 그 친구의 집에 초대를 받아 방문했는데, 그 친구는 목사님이 선물한 것이 요강인줄 모르고 그것을 밥통으로 사용하고 있었다고 한다. 더운 밥을 그 사기그릇(요강)에 담아 뚜껑을 덮어서 온돌방 아랫목에 이불을 덮어 두니 보온도 되고 매우 좋더라고 한다. 이 경우 그것을 만든 사람은 요강으로 만들었지만 사용하는 사람은 그것을 밥을 보관하는 밥통으로 사용한 것이다. 이것은 만든 자의 목적이 사용자에 의해서 바뀐 경우이다.

그런데 요강이 밥통으로 바뀔 수 있다면 반대로 밥통이 요강으로 바뀔 수도 있을 것이다. 하나님은 사람을 사랑의 대상으로 지으셨지만 사람의 잘못된 선택으로 인해 사탄의 도구로 전락할 수도 있는 것이다. 하나님을 사랑하고 하나님의 뜻을 이루는 데 사용되어야 할 사람이 사탄의 포로가 되어 악한 일을 일삼고 하나님의 일을 방해하는 도구가 되어 버린 사람이 있다. 하나님의 마음이 얼마나 아프실까. 어떤 별난 사람만 그런 것이 아니라 나 자신도 어떤 순간 잘못 생각하면 그런 행동을 할 때가 있는 것이다. 그렇게 되지 않도록 항상 조심해야 할 일이다.

믿음의 기초
삼위일체(三位一體)의 하나님

하나님은 그 본성에 있어서 한 분이신데, 이 한 분이신 하나님 안에 세 위격이 있다고 한다. 기독교 교리의 핵심적인 개념으로 성부(聖父), 성자(聖子), 성령(聖靈)은 삼위(세 위격, 3 Persons)로 존재하지만, 본질(本質, Essence)은 한 하나님이시라는 교리이다. 그러나 이해하기 매우 어려운 교리이다. 삼위일체의 개념은 어떤 사람도 온전히 이해해서 설명하기는 불가능하다고 한다.

그러나 우리가 하나님을 사랑하고 바른 관계를 유지하기 위해서는 하나님은 어떤 분이신지 알아야 하고 알기 위해서 노력하는 것은 당연하다. 그러나 한편으로는 피조물인 인간이 무한하신 하나님의 존재방식을 완전히 이해하지 못하는 것 또한 당연한지도 모른다. 기독교 역사상 기독교의 교리 또는 성경을 잘못 해석함으로 인해서 많은 이단이 발생했는데 삼위일체 교리로 인한 이단이 가장 많이 생겼다고 한다. 따라서 우리는 이 교리에 대해서 많이 생각하고 이해하려고 노력할 필요는 있지만 지나친 억측을 하지 않도록 조심할 필요가 있다. 이에 대한 바른 자세는 성경을 통해서 이해하려고 노력하면서 정통성 있는 견해에 대해서 관심을 가지는 것이라고 생각된다.

　성경에는 '삼위일체'라는 단어는 없다. 그러나 성경은 성부, 성자, 그리고 성령에 대해서 언급하고 있으며 성부 하나님도 하나님이고, 성자이신 예수님도 하나님, 성령님도 하나님이라고 가르친다. 그러면서 또한 하나님은 단 한 분이시라고 한다.

　성경에서 삼위일체를 의미하는 표현을 몇 가지 찾아보자. 하나님은 세상을 창조하실 때 자신을 지칭하여 '우리'라는 표현을 사용하셨다(창 1:26). 이것은 삼위를 복수로 표현하신 것으로 이해되고 있다. 예수님이 세례를 받으셨을 때에는 삼위의 하나님이 모두 참여하셨다(마 3:16-17). 성자 예수님은 세례를 받으셨고 성령께서는 예수님 위에 비둘기처럼 내려오셨고 성부 하나님은 그의 아들에 대해서 "이는 내 사랑하는 아들이요 내 기뻐하는 자"라고 말씀하셨다. 예수님은 부활하신 후 갈릴리에서 제자들을 만나 '대위임령'이라고 칭하는 중요한 분부를 하실 때 "아버지와 아들과 성령의 이름으로"라고 삼위를 언급하셨다(마 28:19). 초대교회 시절 사도들도 삼위를 언급하였다. 바울은 고린도 교회에 보내는 편지에서 삼위 하나님의 이름으로 축도를 하였고(고후 13:13) 베드로도 베드로전서를 시작할 때 인사말로 삼위 하나님을 언급하였다(벧전 1:2).

> 창세기 1:26 하나님이 이르시되 우리의 형상을 따라 우리의 모양대로 우리가 사람을 만들고 그들로 바다의 물고기와 하늘의 새와 가축과 온 땅과 땅에 기는 모든 것을 다스리게 하자 하시고.
>
> 마태복음 3:16-17 ¹⁶예수께서 세례를 받으시고 곧 물에서 올라오실새 하늘이 열리고

하나님의 성령이 비둘기 같이 내려 자기 위에 임하심을 보시더니 ¹⁷하늘로부터 소리가 있어 말씀하시되 이는 내 사랑하는 아들이요 내 기뻐하는 자라 하시니라.

마태복음 28:19 그러므로 너희는 가서 모든 민족을 제자로 삼아 아버지와 아들과 성령의 이름으로 세례를 베풀고.

고린도후서 13:13 주 예수 그리스도의 은혜와 하나님의 사랑과 성령의 교통하심이 너희 무리와 함께 있을지어다.

베드로전서 1:2 곧 하나님 아버지의 미리 아심을 따라 성령이 거룩하게 하심으로 순종함과 예수 그리스도의 피 뿌림을 얻기 위하여 택하심을 받은 자들에게 편지하노니 은혜와 평강이 너희에게 더욱 많을지어다.

그리스어로 삼위일체(Trias)라는 말을 최초로 사용한 사람은 안디옥의 데오필로스(Theophilos, 안디옥의 6대 주교)이고 라틴어로 삼위일체(Trinitas)라는 말을 신학용어로 처음 사용한 사람은 터툴리안(Tertullian)이다. 삼위일체의 교리가 형성된 동기는 초기 그리스도인들의 신앙고백에 근거한 것이라고 한다. 그들은 "과연 예수님은 어떤 분이신가"에 대해 많은 의문을 가졌다.

"예수는 누구인가? 그는 사람인가? 하나님인가? 아니면 사람이면서 하나님인가? 처음에는 사람이었는데 나중에 하나님이 되었는가? 그렇지 않으면 본래 하나님인데 사람이 되었다가 다시 하나님이 되었는가?" 이러한 문제에 대해 여러 가지 의견들이 분분하였고 매우 혼란스러웠을 것이다. 예수님도 제자들에게 "너희는 나를 누구라 하느냐?"고 물으셨다. 이때 베드로는 "주는 그리스도시요 살아 계시는 하나님의 아들"(聖子)이라고 대답하였다(마 16:15-16). 그런데 예수님이 하나님의 아들, 또는 하나님과 대등한 분이라면 그들은 두 분의 하나님으로 생각할 수도 있었을 것이다. 그렇게 되면 성경의 전통적인 유일신(唯一神) 신앙과 충돌이 일어난다. 뿐만 아니라 거기에 보혜사 성령까지 더하면 세 분의 하나님이 되는 것이다. 매우 혼란스러운 상황이었다.

> 마태복음 16:15-16 ¹⁵이르시되 너희는 나를 누구라 하느냐 ¹⁶시몬 베드로가 대답하여 이르되 주는 그리스도시요 살아 계신 하나님의 아들이시니이다.

그러나 제자들은 이론적 체계는 없었지만 자연스럽게 아버지 하나님과 성자 하나님과 성령 하나님을 한 분으로 믿고 섬겼던 것이다. 그들은 논리적으로 확실히 정리하지는 못하였지만 세 분이 같은 하나님이심을 믿고 있었던 것은 확실하다. 그래서 삼위일체 신앙은 논리적으로 만들어 진것이 아니고 초기 성도들의 신앙고백에서 시작된 것이라고 믿어지는 것이다. 이것을 후세의 신학자들이 헬라 철학의 힘을 빌어서 논리적으로 정리해 나갔고 4세기 말에 와서 삼위일체 신관이 확립되었다고 한다.

성자 예수님은 하나님이자 동시에 사람이셨다. 하나님이면서 동시에 사람이라는 개념이 우리에게는 이해하기 매우 어려운 것이 사실이다. 잘못 생각하면 예수님은 하나님과 사람의 성정을 동시에 가진 분이니까 아마도 '하나님과 사람의 중간쯤 되는 분'이라고 생각하기 쉽다. 그러나 만일 그렇다면 예수님은 완전한 하나님도 아니고 완전한 사람도 아니라는 뜻이 된다. 예수님은 완전한 하나님이자 동시에 완전한 사람이셨다는 것이 올바른 교리라고 한다. 요한은 요한복음에서 예수님을 '말씀'(Logos)

이라고 표현하면서 태초부터 계셨으며 곧 '하나님'이라고 하였다(요 1:1-3). 그리고 그 말씀이 성육신하셨다(요 1:14)고 기록하고 있다. 성자 하나님이 완전한 하나님이면서 사람의 몸으로 이 세상에 태어나셔서 동시에 완전한 사람이 되신 것이다. 그리고 예수님은 스스로 자신을 하나님과 동등하게 표현하신 것이 성경의 여러 곳에 기록되어 있다(요 14:8-9, 11). 이것이 믿지 않는 자들에게 '신성모독'이라는 빌미가 되기도 하였다.

> 요한복음 1:1-3 ¹태초에 말씀이 계시니라 이 말씀이 하나님과 함께 계셨으니 이 말씀은 곧 하나님이시니라 ²그가 태초에 하나님과 함께 계셨고 ³만물이 그로 말미암아 지은 바 되었으니 지은 것이 하나도 그가 없이는 된 것이 없느니라.
>
> 요한복음 1:14 말씀이 육신이 되어 우리 가운데 거하시매 우리가 그의 영광을 보니 아버지의 독생자의 영광이요 은혜와 진리가 충만하더라.
>
> 요한복음 14:8-9 ⁸빌립이 이르되 주여 아버지를 우리에게 보여 주옵소서 그리하면 족하겠나이다 ⁹예수께서 이르시되 빌립아 내가 이렇게 오래 너희와 함께 있으되 네가 나를 알지 못하느냐 나를 본 자는 아버지를 보았거늘 어찌하여 아버지를 보이라 하느냐.
>
> 요한복음 14:11 내가 아버지 안에 거하고 아버지께서 내 안에 계심을 믿으라 그렇지 못하겠거든 행하는 그 일로 말미암아 나를 믿으라.

예수님은 당신이 승천하시면 대신 또 다른 보혜사(성령님)께서 오실 것에 대해서도 언급하셨다.

> 요한복음 14:16-17 ¹⁶내가 아버지께 구하겠으니 그가 또 다른 보혜사를 너희에게 주사 영원토록 너희와 함께 있게 하리니 ¹⁷그는 진리의 영이라 세상은 능히 그를 받지 못하나니 이는 그를 보지도 못하고 알지도 못함이라 그러나 너희는 그를

아나니 그는 너희와 함께 거하심이요 또 너희 속에 계시겠음이라.

요한복음 14:26 보혜사 곧 아버지께서 내 이름으로 보내실 성령 그가 너희에게 모든 것을 가르치고 내가 너희에게 말한 모든 것을 생각나게 하리라.

그렇다면 세 위격은 서로 간에 어떤 관계이며 서로 어느 정도 독립적이고 어느 정도 상호 종속된 관계인지가 궁금하다. 어떤 사람들은 하나님은 한분이시라는 점을 강조하면서 하나님은 한 인격체인데 필요에 따라 세 가지 모양으로 나타나신다고 설명한 적도 있다고 한다. 그러나 오늘의 정통 신학에서는 이 이론은 잘못된 것으로 보고 있다. 세 위격 사이에는 분명한 구별이 있다는 것이다.

성경에 의하면 삼위 간에는 역사하시는 일에 있어서 항상 통일성이 있고 서로 간에 갈등을 보이는 일이 없다는 점을 볼 수 있다. 사람과 사람 사이에는 아무리 절친한 사이(형제간, 부자간 또는 부부간)라 하더라도 모든 일에 항상 완전히 의견이 일치할 수는 없다. 그러나 하나님의 삼위 간에는 의견의 불일치가 전혀 없다. 삼위 간에 갈등이라고 할 수는 없지만 단 한 번 비슷한 상황을 찾아본다면 예수님이 잡히시던 날 밤, 겟세마네 동산에서 기도하실 때라고 할 수 있겠다. 사람의 몸으로 십자가에 못 박혀 죽으실 것을 생각하실 때 예수님의 마음이 얼마나 괴롭고 힘들었을까. 예수님은 "내 아버지여 만일 할 만하시거든 이 잔을 내게서 지나가게 하옵소서"라고 기도하신다. 예수님은 모든 인간의 죄를 대신 지고 십자가에서 죽으시는 것이 하나님의 계획인데 너무나 괴로우니 그것을 면하게 해달라는 기도인 것이다. 성자 예수님과 성부 하나님 사이에 갈등이 있을 뻔한 순간이었다. 그러나 다음 순간 예수님은 "그러나 나의 원대로 마옵시고 아버지의 원대로 하옵소서"라고 아버지 하나님의 뜻에 절대 순종하시는 모습을 보이셨다(마 26:39).

> **마태복음 26:39** 조금 나아가사 얼굴을 땅에 대시고 엎드려 기도하여 가라사대 내 아버지여 만일 할 만하시거든 이 잔을 내게서 지나가게 하옵소서 그러나 나의 원대로 마옵시고 아버지의 원대로 하옵소서 하시고.

이러한 사실을 보면 삼위는 서로 완전히 독립적이지는 않으면서도 상당할 정도로 독립적이라는 것을 알 수 있다. 그러면서 서로를 유기적으로 보완하며 서로를 긴밀하게 도우신다. 삼위 중에서는 성부 하나님이 대표이고 다른 두 분(성자 예수님과 성령)은 성부 하나님께 순종하는 입장임을 볼 수 있다. 예수님은 아버지 하나님께 기도하시며, 자신이 원하시는 것을 이루어 달라고 구하시는 모습을 성경의 여러 곳에서 볼 수 있다. 자신이 하시는 사역은 아버지께서 그 일을 위해서 자신을 보내셨다고 하신다(요 5:36). 성령님도 우리 사람들을 위해서 하나님께 기도하시는 것으로 설명되고 있다(롬 8:26). 아버지 하나님은 누구에게도 기도를 하실 필요가 없는 분이시다. 그런 점에서 성자 예수님과 성령님은 아버지 하나님과 차이가 있다. 그렇다고 해서 성자 예수님이나 성령님은 성부 하나님에 비해서 열등한 하나님이라는 뜻은 아니다. 태종임금과 세종임금은 부자간이다. 두 분이 함께 있는 자리에서는 아버지와 아들의 권위에 분명한 차이가 있었을 것이다. 그러나 왕으로서의 권위에는 차이가 없는 대등한 왕이었다. 오히려 후세에는 세종이 아버지인 태종보다 더 훌륭한 왕이었다고 인식되고 있다.

요한복음 5:36 내게는 요한의 증거보다 더 큰 증거가 있으니 아버지께서 내게 주사 이루게 하시는 역사 곧 내가 하는 그 역사가 아버지께서 나를 보내신 것을 나를 위하여 증거하는 것이요.

로마서 8:26 이와 같이 성령도 우리의 연약함을 도우시나니 우리는 마땅히 기도할 바를 알지 못하나 오직 성령이 말할 수 없는 탄식으로 우리를 위하여 친히 간구하시느니라.

세 위격의 하나님이 모두 동일한 능력을 가지고 계시며(완전히 이해하기는 어렵지만) 세 위격이 한 분의 하나님이라고 한다. 따라서 우리가 기도할 때 성부 하나님께 기도할 수도 있고 성자 예수님 또는 성령님께 기도할 수도 있다. 어느 분을 부르면서 기도하더라도 동일한 하나님께 기도하는 것이다.

믿음의 기초
나는 왜 죄인인가?

기독교에서는 모든 사람이 다 죄인이라고 한다. 기독교인이 아닌 사람은 얼른 이해가 되지 않기도 하고 어쩌면 기분 나쁘게 들릴 수도 있을 것이다. "나는 이 세상에 살면서 살인한 일도 없고 도둑질 한 일도 없는데 내가 왜 죄인이냐"고 항변할 것이다. 사실 이 세상의 법으로 볼 때 어떤 사람은 매우 정직하고 착한 사람일 수도 있다. 그러나 하나님의 기준으로 볼 때에는 죄인일 수밖에 없다는 말이다.

아무리 준법정신이 강하고 도덕적인 사람이라도 주변의 어떤 사람에게 좋은 일이 있을 때, 결코 시기하는 마음이 전혀 없이 진심으로 "축하해 주고 함께 기뻐하느냐"고 묻는다면(그 사람이 정말로 솔직한 사람이라면) 자신 있게 "그렇다"고 대답할 사람이 있을까. 오죽하면 우리 옛말에 "사촌이 땅을 사면 배가 아프다"고 했겠는가. 사람의 마음에는 누구나 악한 성품이 있어서 남에게 일어난 좋은 일에는 시기하고, 남을 칭찬하기보다는 험담하기를 좋아한다. 그래도 윤리적으로 비교적 성숙한 사람은 자기 안의 악한 성품을 억누르고서 나타내지 않으려고 노력할 뿐이다.

인간의 죄에는 나면서부터 가지고 있는 원죄(原罪)가 있고 스스로 살아가면서 범하는 자범죄(自犯罪)가 있다. 원죄란 인류의 조상인 아담과 하와가 하나님께 불순종하여 지은 죄를 말한다. 본래 하나님은 세상과 인간을 선(善)한 목적으로 지으셨고 지으신 후 보시기에 좋았다고 성경은 기록하고 있다. 하나님은 아담과 하와를 에덴동산에 두시고 "동산 각종 나무의 열매는 네가 임의로 먹되 선악을 알게 하는 나무의 열매는 먹지 말라 네가 먹는 날에는 반드시 죽으리라"고 하셨다(창 2:16-17). 그러나 이들은 뱀(사탄)의 꾐에 빠져 하나님의 명령을 어기고 선악과를 먹고 말았다. 이것이 인류가 지은 최초의 죄인 것이다.

> **창세기 2:16-17** [16]여호와 하나님이 그 사람에게 명하여 이르시되 동산 각종 나무의 열매는 네가 임의로 먹되 [17]선악을 알게 하는 나무의 열매는 먹지 말라 네가 먹는 날에는 반드시 죽으리라 하시니라.

그렇다면 하나님은 짓궂은 분이신가. 왜 에덴동산 가운데에 선악과 나무를 두어서 아담과 하와로 하여금 죄를 짓게 하셨는가? 그리고 선악과를 먹은 것이 왜 그렇게 큰 죄인가 하는 의문이 생긴다. 하나님은 세상의 모든 것을 지으셨지만 사람만은 특별히 다르게 지으셨다. 하나님의 형상대로 자유의지를 주신 것이다. 그리고 사람으로 하여금 하나님을 대신하여 이 세상을 다스리라고 하셨다(창 1:28). 이것은 사람에게는 굉장한 특권이며, 사람 이외의 모든 피조물에 대해서 사람은 하나님과 거의 대등한 위치에 서게 되는 것이다. 그러나 창조주이신 하나님과 피조물인 사람에게는 분명한 차이가 있으며, 피조물인 사람에게는 지켜야 할 한계가 있는 것이다. 따라서 하나님은 사람에게 동산 나무의 모든 실과는 임의로 먹어도 좋지만 선악을 알게 하는 나무의 실과는 먹지 말라는 명령을 주신 것이다. 선악과라는 과일 자체가 중요하다기보다는 그것은 창조주와 피조물을 구별하는 상징이었고 사람은 피조물로서의 한계를 지키라는 뜻이었다.

> **창세기 1:28** 하나님이 그들에게 복을 주시며 그들에게 이르시되 생육하고 번성하여 땅에 충만하라, 땅을 정복하라, 바다의 물고기와 하늘의 새와 땅에 움직이는 모든 생물을 다스리라 하시니라.

사탄은 처음에 하와를 유혹한다. "하나님이 참으로 너희에게 동산 모든 나무의 열매를 먹지 말라 하시더냐?"하고 묻는다(창 3:1). 하와는 "동산 나무의 열매를 우리가 먹을 수 있으나 동산 중앙에 있는 나무의 열매는 하나님의 말씀에 너희는 먹지도 말고 만지지도 말라 너희가 죽을까 하노라 하셨느니라"고 대답한다(창 3:2-3). 하와의 대답에 이미 불순종의 유혹을 받고 있음이 드러나고 있다. 하나님은 "네가 먹는 날에는 반드시 죽으리라"고 하셨다. 즉, 그 열매를 먹으면 반드시 죽는다는 것이다. 그러나 하와는 "너희가 죽을까 하노라"고 하셨다고 대답한다. 즉 죽지 않을 수도 있다는 말이다.

이에 사탄은 하와의 마음이 벌써 흔들리고 있다는 것을 눈치 채고 사람의 교만한 욕심의 정곡을 찌른다.

> **창세기 3:4-5** [4]뱀이 여자에게 이르되 너희가 결코 죽지 아니하리라 [5]너희가 그것을

먹는 날에는 너희 눈이 밝아져 하나님과 같이 되어 선악을 알 줄을 하나님이 아심이니라.

그것을 먹으면 눈이 밝아져서 하나님과 같이 된다는 것이다. 이에 하와는 자기도 그 실과를 따 먹었고 아담에게도 주어서 먹게 하였다(창 3:6). 피조물인 사람에게 엄청난 은혜를 주었더니, 피조물의 한계를 지키지 못하고 하나님과 같이 되려는 교만한 욕심으로 하나님의 명령을 거역하는 죄를 범한 것이다.

그렇다면 "아담과 하와가 죄를 지었는데, 그것이 나와 무슨 상관이 있어 나까지도 죄인이라 하는가"라는 볼멘소리가 나올 수도 있다. 그런데 이때의 아담과 하와는 장차 태어날 모든 인류를 대표한다는 사실이 중요하다. 하나님은 아담과 하와에게 복을 주시며 그들에게 이르시되 "생육하고 번성하여 땅에 충만하라, 땅을 정복하라, 바다의 물고기와 하늘의 새와 땅에 움직이는 모든 생물을 다스리라"고 하셨다(창 1:28). 하나님이 아담과 하와에게 하신 말씀은 이들 두 사람에게만 해당되는 말씀이 아니고, 아담과 하와의 후손인 전 인류에게 해당되는 말씀이다. 따라서 하나님이 아담과 하와에게 주신 복이 모든 인류에게 해당된다면 아담과 하와가 지은 죄도 모든 인류에게 해당되는 것이다. 즉 아담과 하와는 모든 인류를 대표하여 범죄하였고, 그 죄는 나를 포함한 모든 인간에게 해당되어 그 원죄의 굴레에서 나도 벗어날 수 없는 것이다.

또한 아담과 하와는 살면서 크고, 작은 잘못을 많이 범했을 것이다. 그렇다면 그 모든 잘못이 다 후손인 우리에게도 죄가 되는가? 그것은 아니라고 생각된다. 그러나 하나님이 창조주와 피조물의 차이를 구별하여 피조물의 한계를 지키라는 명령은 모든 인류에게 적용되는 명령이었고 그것을 어긴 죄는 모든 인류의 죄가 되는 것이다.

그렇다면 나는 실제로 잘못이 없는데 인류의 한 사람으로 연대책임을 지는 것인가? 그러나 정말 가슴에 손을 얹고 만일 내가 아담과 하와의 입장에 있었다면 어떻게 했을까를 생각해 보면 나도 똑같이 했을 것이라는 생각이 든다. 혹시 조금이라도 조심스러운 사람이라면 사탄으로부터 처음 유혹을 받고 한동안은 망설였겠지만 그 나무 부근을 왕래하면서 그 열매를 볼 때마다 "먹음직도 하고 보암직도 하고 지혜롭게 할 만큼 탐스럽기도 한"(창 3:6) 그 열매를 먹어보고 싶은 유혹을 떨쳐버리기 어려웠으리라. 더구나 그것을 먹으면 하나님처럼 지혜롭게 된다고 하는 데야 어찌 유혹을 물리칠 수 있었겠는가. 실제로 우리가 자신을 돌이켜 보면 살아오면서 여러 가지 유혹에 빠져 손해를 보거나 심지어 남에게까지 피해를 입힌 경우도 많았다는 것을 생각하면 결코 남의 일이 아닌 것이다. 아담과 하와의 행위는 실제로 나의 행위이며, 그들의 죄는 바로 나의 죄라는 사실을 고백하지 않을 수 없다.

이처럼 사람은 누구를 막론하고 하나님 앞에서 죄인이 아닌 사람이 없다. 성경에 등장하는 인물 중에는 훌륭한 사람들이 많지만 동시에 그들의 약점과 잘못한 행위들이 적나라하게 드러나고 있다. 일반적으로 사람들이 쓴 위인전기에서는 해당 인물의 훌륭한 면만 묘사된다. 그러나 성경에서는 아무리 훌륭한 사람이라도 잘못을 저지르는 것이 그대로 노출된다. 성경은 모든 사람의 모습을 사실대로 보여 주기 때문이다.

성경은 사람 중에 의인은 없다고 말하고 있다(롬 3:10-12). 사람들 중에는 그래도 다른 사람들보다는 상대적으로 훌륭한 사람들이 있지만 하나님의 기준에서 보면 아무도 의인이라고 할 수 없는 것이다. 하나님은 이와 같이 인간의 악한 성품을 정확하게 알고 계시는 것이다.

> 로마서 3:10-12 [10]기록된 바 의인은 없나니 하나도 없으며 [11]깨닫는 자도 없고 하나님을 찾는 자도 없고 [12]다 치우쳐 함께 무익하게 되고 선을 행하는 자는 없나니 하나도 없도다.

아담과 하와의 범죄로 말미암아 죄에 빠진 인간은 거룩하신 하나님 앞에 나아갈 수가 없게 되었다. 하나님과의 거리는 멀어질 수밖에 없고 하나님이 사람을 지으신 목적을 달성할 수가 없게 된 것이다. 인간이 하나님과의 관계를 회복하기 위해서는 죄의 값을 치러야 하는데 죄의 삯은 사망(롬 6:23)이다. 사람들은 자신의 죗값을 스스로 치를 능력이 없는 것이다. 하나님은 이러한 인간의 처지를 긍휼히 여기셔서 인간의 죗값을 대신 치를 분을 보내 주셨다.

> 로마서 6:23 죄의 삯은 사망이요 하나님의 은사는 그리스도 예수 우리 주 안에 있는 영생이니라.

인간의 죗값을 대신 치르기 위해서는 그분도 우리와 같은 사람이어야 한다. 그러나 죄가 없는 사람이어야 한다. 사람이어야 하는데 죄가 없는 사람이어야 한다는 조건에 맞는 사람은 '의인은 없다'는 말씀에 따르면 존재하지 않는다. 따라서 이 문제는 예수님 외에는 해결할 사람이 없는 것이다. 예수님은 바로 이때문에 세상에 오신 것이다. 예수님은 하나님이지만 인간의 몸으로 이 세상에 오셨다. 예수님은 완전한 하나님이면서 완전한 사람이다. 이것을 우리는 이해하기 어렵다. 우리가 이해할 수 있는 경지를 초월하신, 완전한 하나님이시면서 완전한 사람이신 예수님! 자신은 전혀 죄가 없으시면서 우리 인간의 죄를 대신 지고 십자가에 못 박혀 죽으심으로써 우리의 죗값을 치르신 것이다. 예수님은 병이나 사고로 죽으신 것이 아니다. 당시에 그 일대의 세상을 지배하고 있던 로마의 공권력에 의해 정식으로 사형이 집행된 것이다.

우리는 예수님이 우리의 죄를 대신 갚으셨다는 사실을 인정하고 믿으면 우리의 죄는 다 없어지고 하나님과의 관계가 회복되는 것이다. 이것을 믿는 사람은 하나님의 자녀라고 불림을 받고 하나님과 인격적으로 교제하게 된다. 이것이 바로 기독교의 핵심 교리이며 복음(복된 소식)이다. 하나님은 우리를 이처럼 사랑하시는 것이다(요 3:16).

> 요한복음 3:16 하나님이 세상을 이처럼 사랑하사 독생자를 주셨으니 이는 그를 믿는 자마다 멸망하지 않고 영생을 얻게 하려 하심이라.

하나님은 아담과 하와가 끝까지 선악과를 먹지 않고 하나님께 순종할 것이라고 믿으셨을까? 만일 그렇다면 하나님은 인간을 잘못 아신 것이고 따라서 전지전능하신 하나님이라고 할 수 없을 것이다. 하나님은 인간에게 자유의지를 주실 때부터 사람의 죄성을 이미 아시고 불순종할 것이라는 사실을 아셨음에 틀림없다. 어쩌면 창조주이시며 온전하신 하나님과 달리 불완전하면서 자유의지를 가진 인간으로서는 범죄의 유혹에 넘어가는 것은 필연적인지도 모른다. 따라서 하나님은 인간을 지으실 때부터 범죄한 후의 인간을 어떻게 구원할 것인가를 미리 다 계획하시고 그대로 실행하신 것이다.

예수님 이후에 세상에 태어난 사람들의 죄는 예수님이 대신 죽으심으로 해결되었는데 예수님이 오시기 전에 이 세상에 살았던 사람들의 죄는 어떻게 되는가? 예수님의 사역은 그 이전에 살았던 사람들의 죄까지도 다 해결해 주시는 것이다. 그러나 예수님이 이 세상에 오시기 전인 구약시대에는 이스라엘 백성들에게 장차 예수님께서 수행하실 일에 대한 모형으로 제사장 제도를 마련해 주셨다. 사람의 죗값을 치르기 위해서는 사람이 죽어야 하지만 하나님은 사람이 죽는 대신 사람의 죄를 짐승에게 전가해서 그 짐승의 피를 흘려 하나님께 제사를 드림으로써 완전하지는 않지만 일시적으로나마 죄의 문제를 해결할 수 있도록 하셨다.

그런데 이 의식을 제사장이 중재하도록 하신 것이다. 그렇지만 제사장 자신도 죄인이므로 제사장은 먼저 자신의 죄를 위해서 희생 제사를 드린 후에 백성들을 위한 제사를 드려야 했다. 그리고 사람이 아닌 짐승의 피로 제사 드리는 것은 결코 온전한 제사가 되지 못하므로 어디까지나 임시적인 것이었고 따라서 필요할 때마다 반복해서 드려야 했다. 그러나 예수님이 자기의 목숨을 드려 올린 제사는 온전한 제사이므로 반복해서 드릴 필요가 없다. 뿐만 아니라 예수님의 희생은 예수님 이후의 사람들은 물론이고 이전에 살았던 사람들의 죄까지도 해결해 주시는 것이다. 구약의 규례에 따라 짐승의 피로 드린 완전하지 않았던 제사가 예수님의 희생으로 완전하게 되었다. 예수님은 시간과 공간을 초월해서 모든 인류의 죄를 해결해 주신 것이다. 따라서 예수님 이후의 신약시대에 와서는 구약시대의 제사장은 더 이상 필요 없게 되었다.

하나님을 믿는 사람은 예수님의 희생제사로 인해 죄의 용서를 받고 하나님의 자녀가 되었으나 그렇다고 죄성이 모두 없어지고 예수님처럼 된 것은 아니다. 믿는 사람은 예수님을 닮아 가려고 노력을 해야 하지만 그래도 부족한 인간이므로 여러 가지 유혹에 쉽게 넘어가고 죄를 범하게 된다. 이러한 죄를 자범죄(自犯罪)라 한다. 용서받은 죄인이 다시 짓는 죄는 그때, 그때 하나님께 자복하고 회개하면 또한 용서받을 수 있는 것이다. 예수님의 희생은 이런 죄까지도 사해 주시는 것이다.

예수님의 십자가 사역은 모든 사람의 죄를 다 씻어 주신다. 그렇지만 만일 그것을 인정하지 않고 예수님이 나를 위해서 죽으셨다는 사실을 부인한다면 예수님의 죽으심은 나와는 무관한 것이 될 것이다. 그러면 나의 죄는 여전히 남게 될 것이다. 완전한 설명은 못 되겠지만 이것을 이렇게 비유하면 어떨까 싶다.

식사를 하기 위해서 식당에 갔는데 거기에서 친구를 만났다. 그 친구는 나에게 호의를 가진 사람이어서 먼저 식사를 마치고 나가면서 나의 식대까지 지불하였다고 하자. 내가 식사를 마치고 식대를 계산하려고 하니 친구가 이미 지불하였다고 한다. 그때 내가 그 고마운 친구의 호의를 받아들이면 나는 식대를 지불하지 않아도 될 것이다. 그러나 만일 내가 그 사람을 알지도 못하고 그럴 리가 없다고 부인한다면 나는 나의 식대를 지불해야 할 것이다. 이와 같이 예수님은 내가 이 세상에 태어나기도 전에 나의 모든 죗값을 이미 치르셨다. 나는 단지 그 사실을 인정하기만 하면 나의 죄는 모두 없어지는 것이다. 이것이 바로 믿음으로 구원받는 이치인 것이다. 나는 예수님을 믿기만 하면 아무 대가도 지불하지 않고 나의 모든 죄를 사함 받고 구원을 얻는 것이다. 이것을 믿지 못해서 구원받지 못한다면 얼마나 안타까운 일인가.

그러나 믿기만 하면 구원을 얻는다는 말을 너무 쉽게 생각하고 믿는 자로서의 바른 삶을 살려고 노력하지 않는다면 그 믿음은 참 믿음이라 할 수 없다. 실제로 우리는 믿음으로(하나님의 은혜로) 구원을 받았으니 사는 것은 아무렇게나 살아도 좋다고 말하는 사람들도 있다고 한다. 이런 사람들이 말하는 은혜를 '값싼 은혜'라고 한다. 우리가 진정으로 예수님이 나를 위해서 그 심한 고통을 받으시고 십자가에서 죽으셨다는 것을 믿는다면 바로 내가 당할 고통과 죽음을 예수님이 대신 당하셨다는 사실을 생각하고 그 고통을 가슴으로 느껴볼 필요가 있다. 예수님이 죽으실 때 나도 나의 모든 죄와 함께 죽었고 예수님의 부활과 함께 나도 새로운 사람으로 다시 태어났다는 것을 깨달아야 한다. 이것을 우리들로 하여금 깨닫도록 하기 위해서 교회에서 상징적으로 행하는 의식이 바로 '세례'(洗禮)인 것이다.

이러한 모든 의미를 제대로 깨닫는 기독교인이라면 자신의 죄를 발견할 때마다 나를 대신해서 죽으신 예수님의 고통을 생각하고, 감사하며, 마음으로나마 그 고통에 동참하고, 회개하며, 다시 태어난 사람답게 살려고 애를 써야 하는 것이다.

믿음의 기초
성경은 하나님의 말씀

기독교에서는 인간은 스스로는 전혀 의롭다 할 수 없는 타락한 존재로 본다(롬 3:10-15). 오로지 하나님의 은혜로만 구원을 받을 수 있는 존재이다. 인간은 스스로 깨닫는 자도 없고 하나님을 찾는 자도 없다. 하나님이 자신을 우리에게 나타내 주시지 않으면 우리 인간은 하나님을 알 수도 없는 것이다. 그러나 하나님은 우리 인간을 구원하시기 위해서 여러 가지 방법으로 자신을 나타내신다. 하나님이 인간에게 자신을 나타내시는 것을 '계시'라 하며 따라서 기독교를 '계시(啓示)의 종교'라고 한다.

> 로마서 3:10-15 [10]기록된 바 의인은 없나니 하나도 없으며 [11]깨닫는 자도 없고 하나님을 찾는 자도 없고 [12]다 치우쳐 함께 무익하게 되고 선을 행하는 자는 없나니 하나도 없도다 [13]그들의 목구멍은 열린 무덤이요 그 혀로는 속임을 일삼으며 그 입술에는 독사의 독이 있고 [14]그 입에는 저주와 악독이 가득하고 [15]그 발은 피 흘리는 데 빠른지라.

하나님은 여러 가지 방법으로 우리에게 자신을 계시하셨다. 예부터 많은 선지자들을 통해서 여러 말씀을 주심으로써 자신을 나타내셨고 그리스도께서 오시리라는 것을 예언해 주셨다. 예언대로 오신 그리스도 예수님은 자신과 하나님에 대해서 구체적인 증거를 제시하셨다(히 1:1-2). 그리스도의 기초 위에 오늘날의 교회가 세워졌으나 아직까지도 그것을 믿지 않는 사람들이 많은 것도 사실이다.

> 히브리서 1:1-2 ¹옛적에 선지자들을 통하여 여러 부분과 여러 모양으로 우리 조상들에게 말씀하신 하나님이 ²이 모든 날 마지막에는 아들을 통하여 우리에게 말씀하셨으니 이 아들을 만유의 상속자로 세우시고 또 그로 말미암아 모든 세계를 지으셨느니라.

선지자나 예수님의 말씀이 아니더라도 하나님이 창조하신 피조물들을 자세히 살펴보면 하나님의 오묘한 섭리를 발견할 수 있다. 사도 바울은 로마서 1:19-20에서 다음과 같이 설명하였다.

> 로마서 1:19:20 ¹⁹이는 하나님을 알 만한 것이 저희 속에 보임이라 하나님께서 이를 그들에게 보이셨느니라 ²⁰창세로부터 그의 보이지 아니하는 것들 곧 그의 영원하신 능력과 신성이 그 만드신 만물에 분명히 보여 알렸나니 그러므로 저희가 핑계치 못할지니라.

종교를 신비주의로 생각하는 사람들은 과학과 종교는 양립할 수 없다고 생각하기 쉽다. 과학이 발전함에 따라 하나님과 창조론의 입지는 좁아진다고 생각하는 것이다. 그러나 보다 솔직한 과학자들은 과학으로 밝혀지는 것들은 하나님이 이루어 놓으신 일을 확인하는 것임을 인정한다. 아인슈타인(Albert Einstein)은 "과학과 종교 사이에 충돌은 없다. 종교를 모르는 과학은 완전치 못한 것이고 과학을 모르는 종교는 눈먼 종교가 될 것이다"라고 하였다. 교만한 과학자들은 과학의 발달로 새로운 것이 많이 알려지자 "이제는 더 이상 하나님이라는 가정은 필요 없다"고 말하는 사람도 있지만 신실한 과학자들은 새로운 것이 알려질수록 "더욱 하나님의 오묘하신 섭리를 알게 된다"고 한다.

우리는 성령의 역사하심을 통해서 하나님을 깨닫게 된다. 예수님은 제자들에게 "성령 그가 너희에게 모든 것을 가르치고 내가 너희에게 말한 모든 것을 생각나게 하리라"고 하셨다(요 14:26). 사도 바울은 "성령으로 아니하고는 누구든지 예수를 주시라 할 수 없다"고 하였다(고전 12:3). 우리가 예수님을 믿게 되는 것도 궁극적으로는 성령의 역사로 되는 것이다.

> **요한복음 14:26** 보혜사 곧 아버지께서 내 이름으로 보내실 성령 그가 너희에게 모든 것을 가르치고 내가 너희에게 말한 모든 것을 생각나게 하리라.
>
> **고린도전서 12:3** 그러므로 내가 너희에게 알리노니 하나님의 영으로 말하는 자는 누구든지 예수를 저주할 자라 하지 아니하고 또 성령으로 아니하고는 누구든지 예수를 주시라 할 수 없느니라.

가장 구체적인 방법으로 하나님이 계시하신 말씀을 모은 것이 성경이다. 성경은 총 66권(구약 39권, 신약 27권)으로 구성되어 있는데 기독교에서는 성경을 하나님의 말씀(Word of God)이라고 믿는다. 성경은 약 1,500년의 기간에 걸쳐 약 40명의 저자에 의해서 기술되었다. 성경의 첫 부분인 모세오경(모세가 쓴 것으로 알려지고 있는 창세기, 출애굽기, 레위기, 민수기, 신명기를 말함)이 쓰여진 때부터 마지막 부분인 요한계시록이 쓰여진 때까지의 기간이 대략 1,500년이다. 성경의 어떤 것은 저자가 확실하게 알려진 것도 있지만 어떤 것은 알려지지 않은 것도 있다. 그러나 대체로 약 40명에 의해 기록되었다. 모든 성경은 사람에 의해서 기록된 것이 사실인데 성경이 하나님의 말씀이라고 하는 것은 무슨 뜻인가? 성경은 사람에 의해서 기록되었지만 그들이 자기의 생각을 쓴 것이 아니고 하나님으로부터 말씀을 받아서 대필했다고 믿기 때문에 성경은 하나님의 말씀이라고 하는 것이다. 실제로 성경은 오랜 기간에 걸쳐 많은 사람들에 의해서 기술되었고 그들 간에는 서로 교류나 의논을 했을 가능성은 전혀 없음에도 불구하고 일관성이 있다는 사실이 하나님의 말씀임을 증거한다.

　성경의 기록자들이 하나님으로부터 말씀을 받아서 기록했다는 주장을 영감설(靈感說)이라고 한다. 즉 하나님으로부터 영감을 받아 기록했다는 뜻이다. 사도 바울은 디모데후서 3:16에서 "모든 성경은 하나님의 감동으로 된 것"이라고 하였고 베드로도 같은 뜻의 표현을 하였다(벧후 1:20-21). 모든 성경은 사람들에 의해서 쓰여졌다. 그러나 하나님으로부터 영감(계시)을 받아 쓰여진 것이다.

> 디모데후서 3:16 모든 성경은 하나님의 감동으로 된 것으로 교훈과 책망과 바르게 함과 의로 교육하기에 유익하니.
>
> 베드로후서 1:20-21 [20]먼저 알 것은 성경의 모든 예언은 사사로이 풀 것이 아니니 [21]예언은 언제든지 사람의 뜻으로 낸 것이 아니요 오직 성령의 감동하심을 받은

사람들이 하나님께 받아 말한 것이니라.

영감설에도 몇 가지 다른 주장이 있다. 크게 나누어 두 가지로 생각할 수 있는데 성경의 글자 한자, 한자를 하나님의 영감을 받아서 썼다고 주장하는 설이 축자 영감설(逐字 靈感設)이다. 이 경우에는 성경을 쓰는 사람은 단지 기계적으로 성령이 인도하는 대로 받아 적기만 했을 뿐 필자의 개성은 전혀 반영되지 않았다는 것이다. 이에 비해서 유기적 영감설(有機的 靈感設)은 성경의 중심 내용은 성령의 영감을 받아서 썼으나 글의 표현방법이나 문체 등에는 필자의 개성, 지식이나 능력, 개인적인 취향 등이 반영되었다고 주장하는 것이다. 오늘날에는 유기적 영감설이 정설로 받아들여지고 있다.

예수님은 자신이 하나님이신데 성경의 권위를 인정하셨다. 예수님은 마태복음 5:17-18에서 "내가 율법이나 선지자를 폐하러 온 줄로 생각하지 말라 폐하러 온 것이 아니요 완전하게 하려 함이라 진실로 너희에게 이르노니 천지가 없어지기 전에는 율법의 일점 일획도 결코 없어지지 아니하고 다 이루리라"고 말씀하셨다. 당시에 종교 지도자였던 바리새인들은 율법(성경)을 주신 하나님의 의도는 무시하고 율법을 문자적으로만 해석하여 백성들에게 불필요한 짐을 지우는 경향이 있었다. 이에 비해서 예수님은 어떤 면에서 그들이 반드시 지켜야 한다고 주장하는 것들을 무시하는 것처럼 보여서, 예수님은 율법을 폐하시는가 하는 의문을 가질 만 하였다. 이에 예수님은 당신은 율법을 폐하러 오신 것이 아니고 완전케 하려 함이라고 분명히 말씀하심으로써 율법의 권위를 인정하셨다. 율법을 형식적으로 지킬 것이 아니라 율법을 주신 하나님의 뜻을 이해함으로써 율법을 완전케 하라고 하신 것이다.

성경은 온전한 하나님의 말씀이므로 오류가 없다. 단지 구약시대에 지키던 율법 중에 시대적 상황에 따라 오늘에는 필요 없게 되어 폐기된 것들이 있다. 그리고 옛날에는 인쇄술이 없었으므로 성경을 손으로 필사(筆寫)했는데 옮겨 쓰는 중에 인위적인 실수나 다른 언어로 번역할 때의 번역상의 오류를 제외하고는 성경 자체의 오류는 없다는 것이 정설이다.

우리는 성경을 통해서 하나님은 어떤 분이신가를 알 수 있고 하나님의 말씀을 듣고 나를 향한 하나님의 계획과 뜻을 이해하게 되는 것이다. 따라서 "믿음은 들음에서 나며 들음은 그리스도의 말씀으로 말미암았느니라"(롬 10:17)라는 말씀에 따라 우리의 믿음은 성경에 기초한 믿음이어야 한다. 성경은 "교훈과 책망과 바르게 함과 의로 교육하기에 유익한 책"(딤후 3:16)이다. 성경은 우리가 무엇을 믿고 어떻게 행동해야 하는가를 가르쳐 주는 가장 권위 있는 책이다. 교회 안에서 성경 이외의 어느 것도 성경만큼 권위를 가질 수 없다.

히브리서 4:12은 "하나님의 말씀은 살아 있고 활력이 있어 좌우에 날선 어떤 검보다도 예리하여 혼과 영과 및 관절과 골수를 찔러 쪼개기까지 하며 또 마음의 생각과 뜻을 판단하나니"라고 하였다. 성경을 통해서 우리는 우리 자신을 알게 된다. 성경은 나의 혼과 영과 및 관절과 골수를 찔러 쪼개듯이 나의 모든 면을 노출시키며 내가 얼마나 부족한 자인가를 깨닫게 한다. 성경은 우리 일상생활의 메뉴얼이며, 우리가 어떻게 경건한 생활을 할 수 있는가를 가르쳐 준다. 우리는 우리가 예수 그리스도를 통해서 어떻게 하나님과 바른 관계를 형성할 수 있는가를 성경을 통해서 배울 수 있고 성경을 통해서 자신의 죄를 발견한다. 하나님은 성경을 통해서 우리에게 말씀하시고 우리는 기도를 통해서 하나님께 말씀드린다. 마틴 루터(Martin Luther)는 "성경은 살아 있는 말씀이다. 성경은 나에게 직접 말을 하고 발이 있어서 내 뒤를 따라 오며 손이 있어서 나를 붙잡아 준다"고 하였다. 그는 히브리서 4:12의 말씀을 실제로 경험으로 체득했고, 성경과 인격적인 교제를 했던 것이다. 하나님의 말씀을 따를 때 크리스천은 조금씩 예수님을 닮아간다.

성경은 하나님의 말씀이다. 그렇다면 우리는 성경에 대해서 어떤 자세를 취해야 하는가? 하나님이 말씀을 주실 때에는 우리에게 주시고자 하시는 분명한 뜻이 있다. 우리는 성경을 접할 때, 겸손하게 그 뜻을 이해하려고 노력해야 한다. 성경에는 우리가 쉽게 이해하기 어려운 부분이 있다. 성경말씀이 어려워서 이해하기 어려울 때 자의적으로 해석하려고 하지 말고 여러 번 읽고 성경의 다른 부분과의 연관성을 생각하며 이해하려고 노력해야 한다. 그래도 이해가 안 될 때에는 억지로 해석하지 말고 주석을 참고하거나 그것도 아니면 일단 보류해 두는 것이 좋다. 베드로 사도는 성경을 사사로이 풀지 말라고 경고하고 있다 (벧후 1:20-21).

베드로후서 1:20-21 ²⁰먼저 알 것은 성경의 모든 예언은 사사로이 풀 것이 아니니 ²¹예언은 언제든지 사람의 뜻으로 낸 것이 아니요 오직 성령의 감동하심을 받은 사람들이 하나님께 받아 말한 것임이라.

만일 성경말씀이 나의 생각과 다를 때는 나의 생각을 버리고, 성경의 말씀을 따라야 한다. 하나님의 생각이 나의 생각과 항상 일치하지 않는 것은 당연하다. 하나님의 생각은 나의 생각보다 훨씬 높고 깊다. 만일 하나님의 생각이 항상 내 생각과 같다면 나에게 하나님과 견줄 만한 초인적인 능력이 있거나 하나님이 별 볼일 없는 하나님일 것이다. 그 어느 경우도 사실이 아님은 물론이다. 따라서 우리는 성경에 대해서 겸손하게 순종하는 자세를 가져야 한다.

이 세상 누구의 말이라도 성경 이상의 권위를 가질 수는 없다. 아무리 권위 있는 신학자나 설교자의 말이라도 성경만큼의 권위를 가질 수는 없다. 그들의 말이 성경이 말하는 것과 다를 때는 받아들이지 말아야 한다. 사도행전 17:11에는 "베뢰아에 있는 사람들은 데살로니가에 있는 사람들보다 더 너그러워서 간절한 마음으로 말씀을 받고 이것이 그러한가 하여 날마다 성경을 상고"하였다고 기록하고 있다. 이 말은 번역상의 문제로 인해 이해하기가 쉽지 않은데 그 의미는 '베뢰아 사람은 데살로니가에 있는 사람보다 성품이 고상해서 간절한 마음으로 말씀을 받되 바울이 말한 것이 진실인가를 확인하기 위해서 매일 성경과 대조했다'는 뜻이다. 이 절의 영문(NIV) 번역을 보면 그 뜻이 분명해진다.

Acts 17: 11(NIV) Now the Bereans were of more noble character than the Thessalonians, for they received the message with great eagerness and examined the Scriptures every day to see if what Paul said was true.

사도행전의 기자는 바울의 설교를 듣고 진실여부를 조사하기 위해 성경과 대조한 베뢰아 사람들의 태도를 고상하다고 표현한 것이다. 이처럼 어떤 사람의 말을 그대로 맹목적으로 받아들이는 것보다 항상 성경과 대조해서 확인하는 것은 성경을 이해하려고 노력하는 훌륭한 태도라고 할 수 있다.

우리는 성경을 읽을 때 상황에 따라 다르겠지만 적어도 한 번은 천천히, 반복적으로 그 의미를 음미하면서 읽는 것이 좋다. 현재 읽고 있는 부분과 성경의 다른 부분과의 연관성 및 이 말씀이 나에게는 무엇을 의미하는가를 생각하며 읽을 필요가 있다. 많은 사람들이 경험하는 바는 같은 성경을 수도 없이 읽었지만 다시 읽을 때마다 전에는 발견하지 못했던 새로운 사실을 발견한다는 것이다.

이는 읽는 사람의 영적인 상태와 필요에 따라서 성령께서 새로운 것을 깨닫게 해 주시는 것이라 믿어진다. 그래서 말씀이 살아 움직인다는 말이나 성경과 인격적인 대화를 하는 것이 가능한 것이다. 성경이 하나님의 말씀이라는 사실을 믿는다면 우리는 성경을 읽을 때 겸손한 자세로 읽어야 할 것이다.

구약시대에는 하나님은 사람에게 말씀을 주실 때 선지자들을 통해서 주셨다. 선지자들은 하나님으로부터 말씀(계시)을 받아 왕이나 백성들에게 전하는 역할을 하였다. 이러한 말씀을 모은 것이 성경이다. 그러나 요한계시록을 끝으로 하나님이 사람들에게 주시는 공적인 계시는 완성되었다. 하나님은 지금 이 순간에도 쉬지 않고 역사하시며 성령께서 자유로우시므로 필요하면 언제라도 어느 특정인에게 계시하실 수 있다. 그러나 모든 사람을 위한 공적인 계시는 성경 66권으로 완성되었다는 것이 정통적인 신학자들의 견해이다.

만일 어떤 사람이 개인적으로 특별한 계시를 받았다고 생각될 때 그것이 진정 하나님으로부터의 계시인지를 확인하기 위해서는 성경의 일반적인 가르침과 상반되는 점은 없는지 비교해 봐야 한다. 그것이 성경의 말씀과 일치하면 좋은 것이고 그렇지 않으면 하나님의 계시라고 할 수 없으므로 버려야 한다. 자신의 생각을 성령의 계시로 착각하지 않도록 주의해야 한다.

어떤 중요한 결정을 할 때 하나님의 뜻이 어디에 있는가를 묻는 것은 그리스도인으로서 훌륭한 태도이다. 이때 성경을 읽고 예수님이라면 어떤 결정을 하실까 생각하는 것은 매우 현명한 방법이다. 성경은 축복의 책이다. 하나님의 말씀은 우리를 변화시키시고 우리를 영적으로 풍요롭게 해 주신다.

19세기의 유명한 설교자였던 무디(D. L. Moody)는 "성경은 우리의 지식을 증가시켜 주기 위해 쓰여진 책이 아니다. 성경은 우리의 삶을 변화시키기 위해서 주어진 책이다"라고 하였다. 예수님은 "기록되었으되 사람이 떡으로만 살 것이 아니요 하나님의 입으로 나오는 모든 말씀으로 살 것이라 하였느니라"(마 4:4)고 하셨다.

시편 기자는 이렇게 노래하였다.

시편 1:1-3 ¹복 있는 사람은 악인의 꾀를 따르지 아니하며 죄인들의 길에 서지 아니하며 오만한 자들의 자리에 앉지 아니하고 ²오직 여호와의 율법을 즐거워하여 그의 율법을 주야로 묵상하는도다 ³그는 시냇가에 심은 나무가 철을 따라 열매를 맺으며 그 잎사귀가 마르지 아니함 같으니 그가 하는 모든 일이 다 형통하리로다.

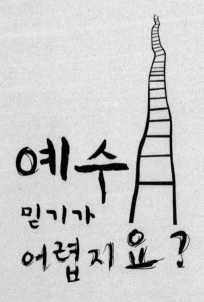

믿음의 기초
믿음은 바라는 것들의 실상

　보통 '기독교를 믿는다' 또는 '예수를 믿는다'고 말한다. 그러나 막상 '믿음'이란 무엇인가 하고 묻는다면 얼른 대답하기가 쉽지 않다. 하박국 선지자는 "의인은 그의 믿음으로 말미암아 살리라"(합 2:4)고 하였다. 우리는 우리의 선한 행위로써가 아니라 오직 믿음으로 구원받는다고 한다. 우리 인간은 의롭지도 않고 그렇다고 선한 일을 많이 함으로써 의롭게 될 수 있는 것도 아니다. 그럼에도 하나님은 우리가 진정으로 하나님을 믿으면 그 믿음을 의(義)로 보시고 구원해 주신다고 한다. 믿음이 이토록 중요한 것이라면 '믿음'이란 무엇인지 정의해 볼 필요가 있다. '믿는다'는 것은 무엇을 의미하는가?

　우리는 일상생활에서 어떤 정보를 입수했을 때(예를 들면, 다른 사람으로부터 어떤 말을 들었을 때) 의심하지 않고 그것이 진실이라고 인정하는 것을 '믿는다'라고 한다. 쉽게 설명하자면 다른 사람이나 성경으로부터 예수님(하나님)에 관해서 듣거나 읽었을 때 그 내용을 의심하지 않고 진실이라고 인정한다면 '믿는다'고 말할 수 있을 것이다. 이렇게 말하면

'믿음'이란 매우 간단한 것 같다. 그러나 그 정보가 나에게 중요한 영향을 미칠 수 있는 것이라면 그 진실을 인정하는 것으로 충분치 못하고 그에 대응한 어떤 행동이나 생활 방식의 변화로 나타날 것이다.

히브리서 기자는 "믿음은 바라는 것들의 실상이요 보이지 않는 것들의 증거"라고 하였다(히 11:1). '바라는 것'이란 아직 이루어지지 않았지만 이루어지기를 소망하는 것이다. 이미 이루어 진 것을 바랄 필요는 없을 테니까. 그리고 '실상'이란 현실처럼 '확실한 것'을 의미한다. 따라서 "바라는 것들의 실상"이란 아직 이루어지지 않았지만 이루어지기를 바라는 것들이 틀림없이 이루어진다고 확신을 갖는 것을 의미한다. 여기에서 '바라는 것'의 대상은 하나님의 말씀(약속)이며 하나님의 말씀이 우리의 소망대로 반드시 이루어진다고 확신하는 것이 믿음이다. 즉 '하나님의 말씀에 기초를 두고 확실한 기대를 갖는 것'을 의미한다.

그리고 "보지 못하는 것들의 증거"라는 말은 보지 못하는 가운데 확신을 갖는 것을 의미한다. 우리가 어떤 문제에 대해서 답을 이미 알고 있다면 믿음은 아니다. 이 경우에는 아는 것이지 믿는 것이 아니기 때문이다. 아직 보지 못하므로 눈앞에 이미 이루어 진 것은 아니다. 그럼에도 확신을 갖는 것이 믿음이다. 이 말은 앞의 말(바라는 것들의 실상)과 같은 뜻인데 그것을 강조하기 위해서 다른 말로 다시 한 번 표현한 것으로 해석된다.

믿음은 어떻게 생기는가? 로마서 10:17의 말씀에 의하면 "믿음은 들음에서 나며 들음은 그리스도의 말씀으로 말미암았느니라"고 한다. 믿음은 그리스도의 말씀을 듣는 것에서부터 시작된다는 것이다.

다음으로는 하나님을 신뢰하는 것이다. 데살로니가전서 5:24의 말씀에서 "너희를 부르시는 이는 미쁘시니 그가 또한 이루시리라"고 하신다. 하나님이 약속하신 일은 반드시 이루신다는 것을 확신하는 것을 말한다. 따라서 참된 믿음이란 하나님의 말씀, 즉 성경말씀에 기초해야 하는 것이다. 성경말씀과 관계없는 또는 성경말씀에 위배되는 것에 대해서 확신을 가진다면 이는 우리가 말하는 참된 믿음이라 할 수 없고 이단으로 흐르게 될 것이다.

그리고 다음 단계는 말씀을 들었으면 순종하는 것이다. 성경말씀에 "믿음으로 아브라함은 부르심을 받았을 때에 장래의 유업으로 받을 땅에 나갔다"(히 11:8)고 한다. 창세기 12:1에서는 여호와께서 아브람(이름이 아브라함으로 바뀌기 전)에게 이르시되 "너는 너의 고향과 친척과 아버지의 집을 떠나 내가 네게 보여줄 땅으로 가라"고 명하셨다. 이때 여호와께서는 어디로 가라고 구체적인 행선지를 밝히신 것이 아니고, 일단 길을 떠나면 어디로 가라고 인도하시겠다는 말씀이다. 아브라함은 하나님이 어디로 가라고 지시하실는지도 모르는 상황에서 하나님을 믿고 길을 떠난 것이다. 목적지도 모르면서 길을 떠난다는 것이 매우 난감했을 것이다. 그럼에도 아브라함은 어딘지는 모르지만 하나님이 자신을 어딘가 분명히 좋은 곳으로 인도하실 것이라고 믿었던 것이다. 하나님이 가라고 하시니 순종은 하지만 불안해 하면서 마지못해 지시하는 대로 행동하는 것은 온전한 믿음이라 할 수 없다. 모든 것을 하나님께 맡기고 의지하면서 편안한 마음으로 순종하는 것이 참 믿음이라 할 수 있을 것이다.

아브라함의 이런 순종이 성경에서 말하는 순종의 표본이라 할 수 있을 것이다. 그 이후 아브라함은 이스라엘 백성들에게 '믿음의 조상'이라 불리게 되었다. 아브라함은 이렇게 순종했는데 오늘날 우리는 어떻게 순종해야 할까? 우리에게 순종은 말씀대로 행동하는 것, 즉 '성경적인 삶'을 의미한다. 순종은 믿음의 중요한 요소이다. 그래서 야고보서 2:26에서는 "영혼 없는 몸이 죽은 것 같이 행함이 없는 믿음은 죽은 것이니라"고 하였다. 여기에서 '행함'이람 물론 성경말씀대로 실천하는 것을 의미한다. 믿는다 하면서 순종하지 않는다면 믿는 것이 아니라는 말씀이다.

이것을 다시 정리하면 믿음은 그리스도의 말씀을 들음으로 시작하여 하나님이 말씀대로 반드시 이루실 것으로 확신함으로써 자신을 온전히 하나님께 맡기고 편안한 마음으로 순종하는 것이다.

그러나 믿음이 있다 하면서 자기가 할 일은 하지 않고 하나님이 다 이루어 주시리라고 생각하는 것은 참 믿음이라 할 수 없다. 사람이 할 수 있는 일에 대해서는 최선을 다 해 행동하고 사람이 할 수 없는 일에 대해서는 하나님을 의지하여 하나님이 이루실 것으로 확신하는 것이다. 예수님을 알지 못했던 우리의 조상들도 이와 같은 진리를 깨달았던 것 같다. 진인사대천명(盡人事待天命)이라 하지 않는가? 사람이 할 수 있는 일을 다 한 후에 천명을 기다린다고 했다.

그런데 오늘날 예수님을 믿는 사람들도 이것을 거꾸로 하는 경우를 많이 본다. 자기가 할 수 있는 일은 행하지 않고 어차피 사람이 할 수 없는 일에 대해서 걱정을 태산같이 한다. 우리는 어떠한 상황에서도 기도

하는 습관을 가지는 것은 매우 필요한 일이지만 시험을 앞둔 학생이 공부는 하지 않고 시험을 잘 보게 해달라고 기도만 한다면 옳은 일이 아니다. 우리가 해야 할 몫에 대해서는 실천하는 것이 필요하다. 그러나 우리의 능력 밖의 일에 대해서는 걱정하지 말고 하나님께 맡겨야 되는 것이다. 예수님도 "너희 중에 누가 염려함으로 그 키를 한 자라도 더할 수 있겠느냐"(마 6:27)고 하셨다. 어차피 우리가 할 수 없는 일에 대해서 아무리 염려해 보아야 전혀 도움이 되지 않는다. 그런 일은 하나님께 맡겨야 한다. 그러나 우리가 할 수 있는 일에 대해서는 하나님은 우리의 행동을 요구하신다. 말씀대로 순종하는 자세로 최선을 다해 행동해야 한다. 그리고 우리가 어찌 할 수 없는 일 즉, 하나님의 몫에 대해서는 하나님께 맡기고 하나님을 의지해야 하는 것이다.

사람이 염려하는 것들 중에 가장 기본적인 것이 의식주에 관한 것이다. 예수님은 마태복음에서 "목숨을 위하여 무엇을 먹을까 무엇을 마실까 몸을 위하여 무엇을 입을까 염려하지 말라 목숨이 음식보다 중하지 아니하며 몸이 의복보다 중하지 아니하냐"(마 6:25)고 하셨다. 그리고 두 가지 예를 들어 설명하신다.

> 마태복음 6:26-32 공중의 새를 보라 심지도 않고 거두지도 않고 창고에 모아들이지도 아니하되 너희 하늘 아버지께서 기르시나니…들의 백합화가 어떻게 자라는가 생각하여 보라 수고도 아니하고 길쌈도 아니하느니라…너희 하늘 아버지께서 이 모든 것이 너희에게 있어야 할 줄을 아시느니라

오늘날 우리 주변에는 물질적인 풍요 속에서 의식주에 대한 걱정 없

| 믿음은 바라는 것들의 실상 65

이 사는 사람들도 많다. 그러면 이런 사람들에게는 예수님의 말씀은 상관이 없는 것일까? 그러나 이들은 먹을 것이 없어서가 아니라 그 많은 먹을 것 중에서 어떤 맛있는 것을 먹을까 걱정하고, 옷이 없어서 무엇을 입을까 하는 것이 아니라 옷장에 수 없이 걸려 있는 옷을 보고 오늘은 어느 옷을 입을까 하는 염려를 한다. 재산이 많으면 많은 대로 걱정은 많다. 재산 관리 문제, 집을 사고파는 문제, 자녀들 문제, 사람들과의 사교상의 문제 등을 염려한다. 당장 식량걱정을 해야 하는 많은 사람에게는 너무나 사치스러운 걱정으로 보일 것이다. 예수님이 염려하지 말라고 하시는 메시지에는 이런 염려도 다 포함된다고 보아야 할 것이다.

성경에 나타난 믿음에 관한 내용을 살펴보면서 믿음의 몇 가지 특성을 정리해 보면 다음과 같다.

1) 믿음은 하나님의 선물이다

우리가 하나님을 믿는 것은 우리의 자유 의지가 있어야 되는 것이지만 그렇다고 해서 우리의 의지만으로 되는 것은 아니다. 고린도전서 12:3 후반부의 말씀에 "성령으로 아니하고는 누구든지 예수를 주시라 할 수 없느니라"고 하신다. 이 말씀에 따르면 우리가 예수를 주라고 시인하기 위해서는 성령의 도움이 있어야만 가능하다는 뜻이다. 성령께서 우리 마음을 움직여서 예수를 주라 시인하도록(믿음을 가지도록) 역사하신다는 뜻이다. 따라서 우리가 믿음을 가지는 것은 하나님의 은혜이고 우리가 예수를 주라고 시인한다면 우리의 마음속에 이미 성령께서 역사하신 것이다. 그래서 에베소서(2:8)에서는 "너희가 그 은혜를 의하여 믿음으로 말미암아 구원을 받았으니 이것은 너희에게서 난 것이 아니요 하나님의 선물이라"라고 한다. 우리는 믿음으로 구원을 얻는데 그 믿음은 하나님의 은혜라는 것이다. 즉, 믿음은 하나님의 선물인 것이다.

2) 믿음은 하나님과 나와의 1:1의 내밀한 관계이다

교우들이 만나서 성경공부도 함께 하고 서로의 신앙에 대해서 대화를 나눔으로써 각자의 믿음이 자라는 데 도움은 줄 수 있지만, 개개인의 믿음 그 자체는 각자 자기만의 것이지 누구와도 공유할 수 없는 것이다. 부부가 한 이불을 덮고 같이 잠을 자더라도 꿈을 함께 꿀 수는 없는 것과 같다. 우리가 어느 믿지 않는 사람을 전도하기 위해서 그에게 복음을 전하고 교회도 함께 갈 수는 있지만 나의 믿음을 그에게 나누어 줄 수는 없는 것이다. 반대로 나는 믿음이 없지만 믿음이 매우 돈독한 사람과 가까이 지낸다고 해서 그의 믿음이 내 것이 되거나 그의 믿음에 의지해서 내가 구원받을 수도 없다. 나의 구원은 오로지 나 자신의 믿음에 의해서만 가능한 것이다. 따라서 자신의 믿음에 확신을 얻고 자라게 하기 위해서 남의 도움을 받을 수는 있지만 궁극적으로는 자신의 의지가 있어야 하고 자신의 책임이다. 믿음은 성령의 역사로 시작되지만 동시에 자신의 자유의지에 의한 결단이 있어야 가능한 것이다.

"어느 목사(또는 장로)의 행실을 보니까 예수를 믿지 않는 사람보다 더 형편없어서 그걸 보니 교회에 가기 싫어졌다"고 말하는 것을 가끔 듣는다. 초신자들에게서 많이 들을 수 있는 말이지만 때로는 교회를 상당히 오랫동안 다녔고 신앙도 꽤 성숙했을 법한 사람도 가끔 이와 비슷한 말을 하는 것을 본다. 심지어 교회를 아주 떠나버리는 경우도 있다. 이것은 그 사람의 신앙이 아직도 자신의 것이 되지 못하고 다른 사람에게 의존하고 있다는 것을 의미하는 것이다. 예수님은 당시의 서기관과 바리새인들의 위선에 대해서 비판하시면서 제자들에게 "그러므로 무엇이든지 그들이 말하는 바는 행하고 지키되 그들이 하는 행위는 본받지 말라(마 23:3)"고 하셨다. 따라서 옳지 못한 지도자들의 행위를 보고 실망하여 나의 신앙을 버린다면 나의 손해인 것이다. 다른 사람의 옳지 못한 행위가 나의 불신앙의 핑계가 될 수는 없는 것이다. 어느 교회에서 지도자의 위선 때문에 그 교회에 가기 싫어졌다면 다른 교회로 옮겨서라도 신앙생활을 계속해야 되는 것이다. 세상에는 위선적인 지도자가 있는 것은 사실이지만 신실한 지도자들도 얼마든지 있다. 믿음은 나와 하나님의 관계이지 교회의 지도자를 포함한 어느 누구에게도 의존할 수 없다. 바울은 이렇게 말했다.

> 고린도후서 13:5 너희는 믿음 안에 있는가 너희 자신을 시험하고 너희 자신을 확증하라 예수 그리스도께서 너희 안에 계신 줄을 너희가 스스로 알지 못하느냐 그렇지 않으면 너희는 버림 받은 자니라.

스스로 자신의 믿음을 확증하지 못하면 버리운 자가 된다고 한다. 나의 신앙은 궁극적으로 나만의 것이다. 자신의 믿음을 스스로 확증해서 버리운 자가 되지 않아야 할 것이다. 그렇지만 믿음이 약한 사람을 시험 들게 해서 믿음을 포기하게 만드는 사람, 특히 교회의 지도자들은 차라리 연자 맷돌을 그 목에 달아 바다에 빠지는 것이 나을 것이다(마 18:6).

> 마태복음 18:6 누구든지 나를 믿는 이 작은 자 중 하나를 실족하게 하면 차라리 연자 맷돌이 그 목에 달려서 깊은 바다에 빠뜨려지는 것이 나으니라.

3) 초신자의 믿음이나 오래 믿은 사람의 믿음이나 하나님은 모두 귀하게 보신다

믿음의 분량에 따라 그 열매는 다를 수 있으나 어느 믿음은 귀하고 어느 믿음은 덜 귀하다는 생각은 매우 잘못된 것이다. 로마서 3:22에서는 "예수 그리스도를 믿음으로 말미암아 모든 믿는 자에게 미치는 하나님의 의니 차별이 없느니라"고 하였다. 참 믿음을 가진 사람은 누구나 하나님의 자녀가 되었으므로 담대할 필요가 있다.

반대로 오래 믿은 사람은 초신자의 믿음을 얕보지 말고 도와주어야 한다. 로마서 14:1에서는 "믿음이 연약한 자를 너희가 받되 그의 의견을 비판하지 말라"고 하였다. 믿음이 돈독한 사람이라도 가끔은 의심이 생길 때가 있다. 초신자일 경우에는 말할 것도 없다. 이때 믿지 못하고 의심한다고 해서 비판하지 말고 믿음이 연약한 자를 사랑하는 마음으로 받아 주어야 한다는 말이다.

4) 우리의 믿음은 하나님의 말씀에 기초해야 한다

인간은 스스로는 약한 존재이기 때문에 무엇엔가 매달리려는 경향이 있는 것 같다. 하나님의 말씀에 매달리지 않고 허황된 것에 매달리면 바로 우상숭배가 될 것이고 하나님을 믿는다 하지만 말씀에 대한 분별력이 없으면 이단으로 빠지기 쉽다. 아브라함은 시험을 받을 때에 믿음으로 이삭을 드렸다.

그런데 만일 오늘날 내가 기도하는 중에 비몽사몽간에 "네 아들을 제물로 바쳐라" 하는 말을 들었다면 이에 순종해야 할까 아니면 순종하지 말아야 할까? 만일 내가 들은 그 말이 하나님의 말씀이 확실하다는 전제가 있다면 순종하는 것이 옳을 것이다. 그러나 나는 잘못된 환상 중에 악령의 말을 들었을지도 모른다. 따라서 순종할 것인가 아닌가를 결정하기 전에 내가 들은 말이 정말 하나님의 말씀인지 아닌지를 먼저 확인할 필요가 있다. 하나님의 말씀인가의 여부를 확인하는 것은 성경의 일반적인 가르침과 일치하는지 또는 상충되는 점은 없는지를 살피는 것이다. 구약성경(레위기)에는 이방인들 중에 자녀를 '몰렉'이라고 하는 우상에게 바쳐서 불로 통과하게 하는 풍습에 대해서 언급하고 있는데 하나님은 이를 가증스러운 일이라고 하시며 이스라엘 백성들에게 절대로 자녀를 제물로 바치지 말라고 엄히 경고하신다(레 18:21; 20:2).

> 레위기 18:21 너는 결단코 자녀를 몰렉에게 주어 불로 통과하게 함으로 네 하나님의 이름을 욕되게 하지 말라 나는 여호와니라.
>
> 레위기 20:2 너는 이스라엘 자손에게 또 이르라 그가 이스라엘 자손이든지 이스라엘에 거류하는 거류민이든지 그의 자식을 몰렉에게 주면 반드시 죽이되 그 지방 사람이 돌로 칠 것이요.

따라서 내가 기도하는 중에 "네 자식을 제물로 바쳐라" 하는 말을 들었다면 이것은 하나님의 말씀이 아닌 것이 확실하다. 그러므로 여기에는 순종하지 말아야 하는 것이다. 만약 말씀을 분별하지 못하고 악령의 꼬임을 하나님의 말씀으로 잘못 알고 순종해서 자녀를 희생했다면 어떻게 되겠는가. 아브라함의 시대에는 아직 문자화된 성경이 없었고 하나님이 아브라함에게 직접 말씀하시던 때이므로 이삭을 바치라고 하는 말씀이 하나님의 말씀인 것을 의심할 여지가 없었으리라 생각된다. 그러나 하나님은 마지막 순간에 이삭을 죽이지 못하게 하심으로 단지 아브라함을 시험하신 것이었으며 사람을 제물로 바치는 것을 원하지 않으신다는 것이 확인되었다.

실제로 오늘날의 교회에서 잘못된 믿음으로 또는 하나님의 뜻을 잘못 해석함으로 인해서 발생하는 문제가 많다. 특히 교회에서 의견의 차이로 인한 분쟁이 있을 경우 서로가 자기 생각은 하나님의 뜻이라고 주장하기 때문에 해결이 되지 않는 것을 종종 볼 수 있다. 우리는 기도하는 중에라도 어떤 생각이 들었을 때 이것이 하나님의 뜻이라고 너무 쉽게 단정해서는 안 된다. 항상 성경을 묵상하며 하나님의 뜻을 올바르게 분별하려고 노력해야 할 것이다. 일단 어떤 생각이 하나님의 뜻이라는 믿음이 있다고 하더라도 내가 잘못 판단했을 가능성도 있다는 것을 인정해야 한다. 따라서 우리에게 어떤 문제가 있어서 기도할 때에는 "저에게 하나님의 뜻을 보여 주옵소서"라고 하는 것보다 "하나님의 뜻을 바로 분별할 수 있도록 지혜를 주옵소서"라고 하는 것이 옳은 기도가 아닐까 생각된다.

5) 믿음은 우리에게 마음의 평화를 준다

세상의 일에는 항상 불확실성이 있다. 그때문에 자기 자신만 믿고 세상을 살아가는 사람에게는 늘 불안과 염려가 따르기 마련이다. 그러나 참 믿음을 가진 사람이라면 자신의 모든 것을 하나님께 맡김으로 불안과 근심 걱정으로부터 자유로워지는 것이다. 사람이 오랫동안 고독하게 혼자 있으면 심심하고 불안해질 수 있다. 그러나 믿음이 있는 사람이라면 그 정도가 덜할 것이다. 오히려 조용하고 깊은 마음속에 기쁨이 있다면 상당한 수준의 믿음의 소유자라 할 수 있을 것이다. 그러나 믿음이 없는 사람은 괜히 불안하고 안절부절 해서 견디기 어려울지도 모른다.

우리가 사회생활을 할 때 남을 의식하는 것은 필요한 일이다. 남에게 피해를 주지 않고 도움을 주기 위해서 남의 입장을 배려하는 것은 매우 아름다운 덕목이다. 그러나 우리는 일종의 경쟁 심리에서 남을 의식하는 경우가 많다. 자기 자신도 매우 좋은 위치에 있음에도 괜히 남과 비교해서 남이 가진 것 중에 자기에게 없는 것이 있으면 마음이 불편해지고 어떻게든 자기도 가지려고 애를 쓰거나 그 사람을 시샘한다. 또는 어떤 사람이 자기보다 다른 사람과 더 친하게 지내는 것을 보면 시샘하는 경우도 있다. 남의 좋은 일을 보고 시기, 질투하는 것은 인간이면 누구에게나 있는 마음 깊은 곳에서부터의 죄성 때문이다. 그런데 믿음이 있고 내면의 평화가 있는 사람은 그 정도가 심하지 않아서 어느 정도는 극복할 수 있을 것이다. 그러나 그렇지 못하고 자신의 내면세계가 불안으로 가득 찬 사람은 시기심으로 인하여 자신을 괴롭게 만들고 결국은 그것이 외부로 표출되어 다른 사람과의 관계를 해치게 될 것이다.

인간관계에 있어서 바람직한 것은 아니지만 왠지 껄끄럽고 사귀기 어려운 사람이 있을 수 있다. 이때 노력해서 어려움을 극복하고 그 사람과 좋은 관계를 맺을 수 있다면 참으로 좋은 일이지만 결코 쉬운 일이 아니다. 그렇지 못할 바에는 차라리 서로 기본적인 예절은 지키면서 가급적 충돌하지 않도록 피하는 것도 하나의 방법이 될 것이다. 그런데 구태여 그 사람과 불필요하게 접촉해서 서로 상처를 주고받는 경우가 흔히 있다. 이것은 우리가 사회생활에서 성숙하지 못하고 우리의 내면세계가 빈약하기 때문이라고 생각된다. 스스로 자신을 확인하지 못하기 때문에(자존감이 낮기 때문에) 무의식중에라도 남과 비교하고 부딪쳐 봄으로써 그를 통해서 자신의 존재를 확인하려는 것이라 생각된다. 자신의 마음의 평화가 있는 사람은 자신감이 있으므로 남과 비교할 필요가 없다.

그러나 사람은 정도의 차이는 있어도 누구나 완전하지 못하기 때문에 남을 통해서 자신의 존재 또는 능력을 확인을 받고 싶어하는 경향이 있다. 그러나 하나님에 대한 믿음이 있고 기도를 통한 하나님과의 교제가 많은 사람이라면 하나님으로부터 자신을 인정받을 수 있기 때문에 구태여 사람으로부터 인정받을 필요를 덜 느낄 것이다. 따라서 우리에게 진정한 믿음이 있다면 혼자 있더라도 고독하지 않을 것이고 마음의 평화를 얻을 것이다.

6) 믿음은 자란다

사람이 복음을 듣고 성령의 도움으로 하나님을 구주로 영접했다 하더라도 처음에는 그 믿음이 연약할 수밖에 없다. 그러나 겨자씨만큼이나 작은 믿음이라도 잘 양육하면 큰 믿음으로 자라게 된다. 예수님의 씨 뿌리는 자의 비유(마 13:18-23)에서 보듯이 길가에 뿌리운 자는 천국 말씀을 듣고 깨닫지 못할 때 악한 자가 와서 그 마음에 뿌리는 것을 빼앗아 버리게 되고 돌밭에 뿌리운 자는 말씀을 듣고 즉시 기쁨으로 받되 그 속에 뿌리가 없어 잠시 견디다가 말씀을 인하여 환난이나 핍박이 일어나는 때에는 곧 넘어지는 자요 가시떨기에 뿌리웠다는 것은 말씀을 들으나 세상의 염려와 재리의 유혹에 말씀이 막혀 결실치 못하는 자요 좋은 땅에 뿌리웠다는 것은 말씀을 듣고 깨닫는 자니 결실하여 혹 백 배, 혹 육십 배, 혹 삼십 배가 된다고 하셨다. 이 비유는 우리가 같은 말씀을 들어도 우리 마음 밭의 상태에 따라 그 믿음이 크게 성장할 수도 있고 쉽게 꺾여 없어 질 수도 있다는 뜻이다. 바울은 이렇게 말한다.

> **고린도전서 13:11** 내가 어렸을 때에는 말하는 것이 어린 아이와 같고 깨닫는 것이 어린 아이와 같고 생각하는 것이 어린 아이와 같다가 장성한 사람이 되어서는 어린 아이의 일을 버렸노라.

우리의 믿음도 처음에는 어린 아이와 같이 유치하지만 육신이 성장하듯이 믿음도 성장하여 나중에는 성숙한 신앙인이 된다는 것을 의미한다. 우리는 항상 말씀을 묵상하면서 자신의 믿음을 돌아보고 말씀대로 실천함으로써 자신의 영적 성숙을 도모해야 할 것이다.

하나님으로부터 받은 선물인 믿음을 소중히 간직하며 물과 영양을 공급하여 잘 키워서 혹 백 배, 혹 육십 배, 혹 삼십 배의 결실을 맺는다면 하나님으로부터 큰 상급이 있을 것이다.

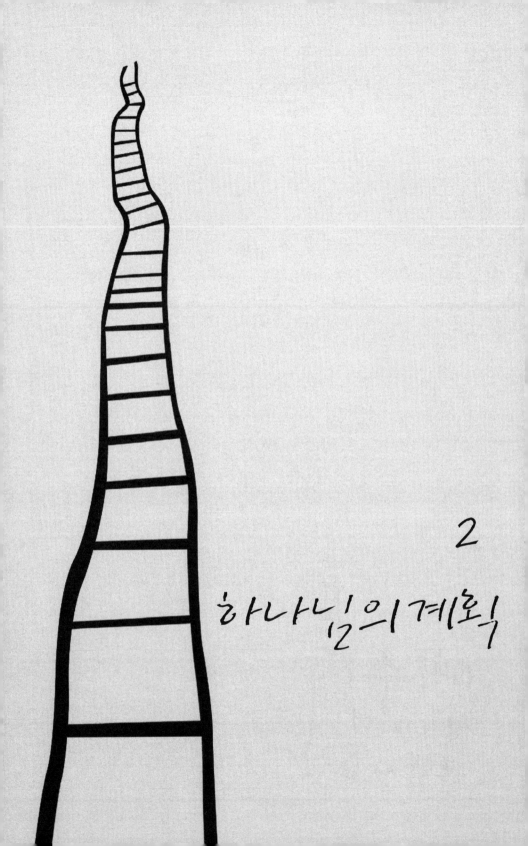

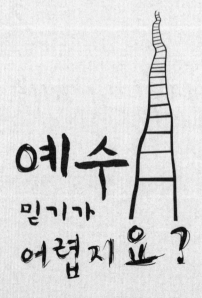

예수
믿기가
어렵지요?

하나님의 계획
하나님의 계획과 이스라엘의 역할

　구약성경의 많은 부분은 이스라엘 민족의 역사로 채워져 있다. 그래서 기독교란 어떤 종교인가를 알기 위해서 성경을 찾아보는 초신자(初信者)들은 기독교는 이스라엘 민족의 종교인데 우리가 왜 기독교를 믿어야 되는가라는 의문을 갖게 된다. 그러나 기독교는 결코 이스라엘 민족만의 종교가 아니다. 하나님은 모든 사람을 지으셨고, 사랑하시며, 전 인류의 구원을 원하신다. 모든 사람을 구원에 이르게 하시는 방법으로 한 작은 민족을 택하셔서 하나님과 자기 백성의 관계가 어떠해야 하는지 본을 보여 주시기 위해서 이스라엘 백성을 택하셨고 택하신 백성에게 복도 주시고 여러 가지 약속과 율법을 주신 것이다.

　이것은 학교의 한 반에서 전체 학생들에게 무언가를 가르치는 방법으로 몇 학생을 택해서 역할극(Role Play)을 하는 것에 비유할 수 있다. 이 택한 학생들의 역할극을 통해서 교사가 학생들에게 전하고자 하는 메시지를 보다 쉽게 전달할 수 있다. 이 경우 교사의 목적은 모든 학생을 가르치는 것이지 그 택한 학생들만을 위한 교육은 아닌 것이다.

　에덴동산에서 범죄한 아담과 하와는 하나님으로부터 여자는 잉태하는 고통을, 남자는 얼굴에 땀을 흘려야 식물을 먹을 수 있도록 하는 벌을 받고 에덴동산에서 쫓겨난다. 그러나 하나님이 그들에게 주신 "생육하고 번성하여 땅에 충만하라 땅을 정복하라 바다의 물고기와 하늘의 새와 땅에 움직이는 모든 생물을 다스리라"(창 1:28)라는 복은 여전히 유효하여 그들의 자손이 증식되어 가고 땅위에 사람의 수는 증가하였다.

> 창세기 1:28 하나님이 그들에게 복을 주시며 하나님이 그들에게 이르시되 생육하고 번성하여 땅에 충만하라 땅을 정복하라 바다의 물고기와 하늘의 새와 땅에 움직이는 모든 생물을 다스리라 하시니라.

하나님이 사람을 창조하신 목적은 사람들을 사랑하시며 그들과 교제하시기 위해서였다. 하나님은 지극히 거룩하시기 때문에 어떤 악한 것도 그 앞에서는 용납될 수 없다. 사람을 사랑의 대상으로 삼으시기 위해서 사람을 자유의지를 가진 인격체로 지으셨으나 자유의지를 가진 사람은 그 자유의지로 선(善)보다는 악(惡)을 택하고 하나님께 순종하기보다는 교만하여 거역하기를 즐기는 것이다. 그러나 하나님은 인내심을 가지고 그들을 양육하여 하나님의 백성으로 만드시기 위해서 오랜 기간에 걸친 원대한 계획을 가지고 계신 것이다.

땅 위에 사람들의 수가 그리 많지 않을 때에는 사람들의 선하고 악한 행위에 하나님이 직접 개입하셔서 징계를 하시기도 하고 복주시기도 하셨다. 세상에 죄악이 가득 차매 하나님은 홍수로 모두를 멸하시되 노아의 가족들을 통해서 구원을 베푸시기도 하신다(창 6-8장의 사건).

그 후 다시 사람의 수가 증대해지자 한 민족을 택하셔서 하나님의 백성의 역할을 보이도록 하시기 위해서 이스라엘의 조상인 아브라함에게 복을 주시며 약속을 하셨다.

> 창세기 12:2-3 ²내가 너로 큰 민족을 이루고 네게 복을 주어 네 이름을 창대케 하리니 너는 복의 근원이 될지라 ³너를 축복하는 자에게는 내가 복을 내리고 너를 저주하는 자에게는 내가 저주하리니 땅의 모든 족속이 너를 인하여 복을 얻을 것이니라 하신지라.

하나님이 한 인간에게 주시는 복으로서 이보다 더한 복이 어디에 있을까? 나도 이런 복을 받는다면 얼마나 좋을까 싶다. 이때에도 하나님은 "땅의 모든 족속이 너를 인하여 복을 얻을 것이니라"라고 궁극적인 목적은 모든 족속에게 복을 주시는 것임을 분명히 말씀하신다. 사실은 하나님이 아브라함에게 주신 복은 하나님을 믿는 모든 사람에게 주신 복이다. 거기에는 나도 포함되어 있다. 하나님은 아브라함에게 주신 복을 나에게도 주신 것이다. 따라서 나를 축복하는 자에게는 하나님이 복을 내리시고 나를 저주하는 자에게는 하나님이 저주하실 것이다. 그러므로 우리는 서로를 축복하고 저주하지 말아야 할 것이다.

하나님은 아브라함에게 "너의 자손이 크게 번성하여 하늘의 별과 같고 바닷가의 모래와 같게 하리라"(창 22:17)고 약속하셨고 마침내 그 약속을 이루셨으나 그 자손을 단련시키기 위해서 애굽 땅에서 약 400년간 노예생활을 하게 하신 후 모세로 하여금 이들을 구출하여 젖과 꿀이 흐르는 땅, 가나안으로 인도하게 하신다.

창세기 22:17 내가 네게 큰 복을 주고 네 씨가 크게 번성하여 하늘의 별과 같고 바닷가의 모래와 같게 하리니 네 씨가 그 대적의 성문을 차지하리라.

그러나 백성은 애굽에서 나온 직후부터 하나님께 불평을 하며 말씀을 거역하곤 하였다. 하나님은 모세를 통해서 이스라엘 백성에게 율법을 주시며 다시 약속을 하신다. 하나님은 그들을 자기의 소유로 삼으시고 "너희는 내게 대하여 제사장 나라가 되며 거룩한 백성이 되리라"(출 19:5-6)고 약속하셨다. 제사장이란 하나님과 사람 사이를 중재하는 직분이다. 이스라엘이 하나님께 제사장 나라가 된다는 것은 이스라엘을 통해서 다른 민족을 하나님께로 이끌어 온다는 뜻이다. 다시 말하면 이스라엘을 통해서 다른 민족에게도 복을 주신다는 말씀이다. 그럼에도 이스라엘 백성들이 패역하여 하나님과의 약속을 지키지 않았고 이에 하나님은 많은 선지자들을 보내어 달래기도 하시고 경고도 하시며 때로는 엄히 징계하시기도 하셨지만 이스라엘 백성은 끝내 하나님께 순종하지 않음으로써 하나님과의 약속을 파기하였다.

출애굽기 19:5-6 ⁵세계가 다 내게 속하였나니 너희가 내 말을 잘 듣고 내 언약을 지키면 너희는 모든 민족 중에서 내 소유가 되겠고 ⁶너희가 내게 대하여 제사장 나라가 되며 거룩한 백성이 되리라 너는 이 말을 이스라엘 자손에게 전할지니라.

이스라엘 백성은 자기들에게 언약을 주신 하나님의 뜻을 헤아리지 않고 하나님이 자기들의 조상인 아브라함에게 복을 주시고 언약을 주셨으므로 자기들은 아브라함의 자손이라는 것만으로 자기들만이 하나님의 택하신 백성이고 자기들만 복을 받는다고 잘못 생각하였기 때문에 하나님이 맡기신 역할(제사장 나라의 역할)을 제대로 수행하지 못했던 것이다. 이 모든 과정이 구약성경에 기록되어 있어서 그 의미를 이해하지 못하고 읽으면 구약성경은 마치 이스라엘 백성들만의 경전인 것처럼 보일 수도 있다. 전지전능하신 하나님은 백성이 순종하지 않을 것이라는 것을 처음부터 알고 계셨을 것이므로 궁극적으로 모든 인류를 구원하시기 위해서 메시아를 보내실 계획을 사람을 창조하시기 전부터 가지고 계셨으며 구약성경의 여러 곳에서 메시아가 오실 것에 대해서 예언해 주셨다.

드디어 메시아이신 예수님이 이 땅에 오심으로써 새로운 약속의 시대가 열리고 이스라엘 백성들의 역할은 끝났다. 만일 이스라엘 백성들이 하나님의 뜻에 순종하고 이 땅에 오신 예수님을 받아들였다면 그들을 통해서 모든 나라 백성이 복을 받았을 것이다(창 12:3; 사 60:3). 그러나 이스라엘은 끝내 이를 거부하였고 예수님을 배척하였다. 그들이 아무리 불순종했어도 하나님의 계획은 차질 없이 진행되었으며 예수님의 사역이 완성됨에 따라 그들의 역할은 없어진 것이다. 예수님은 마태복음 8:11-12에서 "동서로부터 많은 사람이 이르러 아브라함과 이삭과 야곱과 함께 천국에 앉으려니와 그 나라의 본 자손들은 바깥 어두운 데 쫓겨나 거기서 울며 이를 갈게 되리라"고 말씀하셨다. 이스라엘 백성들의 역할은 없어지고 세계 복음화의 시대가 열리는데 정작 예수님을 믿지 않는 이스라엘 백성들은 버림 받을 것을 예고하신 것이다.

창세기 12:3 너를 축복하는 자에게는 내가 복을 내리고 너를 저주하는 자에게는 내가 저주하리니 땅의 모든 족속이 너를 말미암아 복을 얻을 것이라 하신지라 .

이사야60:3 나라들은 네 빛으로, 왕들은 비취는 네 광명으로 나아오리라.

이제 신약시대에 와서는 인종이나 신분에 관계없이 예수님을 구주로 믿는 사람이면 누구나 하나님의 백성이 되는 것이다. 이에 대해서 사도 바울은 "거기에는 헬라인이나 유대인이나 할례파나 무할례파나 야만인이나 스구디아인이나 종이나 자유인이 차별이 있을 수 없나니 오직 그리스도는 만유시요 만유 안에 계시니라"(골 3:11)라고 말하고 있다. 그리고 오늘날의 교회는 예수님의 십자가 사역, 즉 그리스도께서 우리를 위해서 우리의 죄를 대신 지고 십자가에서 죽으셨다는 사실을 믿는 그 믿음 위에 세워진 것이다.

그렇다면 하나님이 이스라엘 백성을 통해서 하나님의 백성은 어떠해야 한다는 모범을 보이려고 하셨던 계획은 실패한 것인가? 이스라엘 백성들은 분명 그 역할을 수행하는 데 실패하였음에 틀림없다. 그러나 그것이 하나님의 실패라고 볼 수는 없다. 왜냐하면 전능하신 하나님은 이스라엘 백성들이 실패할 것임을 알고 계셨을 것이기 때문이다. 전능하신 하나님에게는 실패란 없는 것이다.

만일 이스라엘 백성이 아닌 우리 한국인이 그러한 역할을 맡았더라면 성공적으로 수행할 수 있었을까? 아니, 세계 어떤 다른 민족이라면 성공했을까? 곰곰이 생각해보면 어느 민족이라도 실패했을 것이라 생각된다. 인간이라면 어느 민족을 막론하고 비슷하다고 생각된다. 많은 사람 중에 어느 개인은 비교적 신실한 사람도 있을 수 있으나 한 특정한 민족 또는 나라가 신실할 수는 없다. 2차 세계 대전 당시 히틀러 치하의 독일은 600만 명의 유대인을 학살하는 등 많은 악행을 저질렀다. 그때 독일인들은 다른 나라 사람들보다 더 악하기 때문에 그랬을까? 아니다. 어느 민족이라도 어떤 상황에서는 그런 일을 저질렀을 가능성은 있다고 생각된다. 모든 인간에게는 악한 면이 있기 때문이다. 따라서 이스라엘 백성의 실패는 바로 우리의 실패이며, 우리 모두도 같은 상황이 주어졌다면 이스라엘 백성들과 똑같은 잘못을 저질렀을 것이다.

한편 우리가 생각해 볼 일은 우리는 이스라엘 백성들의 실패를 통해서 교훈을 얻어야 한다는 것이다. 곰곰이 생각해 보면 그것이 하나님의 의도였다는 것을 깨닫게 된다. 언젠가 미국의 한 미식축구 팀의 감독이 한 말이 있다.

> 우리는 경기에서 승리했을 때보다 패했을 때 더 소중한 자료를 얻는다. 승리했을 때에는 승리한 기분에 들떠서 아무 것도 얻지 못하지만 패했을 때에는 우리 팀의 모든 약점을 철저히 분석하기 때문이다.

하나님은 이스라엘 백성이 하나님의 백성으로서의 역할을 제대로 보여 주지 못할 것임을 아시면서도 계획을 실행하신 것이다. 그것은 세계의 모든 사람들이 그들의 실패를 보고 교훈을 얻도록 하기 위함이 아니겠는가. 만일 이스라엘 백성이 훌륭한 모범을 보였더라면 오히려 우리는 그것으로부터 충분한 교훈을 얻지 못했을지도 모른다.

우리는 구약성경에 기록된 이스라엘 백성의 실패를 통해서 많은 것을 배울 수 있다. 하나님이 얼마나 위대하신 분이시며, 하나님은 얼마나 공의로우신 분이신가, 그럼에도 백성이 이토록 불순종하고 악행을 저질러도 하나님은 이렇게 오래 참으시는 분이라는 것, 하나님은 우리에게 벌을 주시기보다는 할 수만 있으면 용서하고 싶어 하신다는 것, 그 과정에서 보여 주신 하나님의 크신 사랑을 깨닫게 된다. 그리고 이스라엘의 패역함을 보고 우리가 얼마나 악한지를 알게 되고 우리의 악한 성품을 버리기가 얼마나 어려운가를 알게 된다. 이것을 우리로 하여금 깨닫도록 하시기 위해서 이스라엘 백성을 사용하신 것이다.

이스라엘 백성이 실패하여 지금은 버림받은 것 같지만 언젠가 회개하고 예수님께로 돌아오면 하나님은 그들도 용서하시고 받아주실 것이다. 물론 지금이라도 유대인들 중에 예수님을 믿고 회개하는 사람은 훌륭한 기독교인이 될 수 있고 실제로 유대인 그리스도인이 적지 않은 것도 사실이다.

하나님의 계획
아브라함이 바랐던 하나님의 성

    하나님은 아브라함을 불러서 "너는 너의 고향과 친척과 아버지의 집을 떠나 내가 네게 보여줄 땅으로 가라"(창 12:1)고 명하셨다. 어디 어디로 가라고 지시하신 것이 아니고 어딘지는 아직 말씀하시지 않고 단지 앞으로 지시할 땅으로 가라고 명령하셨다. 가는 동안이 "좌로 가라" 또는 "우로 가라"는 방식으로 인도하시겠다는 말씀이다. 아브라함은 어디로 가게 될지도 모른 채 길을 떠났다. 이것은 하나님에 대한 절대적인 신뢰가 없이는 순종하기 참으로 어려운 일이다. 그러나 아브라함은 하나님의 인도하심을 믿고 순종했던 것이다. 이것을 후세에 히브리서의 기자는 "믿음으로 아브라함은 부르심을 받았을 때에 순종하여 장래의 유업으로 받을 땅에 나아갈새 갈 바를 알지 못하고 나아갔으며"(히 11:8)라고 표현하고 있다. 하나님에 대한 아브라함의 믿음은 후손들에게 귀감이 되었으며 그는 후손들에게 '믿음의 조상'이라 불리게 되었다.

    하나님은 아브라함을 가나안 땅으로 인도하셨고 "이 땅을 네 자손에게 주리라"고 약속하셨다(창 12:7). 그런데도 아브라함은 하나님이 약속하신 땅에 살 때 마치 외국에 있는 것 같이 거류(居留)하였다고 한다(히

11:9). 거류한다는 것은 무엇을 의미하는가? 그 땅에서 주인처럼 편안하게 사는 것이 아니고 마치 외지 사람이 방문해서 잠시 신세지는 것처럼 겸손하고 조심스럽게 사는 것을 의미한다. 언제라도 쉽게 떠날 수 있도록 집을 짓지도 않고 장막(천막)에서 살았다.

> 창세기 12:7 여호와께서 아브람에게 나타나 이르시되 내가 이 땅을 네 자손에게 주리라 하신지라 그가 자기에게 나타나신 여호와께 그가 그 곳에서 제단을 쌓고.
>
> 히브리서 11:9 믿음으로 그가 이방의 땅에 있는 것 같이 약속의 땅에 거류하여 동일한 약속을 유업으로 함께 받은 이삭 및 야곱과 더불어 장막에 거하였으니.

요즘에는 많은 사람이 자기 고향을 떠나 외지에서 살고 있다. 어느 곳에서 살든지 주위의 다른 사람들도 마찬가지로 외지에서 온 사람들이 많으니 피차 서로 눈치 보지 않고 편하게 사는 경향이 있다. 그래서 요즘의 사람들에게는 거류한다는 말이 어색하게 들릴지도 모르겠다. 그러나 아브라함이 살던 시대에는 사람들의 이동이 그다지 많지도 않았을 것이고 아브라함은 하나님으로부터 그 땅을 자기 자손에게 주리라고 약속 받은 땅임에도 마치 나그네처럼 언제라도 떠날 준비가 되어 있는 상태로 장막에서 살았다는 것이다. 왜 그랬을까? 히브리서 11:10의 말씀처럼 그는 궁극적으로 하나님의 경영하시고 지으실 터가 있는 성을 바랐기 때문이다. 하나님이 직접 설계하시고 직접 지으신 성, 즉 '하나님의 성'을 바랐다는 말이다. 아직은 존재하지 않지만 언젠가는 만들어질 성, 바로 하나님의 나라를 의미하는 것이다. 우리말로 '성'이라 하면 보통 '성벽' 혹은 영어의 'Castle' 또는 'Wall'을 생각하기 쉬우나 성경에서

'성'이라 표현했을 때에는 많은 경우에 실제로 성벽이 있든지 없든지 간에 '도시'(City)를 의미한다.

> 히브리서 11:10 이는 그가 하나님이 계획하시고 지으실 터가 있는 성을 바랐음이라.

하나님은 아브라함과 약속하셨다,

> 창세기 12:2-3 ²내가 너로 큰 민족을 이루고 네게 복을 주어 네 이름을 창대하게 하리니 너는 복이 될지라 ³너를 축복하는 자에게는 내가 복을 내리고 너를 저주하는 자에게는 내가 저주하리니 땅의 모든 족속이 너로 말미암아 복을 얻을 것이니라.

아브라함은 "땅의 모든 족속이 너로 말미암아 복을 얻을 것이라"는 하나님의 말씀을 믿고 언젠가는 이일을 반드시 이루시리라는 확신 속에서 살았던 것이다.

히브리서의 조금 뒷부분에는 하나님의 성에 대한 추가 설명이 있다.

> 히브리서 11:16 그들이 이제는 더 나은 본향을 사모하니 곧 하늘에 있는 것이라 이러므로 하나님이 그들의 하나님이라 일컬음 받으심을 부끄러워하지 아니하시고 그들을 위하여 한 성을 예비하셨느니라

믿음 안에 있는 사람들이 사모해야 할 진정한 본향은 이 땅 위에 있는 것이 아니고 하늘에 있는 것이다. 성경적인 관점에서 볼 때 우리 그리스도인은 모두가 이 땅에서는 이방인, 즉 나그네인 것이다. 우리의 본향

은 하늘에 있고 하나님이 우리를 위하여 성을 예비하고 계신다. 우리가 비록 부족한 자들이지만 하나님은 우리의 하나님이라 일컬음을 부끄러워하지 않으신다고 한다. 이 세상의 아버지 중에는 못난 아들을 둔 것을 수치스럽게 생각해서 남에게 자기 아들이라고 소개하기를 부끄러워하는 아버지가 있을지도 모른다. 그러나 하나님은 못난 우리를 두고 당신이 우리의 하나님이라 말씀하시기를 부끄러워하지 않으신다고 한다.

　우리 그리스도인들에게 이 땅에서의 삶은 나그네 길에 잠시 들려 가는 것에 지나지 않는다. 따라서 우리는 이 땅에서 영원히 살 것처럼 사는 것보다 아브라함처럼 당분간 우거하는 모습으로 사는 것이 옳은 태도이다. 이것은 열심히 살지 않아도 된다는 말은 아니다. 하나님의 약속을 받은 자로 살아야 하는 것이다. 이 세상의 것에 최고의 가치를 두고 거기에 집착하지 않는 삶을 말한다. 우리의 궁극적인 본향은 하나님 나라이기 때문이다.

　아브라함은 장차 올 미래의 하나님의 나라를 믿고 바랐다. 그로부터 약 2,000년 후에 오신 예수님은 하나님의 나라가 이미 왔다고 하셨다. 마태복음 12:28에서 예수님은 "내가 하나님의 성령을 힘입어 귀신을 쫓아내는 것이면 하나님의 나라가 이미 너희에게 임하였느니라"고 하셨다. 예수님이 귀신을 쫓아내시는 것을 보고 당시의 종교지도자들은 시기해서 그가 귀신의 왕인 바알세불을 힘입어 귀신을 쫓아낸다고 하였다. 그러나 우리는 예수님이 병자를 고치시고 귀신들린 자로부터 귀신을 쫓아내시는 등 이적을 행하신 것은 성령의 힘으로 하신 것이라는 것을 믿는다. 예수님이 성령을 힘입어 하신 것이라고 믿는다면 예수님의 말씀대로 하나님의 나라가 이미 임하였다는 말씀도 믿어야 할 것이다.

예수님이 오셨을 때 하나님의 나라는 이미 임하였다. '하나님의 나라'란 '하나님께서 직접 통치'하시는 나라라는 말이다. 예수님은 하나님이시지만 2,000년 전 예수님이 처음 오셨을 때에는 온 세상을 직접 통치하려 오신 것이 아니므로 온 세상이 다 하나님의 나라가 된 것은 아니다. 그러나 예수님을 믿고 따르는 사람들에게는 하나님이신 예수님의 통치권 안에 있다고 볼 수 있으므로 이미 하나님의 나라가 임한 것이다.

그럼에도 성경의 여러 곳에서는 천국이 장차 도래할 것이라고 예언하고 있다(계 21:1). 이 예언은 미래형이다. 하나님의 나라가 장차 임할 것이라는 뜻이다. 예수님은 하나님의 나라가 이미 임하였다고 하시고는 또 장차 임할 것이라고 하신다. 얼른 보기에 모순인 것처럼 들린다. 사실은 하나님의 나라는 이미 임하였다. 그러나 이미 임한 하나님 나라는 악이 존재하는 이 세상에 둘러싸여 있고 항상 악한 세력으로부터 유혹을 받으므로 아직 완전한 것은 아니다. 그러나 예수님의 재림 시에는 처음 오셨을 때와는 달리 심판관이자 왕이며 통치자로 오실 것이다. 완전한 하나님의 나라는 예수님의 재림 시에 올 것이다.

> 요한계시록 21:1 또 내가 새 하늘과 새 땅을 보니 처음 하늘과 처음 땅이 없어졌고 바다도 다시 있지 않더라.

하나님은 이 세상을 창조하셨다. 그러나 이 세상이 하나님이 궁극적으로 목적하셨던 세상은 아니다. 이 세상은 장차 하나님이 직접 다스리실 더 좋은 나라에서 살기에 합당한 자들을 선발하기 위한 훈련장일 뿐이다. 하나님이 목적하신 백성들의 숫자가 다 채워지면 이세상은 없어지고 새 하늘과 새 땅이 열릴 것이다. 그 곳이 바로 천국이다. 그리고 이 세상은 종말을 맞게 되는 것이다. 천국은 바로 이것을 믿는 선택된 하나님의 백성이 살게 될 본향인 것이다. 그곳에서 하나님의 백성은 하나님과 함께 영원히 살게 될 것이다. 믿지 않는 사람들에게는 지금 이 세상이 다 없어지고 새 하늘과 새 땅이 온다는 이야기가 황당하게 들릴지 모른다. 이 세상, 이 우주가 얼마나 큰데 이것이 어디로 가고 없어진다는 말인가. 그러나 그 큰 우주를 창조하신 하나님이면 그것을 없이 하실 수도 있는 것이다.

임마누엘 하나님은 이미 세상에 오셔서 우리와 함께 계신다. 그리고 예수님은 마태복음 18:20에서 "두세 사람이 내 이름으로 모인 곳에는 나도 그들 중에 있느니라"고 하셨다. 우리 믿는 사람들이 예수님 이름으로 모인 곳이면 교회가 되는 것이다. 그리고 그곳에는 예수님이 함께 계시고 그러면 바로 그곳이 하나님의 나라인 것이다. 그러나 지금의 하나님 나라는 완전한 것은 아니다. 그러나 예수님의 재림 시에는 심판이 있을 것이며 바른 믿음을 가진 사람은 완전한 하나님 나라에 들어가게 될 것이다.

그렇다면 지금 이미 임한 하나님의 나라는 어떤 나라인가? 하나님 나라의 백성이 서로 사랑하며 교제하면서 함께 하나님을 섬기는 곳이다. 그런데 문제는 이 세상의 하나님 나라는 세속적인 나라에 둘러 싸여 있으며 그 사이에는 국경선도 없고 철조망도 없기 때문에 잘 구별이 되지 않는다는 것이다. 그렇다면 하나님의 나라와 세속적인 나라는 어떻게 구별되는가? 단지 우리의 사는 모습으로 구별이 될 뿐이다. 따라서 우리는 이 세상에 살고 있지만 천국 시민으로서 이 세상에 속한 사람들과는 다른 모습으로 살아야 한다.

그렇다면 우리는 어떻게 살아야 할 것인가? 어떻게 사는 것이 하나님 나라 백성답게 사는 것인가? 이 질문에 나처럼 살면 된다고 자신 있게 말할 수 있는 사람은 없을 것이다. 그러나 우리는 하나님의 말씀을 들으며 조금씩 우리 자신을 변화시켜 가야 한다. 아브라함은 하나님으로부터 복과 약속을 받았지만 아브라함이 하나님으로부터 받은 계시보다 오늘날 우리가 받은 계시가 훨씬 더 많다. 우리의 믿음이 아브라함의 믿음보다 더 좋아서 그런 것이 아니다. 단지 시대의 특성상 그런 것이다.

아브라함의 시대에는 문자로 기록된 성경이 없었다. 하나님이 그에게 직접 주신 말씀이 전부였다. 그러나 오늘날 우리에게는 성경 66권이 있지 않은가. 하나님이 어떤 분이신가에 대해서 옛날에 아브라함이 알았던 것보다 오늘날 우리는 훨씬 더 많은 지식을 가지고 있다. 따라서 우리는 아브라함보다 더 확실한 믿음은 아니더라도 더 구체적인 믿음을 가져야 한다.

우리가 이 세상에 살고 있으면서 이 세상에 속하지 않은 사람처럼 살아야 한다는 말은 우리는 이 세상을 미워하거나 격리되어 살아야 한다는 말이 아니다. 하나님은 이 세상의 죄악을 미워하시지만 예수님을 세상에 보내셔서 십자가에서 죽으실 정도로 세상을 사랑하셨다(요 3:16). 우리는 하나님이 사랑하신 세상을 미워해서는 안 된다. 예수님은 당신이 세상에 속하지 아니함 같이 제자들도 세상에 속하지 아니하였다고 하셨다(요 17:16). 하나님 나라의 백성은 세상에서 살고 있지만 세상에 속한 자가 아니고 천국에 속한 자인 것이다. 예수님은 우리가 세상에 속한 자가 아님에도 우리를 세상으로 보내셨다(행 1:8). 우리는 이 세상에 동화되어서는 안 되지만 우리가 빛과 소금의 역할을 해서 이 세상을 밝혀주고 이 세상에 영향을 미쳐야 하는 것이다. 그리함으로써 이 땅에서 하나님 나라를 확장해 나가야 한다.

> 요한복음 3:16 하나님이 세상을 이처럼 사랑하사 독생자를 주셨으니 그를 저를 믿는 자마다 멸망하지 않고 영생을 얻게 하려 하심이라.
>
> 요한복음 17:16 내가 세상에 속하지 아니함 같이 그들도 세상에 속하지 아니하였사옵나이다.
>
> 사도행전 1:8 오직 성령이 너희에게 임하시면 너희가 권능을 받고 예루살렘과 온 유대와 사마리아와 땅 끝까지 이르러 내 증인이 되리라 하시니라.

하나님을 믿는 성도는 교회생활을 통해서 봉사하고 서로 교제하지만 교회 안에서의 생활에만 머물러서는 안 된다. 우리는 교회 밖의 세상에 나가서 다른 사람들과 교제하며 그들에게 예수님의 말씀을 전해야 하는 것이다. 우리는 이 땅에서 이방인들이다. 우리의 바라는 본향은 하나님의 성이다. 하나님의 백성들은 그들의 인종이나 말, 문화, 사회적 신분에 관계없이 모두가 한 몸의 지체이며 형제자매들인 것이다. 우리는 천국 시민답게 행동하고, 말하며, 생각해야 한다. 누가 우리의 형제인가? 같은 하나님의 자녀들이 우리의 형제요, 자매이다. 그렇다면 비기독교인들은 우리에게 누구인가? 그들은 우리의 잠재적인 형제자매들이다. 전도의 대상인 것이다.

하나님의 계획
요셉을 통해 보여 주시는 하나님의 역사

요셉은 야곱의 열두 아들 중 11번째 아들이다. 할아버지는 이삭이고 증조부는 아브라함이다. 요셉의 아버지인 야곱은 외삼촌 라반의 둘째 딸 라헬을 사랑했는데 외삼촌으로부터 품삯 대신 라헬을 아내로 주겠다는 약속을 받고 7년간을 섬긴다.

> **창세기 29:20** 야곱이 라헬을 위하여 칠 년 동안 라반을 섬겼으나 그를 사랑하는 까닭에 칠 년을 며칠 같이 여겼더라.

야곱이 7년을 채워서 결혼을 했는데 외삼촌 라반은 첫날밤에 라헬 대신 큰 딸인 레아를 신방에 넣어준다. 모르고 첫날밤을 지낸 야곱이 이튿날 항의하자 그러면 라헬도 줄 터이니 다시 7년을 더 일하라고 한다. 결국 합해서 14년을 외삼촌에게 품삯도 없이 봉사한 후에 라헬까지 아내로 맞이할 수 있었다. 외삼촌도 어지간한 사람이다.

레아는 아들들을 낳았는데 라헬은 아이를 낳지 못했기 때문에 언니를 시기한 끝에 자신의 여종인 빌하를 대신 남편에게 주어서 아들을 낳게 하였다. 그러자 레아도 자기의 시녀인 실바를 남편에게 주었다. 결과적으로 야곱은 아내를 넷이나 거느리게 된다. 그 후 늦게 라헬도 태가 열려서 요셉과 베냐민을 낳아서 야곱의 아들들은 모두 열둘이 된다.

　야곱은 열심히 일했고 그 결과 외삼촌의 농장은 크게 번성하였다. 야곱은 외삼촌으로부터 품삯을 받게 되는데 라반의 양이나 염소 떼에서 점 있는 것과 아롱진 것은 야곱에게 주기로 하였다. 그 후 점 있는 것과 아롱진 것들이 많이 태어나서 야곱의 재산은 크게 불어났다. 드디어 야곱은 많은 재산과 함께 네 명의 아내와 열두 명의 아들을 거느린 큰 집을 이루어 외삼촌의 집을 떠나 독립해서 가나안 땅에 거주하게 된다.

　야곱은 자기가 가장 사랑했던 아내인 라헬의 소생이고 노년에 낳은 아들인 요셉을 다른 아들들보다 더욱 사랑했다. 요셉은 17세의 소년이 되어 형들과 함께 양을 칠 때 형들이 잘못한 일들을 아버지에게 고자질해서 형들의 미움을 사기도 하였다. 요셉은 꿈에 밭에서 형들과 함께 곡식 단을 묶는데 자기의 단은 일어서고 형들의 단은 자기 단을 둘러서서 절하는 꿈을 꾸었다. 이 꿈 이야기를 형들에게 하자(창 37:6-7) 형들이 더 미워했다. 요셉이 다시 꿈을 꾸었는데 해와 달과 열 한 별이 자기에게 절하는 꿈을 꾸었고(창 37:9) 이 꿈 이야기를 아버지와 형들 앞에서 해서 또 미움을 받는다.

　드디어 형들은 요셉을 미워해서 죽이기로 모의한다. 그들은 요셉을 구덩이에 집어 던져 죽이려고 하였으나 마침 애굽으로 가는 한 무리의 장사꾼들을 발견하고 그들에게 팔아버린다. 그리고 아버지에게는 짐승에게 잡혀 먹혔다고 거짓 보고한다. 요셉은 애굽으로 끌려가서 애굽 왕 바로(Pharaoh: 고대 이집트 왕의 칭호)의 신하인 친위대장 보디발에게로 팔려갔다. 보디발의 노예가 되었으나 요셉이 성실하므로 보디발의 마음에 들어서 그는 요셉을 가정의 총무로 삼고 자기의 소유를 다 그에게 맡겨 관리하게 하였다. 하나님이 요셉을 위하여 그 집에 복을 내리시므로 모든 것이 형통했다고 기록되어 있다(창 39:2-3).

요셉은 용모가 빼어나고 아름다웠다(창 39:6). 그런데 보디발의 아내는 매우 정숙하지 못한 여자였다. 그녀는 요셉을 유혹하였으나 요셉은 지혜롭게 거절하였다.

> 창세기 39:8-9 ⁸내 주인이 집안의 모든 소유를 간섭하지 아니하고 다 내 손에 위탁하였으니 ⁹이 집에는 나보다 큰 이가 없으며 주인이 아무것도 내게 금하지 아니하였어도 금한 것은 당신뿐이니 당신은 그의 아내임이라 그런즉 내가 어찌 이 큰 악을 행하여 하나님께 죄를 지으리이까

하루는 요셉이 일을 하려고 그 집에 들어갔는데 그 집안에 다른 사람들이 없을 때 보디발의 아내가 요셉의 옷을 잡고 동침하자고 조르자 요셉은 급한 길에 자기 옷을 벗어 버려둔 채로 밖으로 뛰쳐나갔다. 그러자 여인은 오히려 소리 질러 집 사람들을 불러서 그 죄를 요셉에게 뒤집어 씌웠다.

> 창세기 39:14-15 ¹⁴보라 주인이 히브리 사람을 우리에게 데려다가 우리를 희롱하게 하는도다 그가 나와 동침하고자 내게로 들어오므로 내가 크게 소리 질렀더니 ¹⁵그가 나의 소리 질러 부름을 듣고 그의 옷을 내게 버려두고 도망하여 나갔느니라.

보디발은 이 말을 듣고 노하여 요셉을 잡아 감옥에 가두었는데 보디발은 왕의 시위대장이었으므로 그 감옥은 왕의 죄수들을 가두는 곳이었다. 요셉은 언제나 하나님과 함께 하는 사람이었다. 감옥에서도 요셉의 성실함이 뛰어나므로 간수장의 마음에 들어서 간수장은 옥중 죄수를 다 요셉의 손에 맡겨서 제반 사무를 요셉이 처리하게 하고 그의 손에 맡긴 것은 무엇이든지 믿고 살펴보지 아니하였다고 한다.

그 후에 애굽 왕의 신하 중 술 맡은 자와 떡 굽는 자가 잘못을 저질러 옥에 갇히게 되었는데 바로 요셉이 갇힌 곳이었다. 이들 두 사람이 하룻밤에 각각 이상한 꿈을 꾸었는데 해몽을 할 사람이 없어서 근심하던 중에 요셉이 그들의 꿈을 해석해 준다. 술 맡은 관원장이 꾼 꿈은 포도나무가 있는데 그 나무에 세 가지가 있고 싹이 나서 꽃이 피고 포도송이가 익었고 자기의 손에 바로의 잔이 있기에 포도를 따서 그 즙을 바로의 잔에 짜서 그 잔을 바로의 손에 드리는 꿈이었다. 요셉은 그 꿈을 해석하였다.

> 창세기 40:12-13 [12]요셉이 그에게 이르되 세 가지는 사흘이라 [13]지금부터 사흘 안에 바로가 당신의 전직을 회복시키리니 당신이 그 전에 술 맡은 자가 되었을 때에 하던 것 같이 바로의 잔을 그의 손에 드리게 되리이다.

떡 굽는 관원장의 꿈은 "흰 떡 세 광주리가 내 머리에 있고 맨 윗광주리에 바로를 위하여 만든 각종 구운 음식이 있는데 새들이 내 머리의 광주리에서 그것을 먹더라"(창 41:16-17)는 것이었다. 요셉은 떡 굽는 관원장의 꿈을 해석하였다.

창세기 40:18-19 ¹⁸세 광주리는 사흘이라 ¹⁹지금부터 사흘 안에 바로가 당신의 머리를 들고 당신을 나무에 달리니 새들이 당신의 고기를 뜯어 먹으리이다.

제 삼 일은 바로의 생일이어서 바로가 모든 신하를 모아 잔치할 때에 술 맡은 관원장과 떡 굽는 관원장을 불러서 술 맡은 관원장은 전직을 회복하였고 떡 굽는 관원장은 머리를 매달았다. 요셉이 그들에게 해석해 준 꿈대로 되었는데 술 맡은 관원장은 그 후 요셉을 까마득히 잊어버리고 기억하지 못하였다.

그로부터 만 2년 후에 바로가 꿈을 꾸었는데 자기가 강가에 섰는데 보니 아름답고 살찐 일곱 마리의 암소가 강에서 올라와 갈밭에서 뜯어먹고 그 뒤에 또 흉악하고 파리한 다른 일곱 암소가 강에서 올라와 그 소와 함께 강가에 섰더니 그 흉악하고 파리한 소가 그 아름답고 살찐 일곱 소를 먹는 것을 보고 잠에서 깨었다가 다시 잠이 들어 또 꿈을 꾸는데 한 줄기에 무성하고 충실한 일곱 이삭이 나오고 그 후에 또 세약하고 동풍에 마른 일곱 이삭이 나오더니 그 세약한 일곱 이삭이 무성하고 충실한 일곱 이삭을 삼키는 것이었다.

잠에서 깬 바로는 마음이 번민하여 애굽의 술객과 박사를 모두 불러 그들에게 그 꿈을 말하였으나 그것을 해석하는 자가 없었다. 꿈의 내용으로 봐서 앞으로 있을 일에 대한 징조인 것 같은데 무슨 징조인지를 알 수 없어 불안하고 초조해서 어찌해야 할지를 몰랐다. 이때 신하 중 술 맡은 관원장이 과거에 자기에게 꿈을 해석해 준 요셉이 생각나서 바로에게 그 이야기를 했다. 이에 바로가 요셉을 불러 "너에게는 해몽을 잘 하는 능력이 있다고 들었는데 나의 꿈을 해석해 보라"고 명령한다. 요섭은 바로에게 "꿈을 해석하는 능력이 내게 있는 것이 아니라 하나님이 바로에게 평안한 대답을 하실 것입니다"라 말하고 꿈을 해석한다.

> 창세기 41:25-31 [25]바로의 꿈은 하나라 하나님이 그가 하실 일을 바로에게 보이심이니이다 [26]일곱 좋은 암소는 일곱 해요 일곱 좋은 이삭도 일곱 해니 그 꿈은 하나이라 [27]그 후에 올라온 파리하고 흉악한 일곱 소는 칠년이요 동풍에 말라 속이 빈 일곱 이삭도 일곱 해 흉년이니 [29]온 애굽 땅에 일곱 해 큰 풍년이 있겠고 [30]후에 일곱 해 흉년이 들므로 애굽 땅에 있던 풍년은 다 잊어버리게 되고 이 땅이 그 기근으로 망하리니 [31]후에 든 그 흉년이 너무 심하므로 이전 풍년을 이 땅에서 기억하지 못하게 되리이다.

> 창세기 41:32-36 [33]이제 바로께서는 명철하고 지혜 있는 사람을 택하여 애굽 땅을 다스리게 하시고…[34]나라 안에 감독관을 두어 그 일곱 해 풍년에 애굽 땅의 오분의 일을 거두되 [35]그 곡물을…각 성읍에 쌓아두게 하소서 [36]이와 같이 그 곡물을 이 땅에 저장하여 애굽 땅에 임할 일곱 해 흉년에 대비하시면 땅이 이 흉년으로 말미암아 망하지 아니하리이다.

바로가 그 신하들에게 "이와 같이 하나님의 영에 감동된 사람을 우리가 어찌 찾을 수 있으리요"(창 41:38)라고 말하며 요셉을 애굽의 총리로 임명하고 나라를 다스리는 일의 전권을 위임한다. 이때 요셉의 나이가 삼십 세였다. 그는 13년간을 노예생활을 한 것이다.

그 후 그가 애굽의 온 땅을 순찰할 때 일곱 해 풍년에 토지 소출이 심히 많아서 애굽 땅에 있는 그 칠 년 곡물을 거두어 각 성에 저축하니 저장한 곡식이 바다의 모래 같이 심히 많아 세기를 그쳤으니 그 수가 한이 없었다고 한다. 땅에 일곱 해 풍년이 그치고 요셉의 말과 같이 일곱 해 흉년이 들기 시작하자 각처에 기근이 심하였다. 요셉이 창고를 열고 백성에게 곡식을 파는데 애굽 사람들만이 아니라 다른 나라의 백성도 애굽에 와서 양식을 사갈 정도였다.

　이때 야곱이 있는 가나안 땅에도 기근이 심해서 어려움을 겪던 중 애굽에 곡식이 있다는 말을 듣고 야곱은 열 명의 아들들을 곡식을 사러 보낸다. 막내아들인 베냐민은 함께 보내지 않았다. 요셉이 나라의 총리로서 그 땅 모든 백성에게 곡식을 파는데 형들이 와서 그 앞에서 땅에 엎드려 절하자 요셉이 보고 형들인 줄 알면서도 모르는 체 하고 엄한 소리로 그들에게 "너희가 어디서 왔느냐"고 묻자 그들은 "곡물을 사려고 가나안에서 왔나이다"라고 대답한다.

　요셉은 형들을 시험하려고 "너희는 정탐꾼들이라 이 나라의 틈을 엿보려고 왔느니라"(창 42:9)고 윽박지른다. 그러면서 그들의 가족들의 상황을 자세히 묻는다. 그들은 자기들은 "열두 형제로서 가나안 땅 한 사람의 아들들이라 막내 아들은 오늘 아버지와 함께 있고 또 하나는 없어졌나이다"라고 대답한다. 요셉은 계속 시치미를 떼면서 너희 막내 아우가 여기 오지 아니하면 너희가 여기서 나가지 못하리라고 했으나 결국 그중 하나인 시므온을 볼모로 남기고 나머지는 그들이 가지고 온 돈도 함께 곡식 자루에 넣어서 곡식과 함께 보내면서 막내인 베냐민을 데려오라고 한다.

　야곱은 자기가 가장 사랑했던 라헬의 소생인 요셉과 베냐민을 특별히 사랑했다. 요셉은 죽은 것으로 알고 있고 남은 베냐민을 끔찍이 아꼈는데 애굽의 총리가 베냐민을 데려오라고 한다는 말에 보낼 수 없다고 우긴다. 그러나 워낙 기근이 심해서 살아갈 방법이 없으므로 할 수 없이 베냐민을 포함해서 아들들을 다시 애굽으로 보낸다. 이때 야곱이 아들

| 요셉을 통해 보여 주시는 하나님의 역사

들에게 하는 말은 비장하게 들린다.

> **창세기 43:14** 전능하신 하나님께서 그 사람 앞에서 너희에게 은혜를 베푸사 그 사람으로 너희 다른 형제와 베냐민을 돌려보내게 하시기를 원하노라 내가 자식을 잃게 되면 잃으리로다.

야곱의 아들들은 갑절의 돈과 예물을 가지고 베냐민을 데리고 다시 애굽에 내려가서 요셉의 앞에 선다. 요셉은 베냐민이 그들과 함께 온 것을 보고 그들을 자기 집으로 인도하고 대접한다. 요셉이 그들의 안부와 함께 "너희 아버지, 너희가 말하던 그 노인이 안녕하시냐 아직도 생존해 계시느냐"(창 43:27) 고 묻는다.

요셉은 다시 한 번 형제들을 시험한다. 요셉은 사람들을 시켜서 양식을 각인의 자루에 실을 수 있을 만큼 채우고 그 양식 값으로 그들이 가져온 돈도 몰래 그 자루에 도로 넣고 그러나 자기의 은잔을 베냐민의 자루 입구에 넣게 하고 그들을 보낸다. 그들이 성에서 나가 멀리 가기 전에 요셉이 사람들을 보내서 그들의 뒤를 따라가서 그들에게 "너희가 어찌하여 선을 악으로 갚느냐 이것은 내 주인이 가지고 마시며 늘 점치는 데에 쓰는 것이 아니냐 너희가 이같이 하니 악하도다"(창 44:4-5) 하며 그들을 도로 붙잡아 오게 한다.

그들은 자기들은 모르는 일이지만 총리의 은잔이 베냐민의 자루에서 나왔기 때문에 변명도 못하고 붙잡혀 와서 죄를 뒤집어 써야 할 형편이 되었다. 이때 그들 중 유다가 나서서 자기 가족의 모든 자초지종을 얘기하면서 만일 베냐민이 돌아가지 못하면 연로하신 아버지는 살지 못할 것이므로 자기가 모든 죄를 다 질 터이니 베냐민과 다른 형제들을 보내 달라고 애걸한다.

이에 요셉은 마음속에서 북받쳐 오르는 정을 참지 못해서 드디어 자신의 정체를 형제들에게 밝히게 된다. 이때 "요셉이 큰 소리로 우니 애굽 사람에게 들리며 바로의 궁중에 들리더라"(창 45:2)고 기록하고 있다. 창세기 45:4-5에서 요셉은 형들을 위로한다.

> 창세기 45:4-5 ⁴나는 당신들의 아우 요셉이니 당신들이 애굽에 판 자라 ⁵당신들이 나를 이 곳에 팔았다고 해서 근심하지 마소서 한탄하지 마소서 하나님이 생명을 구원하시려고 나를 당신들 먼저 보내셨나이다.

위의 내용은 창세기에 기록된 요셉에 관한 이야기를 요약한 것이다. 여기에서 우리는 요셉이라는 사람에 대해서 생각해 보자. 요셉도 어린 시절에는 철없는 아이였음을 알 수 있다. 아버지로부터 편애를 받으면서 형들의 잘못을 고자질하는 철부지였다. 어릴 때부터 하나님은 요셉이 장차 존귀한 사람이 되고 형제들이 그를 섬긴다는 것을 꿈을 통해서 예시하셨다. 그러나 그가 좀 더 성숙했더라면 그런 일을 마음속에만 간직해 두었어야 했는데 형들에게 말해서 미움을 사게 되었다.

그러나 노예로 팔려갈 때 요셉의 심정은 어떠했을까? 그런 가운데에도 바르게 살려고 노력했음에도 모함을 받아 옥에 갇힐 때의 심정은 또 어떠했겠는가? 이러한 상황이라면 많은 사람들은 자포자기할 것이다. 착하게 살면 뭐하고 의롭게 살면 뭐 하는가? 결국 나에게 돌아오는 것은 모함이요 싸늘한 감옥밖에 없지 않은가?

소설 『레미제라블』에서 배가 고파서 빵 하나를 훔쳤다가 19년간을 감옥생활을 하고 나온 장발장은 얼마나 악해져 있었던가? 그는 세상 사람들이 모두 자기를 외면하는데 오직 자기를 융숭하게 대해준 주교의 친절을 배신하고 그의 은식기를 훔쳐 가지고 나온다. 그러나 그가 붙잡혀 왔을 때 주교는 은식기는 내가 준 것이라며 오히려 은촛대는 왜 안 가져 갔느냐고 하면서 그것까지 쥐어 주었다. 이 주교의 이러한 용서와 사랑이 장발장을 다른 사람으로 바꾸어 놓았다.

사람들은 흔히 남의 억울한 이야기를 들으면 쉽게 조언할 수 있다. 잊어버리라고 그리고 용서하라고. 그러나 만일 그와 똑같은 일을 실제로 자신이 당했다면 분노와 미움을 잊어버리고 용서한다는 것은 결코 쉬운 일은 아니다. 그래서 우리를 대신해서 그 모진 고통을 당하시고 십자가의 죽음이라는 치욕스러운 죽음을 당하신 예수님은 우리에게 말씀하신다. "나를 보고 위로 삼으라"고.

요셉은 그러한 험한 상황 속에서도 누구를 원망하지 않고 끝까지 성실하게 하나님과 동행하는 길을 걸었다. 그가 그러한 자세를 견지할 수 있었던 것은 하나님이 끝까지 자신을 지켜 주신다는 믿음이 있었기 때문일 것이다. 우리는 세상 살아가면서 조그만 일에도 쉽게 좌절하고 마치 믿음 없는 자들처럼 행동하곤 한다. 이런 때 우리는 요셉의 믿음을 본받고 싶다.

요셉은 꿈을 잘 해석함으로써 인생역전을 경험하게 된다. 그러나 요셉 자신이 말했듯이 꿈을 해석하는 능력은 자기의 능력이 아니라 하나님이 당신의 계획을 이루시기 위해서 요셉에게 그러한 능력을 주신 것이다.

요셉은 바로의 술 맡은 관원장의 꿈을 해석해 주며 전직을 회복하면 자기의 억울한 사정을 신원해달라고 부탁한다. 그는 이렇게 말한다.

> 창세기 40:14-15 ¹⁴당신이 잘 되시거든 나를 생각하고 내게 은혜를 베풀어서 내 사정을 바로에게 아뢰어 이 집에서 나를 건져 주소서 ¹⁵나는 히브리 땅에서 끌려온 자요 여기서도 옥에 갇힐 일은 행하지 아니하였나이다.

그러나 그는 전직이 회복되자 요셉의 일은 까맣게 잊어버렸다. 이것이 사람의 마음이다. 그가 옥에 갇혀 있을 때에는 옥에서 나갈 수만 있다면 무엇이라도 해줄 수 있으리라 생각했을 것이고 꿈을 해석해 준 요셉이 무척이나 고마웠을 것이다. 그러나 일단 옥에서 나가서 전직이 회복되자 그 일은 잊어버린 것이다. 아직 하나님이 계획하신 때가 아니었기 때문이다.

그러나 2년 후 바로가 꿈을 꾸고 그 꿈을 해석할 사람이 없어 소동이 나자 그제야 그는 요셉의 일을 기억해 냈다. 이때가 하나님의 때였던 것이다. 바로 이때를 위해서 하나님은 2년 전에 술 맡은 관원장을 옥에 보내서 요셉을 만나게 하시고 요셉이 그의 꿈을 해몽하던 기억을 심어주시고 때가 되었을 때 그것이 생각나게 하신 것이다.

요셉은 노예 신분에서 일약 일인지하 만인지상(一人之下 萬人之上)인 총리가 되었다. 일반적으로 노예로 육체노동만 하던 사람에게 국가를 경영하는 총리의 직분을 맡긴다면 그 일을 잘 해낼 수 있겠는가? 그러나 요셉은 비록 노예 신분이었지만 보디발의 집에서 가정총무로서 많은 노예 및 하인들과 가솔을 거느린 시위대장의 큰 살림을 관리하였고 옥에서도 모든 죄수의 관리와 제반 사무를 총괄하는 등 관리자로서의 훈련을 쌓았던 것이다. 이 모든 것을 주관하시는 하나님의 치밀한 계획이었던 것이다.

요셉은 하나님의 위대한 계획을 통찰하는 안목이 있었다. 형들을 만났을 때 그는 그러한 안목을 밝힌다.

> **창세기 45:6-8** ⁶이 땅에 이 년 동안 흉년이 들었으나 아직 오 년은 밭갈이도 못하고 추수도 못할지라 ⁷하나님이 큰 구원으로 당신들의 생명을 보존하고 당신들의 후손을 세상에 두시려고 나를 당신들보다 먼저 보내셨나니 ⁸그런즉 나를 이리로 보낸 이는 당신들이 아니요 하나님이시라 하나님이 나로 바로에게 아버지로 삼으시고 그 온 집의 주로 삼으시며 애굽 온 땅의 통치자를 삼으셨나이다

요셉은 이루어진 모든 일이 하나님의 위대한 계획 속에서 이루어진 일임을 통찰하고 있는 것이다. 요셉은 하나님의 계획 속에서 자신의 역할이 무엇이지를 알고 정확하게 수행해 나갔다. 때로는 어려움과 분노와 좌절을 느꼈겠지만 하나님과 대화하며 자신의 길을 간 사람이다.

하나님의 위대하신 계획은 무엇이었나? 하나님은 이삭과 야곱과 요셉의 조상인 아브라함에게 약속하셨다. 너의 자손을 하늘의 별과 같이, 바다의 모래와 같이 많게 할 것이다.

> **창세기 12:2-3** ²내가 너로 큰 민족을 이루고 네게 복을 주어 네 이름을 창대하게 하리니 너는 복이 될지라 ³너를 축복하는 자에게는 내가 복을 내리고 너를 저주하는 자에게는 내가 저주하리니 땅의 모든 족속이 너로 말미암아 복을 얻을 것이니라.

온 땅에 7년간 풍년이 있은 후 7년간 흉년이 오게 하신 것도 하나님의 크신 계획 중에 포함된 일일 것이며, 기근 동안 아브라함의 자손들의 생명을 보존하기 위해서 이들을 애굽으로 인도하시기에 앞서 요셉을 먼저 보내신 것이다. 이 일이 있은 후 야곱과 그의 모든 가솔이 바로의 환대를 받으며 애굽으로 이주하게 되고 거기에서 400여 년을 지내는 동안 자손이 번성해서 큰 민족을 이룬다. 하지만 후에 요셉을 알지 못하는 왕이 나자 이스라엘 자손의 인구가 많아지는 데 위협을 느낀 애굽은 그들을 노예로 만들어 버린다.

하나님은 택하신 백성인 이들을 (교만하지 않게) 연단하실 목적으로 애굽에서 노예생활을 하게 하시고, 그 후 모세를 세우셔서 백성들을 출애굽하게 하시고, 다시 가나안에 정착하도록 인도하신다. 이러한 큰 계획 속에서 요셉이 형들의 미움을 사서 애굽으로 팔려가고 우여곡절 끝에 총리가 되는 일은 부분적인 세부계획의 하나였던 것이다. 그렇다고 요셉의 형들이 하나님의 계획을 알고 그 계획에 따라서 동생을 판 것은 물론 아니다. 그들은 동생을 미워해서 악한 일을 저질렀지만 하나님은 사람의 악한 일까지도 당신의 선하신 목적을 위해 사용하신다.

오늘 우리는 전에는 서로 몰랐던 사람들이지만 학교나 직장, 사는 마을 등에서 서로 만나고 사귀게 되고, 배경이나 경험이 다르지만 교회를 통해서도 만나게 된다. 이렇게 신앙생활을 하고 있는 것도 무관심하게 보면 그냥 우연이고 작은 일에 지나지 않는다고 생각할 수 있으나 사실은 하나님이 위대한 일을 이루시기 위해서 우리를 사용하시고 준비시키시는 것이다.

하나님은 전지전능하신 분이므로 하시는 일에는 실수나 우연이란 없다. 세상의 어떤 일도 하나님 모르게 일어나는 일은 없으며, 하나님은 아무리 작은 일이라도 다 알고 계신다. 심지어 하나님의 뜻에 어긋나는 악한 일이라도 다 하나님의 계산에는 보다 큰 계획을 이루시기 위한 과정 속에서 묵인하시는 것으로 보아야 할 것이다. 그렇다면 우리는 하나님의 큰 역사에 참여하고 있는 것이다. 우리는 그러한 하나님의 크신 뜻을 통찰하고 이해하는 안목을 가져야 한다.

하나님은 우리의 생각으로는 도저히 상상도 할 수 없을 만큼 치밀하시고 능력이 많으신 분이다. 내가 하루하루 살아가는 것도 정작 나 자신은 아무 생각 없이 살고 있을지 모르지만 하나님은 나를 통해서 계획하고 있는 일이 있다는 것을 알아야 한다. 내가 그것을 인식하지 못하고 살아간다면 하찮은 동물과 무엇이 다르겠는가? 그러나 내가 오늘 하루를 살더라도 나를 통해서 계획하시는 하나님의 뜻을 생각한다면 (확실히 알지는 못하더라도 알려고 노력한다면) 나는 하나님의 동역자가 되는 것이다. 나는 그렇게 함으로써 하나님과 교제를 나누는 것이며 이것이 바로 하나님이 나에게 원하시는 것이다.

하나님의 계획
하나님 마음에 맞는 자, 다윗

　다윗은 이스라엘의 12지파 중 유다지파에 속하며 베들레헴 출신으로 이새의 여덟 아들 중 막내로 태어났다. 어려서부터 혈색이 좋고, 눈이 빼어나고, 얼굴이 아름다웠다(삼상 16:12). 아버지의 지시로 양을 지키는 일을 했는데 젊어서부터 용맹하고 충직했다. 사자나 곰이 와서 양떼에서 새끼를 물어가면 따라가서 그것을 치고 그 입에서 새끼를 건져내었고 그것이 일어나 자기를 해하고자 하면 그 수염을 잡고 그것을 쳐 죽였다(삼상 17:34-35). 음악적 소질이 많아서 수금을 잘 탔고, 많은 시를 지었다. 성경의 시편에 수록된 시 중 많은 부분이 다윗이 쓴 것이다.

　이스라엘의 첫 번째 왕인 사울이 처음에는 하나님께 신실했으나 점차 교만해지고 하나님과 멀어져서 하나님으로부터 버림을 받았다. 하나님은 제사장이자 선지자였던 사무엘을 보내어 사울의 뒤를 이을 자로 다윗에게 기름을 붓게 하셨다. 이때 하나님은 다윗에 대해서 "내 마음에 맞는 자"라고 부르셨다(삼상 13:14; 행 13:22).

　사무엘상 13:14 지금은 왕의 나라가 길지 못할 것이라 여호와께서 왕에게 명령하신

바를 왕이 지키지 아니하였으므로 여호와께서 그의 마음에 맞는 사람을 구하여 여호와께서 그를 그의 백성의 지도자로 삼으셨느니라 하고.

사도행전 13:22 폐하시고 다윗을 왕으로 세우시고 증언하여 이르시되 내가 이새의 아들 다윗을 만나니 내 마음에 맞는 사람이라 내 뜻을 다 이루리라 하시더니.

다윗은 기름 부음을 받은 후에도 내색을 하지 않고 당시의 왕인 사울을 충실히 섬겼다. 그러나 점점 더 하나님으로부터 멀어진 사울 왕은 자기의 신하인 다윗이 백성으로부터 칭송을 받는 것을 시기하여(두려웠는지도 모른다) 그를 죽이려고 하였다. 몇 차례의 죽을 고비를 넘기며 다윗은 도망다니는 도중 두 번이나 사울을 죽일 수 있는 기회가 있었으나 하나님으로부터 기름 부음 받은 자를 죽이는 것은 옳지 않다 하여 죽이지 않고 사울에게 자기는 사울 왕을 죽일 의사가 없음을 증명하는 기회로 삼았다. 그때마다 사울은 회개하고 다윗을 더 이상 쫓지 않겠다고 약속하지만 얼마 안 되어 다시 마음이 변하곤 하였다.

사울이 블레셋과의 전쟁 도중 사망하자 다윗은 이스라엘의 12지파 중 유다의 왕으로 추대되었고, 나머지 11지파는 사울의 아들 이스보셋을 왕으로 세웠지만 2년 후 이스보셋이 죽자 다시 통일이 되어 다윗이 전 이스라엘을 통치하게 된다.

다윗은 당시에 여부스 사람들이 점령하고 있던 예루살렘을 탈환하고 이곳을 통일된 이스라엘의 수도로 정하였다. 예루살렘은 유다와 이스라엘의 경계에 있기 때문에 남북 간의 교통의 요지였으며 양쪽의 반목을 완화하고 왕국의 결합을 견고하게 하는데 큰 도움이 되었다. 그 후 블레셋 사람들이 이스라엘을 두 번이나 공격했지만 다윗은 이들을 완파

하고 왕국은 평정되었다. 이후 다윗의 왕권은 날로 융성하였고 국력도 점차 강해져 가고 있었다.

모든 일이 잘 되어 갈 때 사람은 실수하기 쉽다. 하나님의 마음에 맞는 자였던 다윗도 큰 죄를 범함으로써 그의 영혼과 가정은 큰 고통을 당하게 된다. 다윗은 어느 날 저녁 왕궁에서 잠을 자다 깨어나 산책하던 중 우리아의 아내 밧세바가 목욕하는 것을 우연히 보고 음욕이 일어 불러다가 간음하였고, 밧세바는 임신하게 되었다.

당시 나라는 암몬과의 전쟁 중이었고 여인의 남편인 우리아는 충성스러운 군인으로 전쟁터에 나가 있는 중이었다. 다윗은 자신의 간음 사실을 숨기기 위해서 우리아를 일선에서 불러 그 아내와 동침하게 하려 하였으나 우리아는 동료 군인들이 다 전쟁터에서 고생하고 있는데 나만 어찌 집에서 아내와 동침할 수 있겠느냐며 집에 가는 것을 사양했다. 다윗은 계획이 실패하자 전쟁터의 사령관인 요압에게 편지를 보내어 우리아를 맹렬한 싸움터의 최전방에 보내어 전사하게 하였다. 그리고 그 아내 밧세바를 자신의 아내로 취하였다.

하나님의 마음에 맞는 자라는 사람이 이 정도인가 하는 생각이 든다. 남의 아내를 빼앗고 간음한 사실을 숨기기 위해서 그 남편을 죽게 만드는 이런 악한 일을 저지르다니. 다수의 평범한 사람들은 실제로 살인을 해 본 일은 없을 것이다. 그러나 그렇다고 해서 다윗보다 도덕적이라고 할 수 있을까? 직접 자기 손으로 살인은 하지 않았더라도 누군가 죽이고 싶을 정도로 미워해 본 적은 없는가? 자기의 능력으로 사람을 죽일 만큼의 힘이 없거나 나중의 처벌이 두려워서 못했지만 만일 다윗처럼 왕으로서의 권력을 가지고 있었다면 과연 어땠을까? "성경에는 형제를 미워하는 자마다 살인하는 자"(요일 3:15)라고 하였다. 그렇다면 우리도 몇 번씩 살인을 했다고 볼 수 있지 않겠는가? 뿐만 아니라 직접 물리적으로 사람의 목숨을 끊지는 않더라도 뒤에서 사실이 아닌 이야기를 만들어내어 중상 모략함으로써 인격적인 살인을 하는 사람도 얼마든지 있다. 과연 나는 어떤가 돌아볼 필요가 있다.

> 요한일서 3:15 그 형제를 미워하는 자마다 살인하는 자니 살인하는 자마다 영생이 그 속에 거하지 아니하는 것을 너희가 아는 바라.

다윗의 죄를 깨닫게 하기 위해서 하나님은 선지자 나단을 보내신다. 나단은 한 이야기를 만들어서 빗대어 말하였다. 한 성읍에 두 사람이 있는데 한 사람은 부하고 한 사람은 가난하다. 그 부자는 양과 소가 심히 많지만 가난한 자는 아무 것도 없고 자기가 사서 기르는 작은 암양 새끼 한 마리뿐인데 그 암양 새끼는 그와 그의 자식과 함께 있어 자라며 그의 먹는 것을 먹으며 그의 잔에서 마시며 그의 품에 안고 함께 자는 등 마치 딸처럼 기르고 있었다. 그러던 중 그 부자에게 손님이 왔는데 부자가 손님을 대접하기 위해서 자기의 양과 소는 아까워서 잡지 않고 가난한 사람의 양 새끼를 빼앗아다가 잡아서 손님을 대접했다(삼하 12:1-4).

다윗은 이 말을 듣고 크게 노하여 말하였다

> 사무엘하 12:5-6 ⁵여호와의 살아계심을 맹세하노니 이 일을 행한 그 사람은 마땅히 죽을 자라 ⁶그가 불쌍히 여기지 아니하고 이런 일을 행하였으니 그 양 새끼를 네

배나 갚아 주어야 하리라.

사람은 누구나 자신의 잘못에 대해서는 관대하면서도 남의 잘못을 판단할 때에는 매우 엄격하다. 적어도 남을 정죄할 때만은 모든 사람이 지극히 의인이 되는 것이다. 다윗도 마찬가지였다. 악한 부자에 관한 얘기를 들었을 때 그의 반응은 이런 나쁜 인간은 하나님께 맹세코 그대로 살려둘 수 없다는 것이었다. 악한 자에 대한 심판은 추상같다.

그러자 나단은 다윗에게 이르되 바로 "당신이 그 사람이라"고 하였다. 성경에는 언급되지 않았지만 나단이 왕인 다윗에게 이런 말을 할 때에는 죽음을 각오했을 것이다. 아무리 하나님의 말씀을 전하는 선지자라 하지만 권력자인 왕의 잘못을 지적하는 일은 목숨을 내놓고 하지 않으면 어려운 일이었을 것이다. 그러나 나단은 조금도 머뭇거리지 않고 직설적으로 그것도 악한 부자의 이야기를 비유로 한 후에 "그가 바로 당신이다"라고 극적인 효과까지 연출하면서 정곡을 찔렀으니 만일 다윗이 정말 악한 왕이었다면 나단은 살아남지 못했을지도 모른다. 여기에서 나단은 참 선지자의 모습이 어떠해야 되는지를 보여 주고 있다. 목숨이 위태롭더라도 진실을 말할 수 있어야 참 선지자인 것이다.

나단을 통해서 하나님이 다윗을 꾸짖으시는 말씀은 사무엘하 12:7 후반부에서부터 12절까지 기록되어 있다.

> 사무엘하 12:7-12 ⁷이스라엘의 하나님 여호와께서 이와 같이 이르시기를 내가 너를 이스라엘 왕으로 기름 붓기 위하여 너를 사울의 손에서 구원하고 ⁸네 주인의 집을 네게 주고 네 주인의 아내들을 네 품에 두고 이스라엘과 유다 족속을

네게 맡겼느니라 만일 그것이 부족하였을 것 같으면 내가 네게 이것 저것을 더 주었으리라. ⁹그러한데 어찌하여 네가 여호와의 말씀을 업신여기고 나 보기에 악을 행하였느냐 네가 칼로 헷 사람 우리아를 치되 암몬 자손의 칼로 죽이고 그의 아내를 네 아내로 삼았도다 ¹⁰이제 네가 나를 업신여기고 헷 사람 우리아의 아내를 빼앗아 네 아내로 삼았은즉 칼이 네 집에서 영원토록 떠나지 아니하리라 하셨고 ¹¹여호와께서 또 이와 같이 이르시기를 보라 내가 네 집에서 재앙을 일으키고 내가 눈 앞에서 네 아내를 빼앗아 네 이웃들에게 주리니 그 사람들이 네 아내들과 더불어 백주에 동침하리라 ¹²너는 은밀히 행하였으나 나는 온 이스라엘 앞에서 백주에 이 일을 행하리라 하셨나이다.

엄중한 꾸짖으심이다. 하나님은 다윗을 당신의 마음에 맞는 자라고 하셨지만 그가 범죄하였을 때에는 이와 같이 엄중하게 꾸짖으시는 것이다.

그런데 다윗의 훌륭한 점은 선지자로부터 자신의 잘못을 적나라하게 지적받았을 때 변명하려 하지 않고 즉시 회개했다는 것이다. 바로 이것이 다윗의 위대한 믿음이고 하나님의 마음에 맞는 자라는 말을 듣게 된 근거였다. 다윗의 모든 행위가 착했기 때문에 그런 것이 아니다. 사실 그는 다른 사람보다 특별히 악한 것도 없고 특별히 착한 것도 없다. 그러나 그는 자신의 죄를 깨달았을 때 회개하고 하나님께 매달리는 믿음이 있었던 것이다. 하나님은 바로 이러한 자를 의롭다 하시는 것이다.

바로 다음에 나오는 13절 이하에 보면 다윗이 나단에게 이르되 "내가 여호와께 죄를 범하였노라"하매 나단은 다윗에게 대답하되 "여호와께서도 당신의 죄를 사하셨나니 당신이 죽지 아니하려니와…당신의 낳은 아이가 반드시 죽으리이다"라고 전한다.

이 말대로 불륜의 결과로 태어난 아이는 죽게 되었는데 아이가 심히 앓을 때 다윗이 그 아이를 위해서 하나님께 간구하되 금식하고 안에 들어가서 밤새도록 땅에 엎드렸다고 한다.

> **사무엘하 12:17-20** [17]그 집의 늙은 자들이 그 곁에 서서 다윗을 땅에서 일으키려 하되 왕이 듣지 아니하고 그들과 더불어 먹지도 아니하더라. [18]이레 만에 그 아이가 죽으니라…다윗의 신하들이… 두려워하니 이는 그들이 말하기를 아이가 살았을 때에 우리가 그에게 아무리 말하여도 왕이 그 말을 듣지 아니하셨나니 어떻게 그 아이가 죽은 것을 그에게 아뢸 수 있으랴 왕이 상심하시리로다 함이라 [19]다윗이 그 신하들이 서로 수군거리는 것을 보고 그 아이가 죽은 줄을 깨닫고 그 신하들에게 묻되 아이가 죽었느냐 대답하되 죽었나이다 하는지라 [20]다윗이 땅에서 일어나 몸을 씻고 기름을 바르고 의복을 갈아입고 여호와의 전에 들어가서 경배하고 왕궁으로 돌아와 명령하여 음식을 그 앞에 차리게 하고 먹은지라.

> **사무엘하 12:21-23** [21]그의 신하들이 그에게 이르되 아이가 살았을 때에는 그를 위하여 금식하고 우시더니 죽은 후에는 일어나서 잡수시니 이 일이 어찌 됨이니이까 하니 [22]이르되 아이가 살았을 때에 내가 금식하고 운 것은 혹시 여호와께서 나를 불쌍히 여기사 아이를 살려 주실는지 누가 알까 생각함이거니와 [23]지금은 죽었으니 내가 어찌 금식하랴 내가 다시 돌아오게 할 수 있느냐 나는 그에게로 가려니와 그는 내게로 돌아오지 아니하리라.

여기에서 다윗의 믿음을 다시 한 번 엿볼 수 있다. 아이가 아직 살아있을 때에는 하나님께 아이를 살려달라고 금식하며 매달렸지만 일단 죽은 후에는 어찌 돌이킬 수 있으랴, 하나님이 주시는 징계를 달게 받고 자신의 일상으로 돌아가는 것이다. 우리 주변에는 많은 사람들이 이것을 거꾸로 하는 것을 많이 본다. 아직 우리가 무언가를 할 수 있을 때에는 아무 일도 하지 않다가 할 수 있는 일이 아무것도 없을 때 슬퍼하고 걱정을 태산같이 하는 것이다.

그 후에 밧세바가 다시 잉태하여 낳은 아기가 다윗의 뒤를 이어 이스라엘의 3대 왕이 된 솔로몬이다.

선지자 나단이 다윗에게 전한 하나님의 말씀 중에 10-11절에서 하신 징계의 말씀, "칼이 네 집에서 영원토록 떠나지 아니하리라" 그리고 "내가 너와 네 집에 재앙을 일으키고 내가 네 눈앞에서 네 아내를 빼앗아 네 이웃들에게 주리니 그 사람들이 네 아내들과 더불어 백주에 동침하리라"라고 하신 말씀은 그 후에 그대로 다 이루어진다. 다윗의 아들 중 이복 형제간에 서로 죽이는 일이 발생하는가 하면 아들 압살롬이 반란을 일으켜서 왕인 아버지가 쫓겨 다니는 일이 벌어진다. 이때 압살롬은 왕궁 안에서 아버지의 후궁들과 동침하는 불륜을 저지르기도 한다.

결국은 반란이 진압되고 다윗은 왕권을 다시 찾지만 이와 같이 다윗은 자신이 지은 죄에 대해서 하나님으로부터 혹독한 징계를 받는다. 그러나 다윗은 자기의 죄에 대해서는 철저히 회개하고 항상 하나님께 의지하는 믿음을 가졌다. 자기의 죄를 선지자 나단으로부터 지적받은 시기에 지은 시가 시편 51편이라고 한다. 앞의 일부만 소개하면 다음과 같다.

> 시편 51:1-3 [1]하나님이여 주의 인자를 따라 내게 은혜를 베푸시며 주의 많은 긍휼을 따라 내 죄악을 지워 주소서 [2]나의 죄악을 말갛게 씻으시며 나의 죄를 깨끗이 제하소서 [3]무릇 나는 내 죄과를 아오니 내 죄가 항상 내 앞에 있나이다.

자신의 죄를 하나님 앞에 인정하고 용서를 간구하는 모습을 볼 수 있다. 다윗은 후세의 기독교 문화에 많은 감화를 준 사람 중의 하나이다. 그가 지은 시들은 오늘날까지도 교회에서 자주 읽혀지고 있으며 그 중에서도 시편 23편은 많은 사람들에게 즐겨 읽히고 있다.

> 시편 23:1-6 ¹여호와는 나의 목자시니 내게 부족함이 없으리로다 ²그가 나를 푸른 풀밭에 누이시며 쉴 만한 물 가로 인도하시는도다 ³내 영혼을 소생시키시고 자기 이름을 위하여 의의 길로 인도하시는도다 ⁴내가 사망의 음침한 골짜기로 다닐지라도 해(害)를 두려워하지 않을 것은 주께서 나와 함께 하심이라 주의 지팡이와 막대기가 나를 안위하시나이다 ⁵주께서 내 원수의 목전에서 내게 상을 차려주시고 기름을 내 머리에 부으셨으니 내 잔이 넘치나이다 ⁶내 평생에 선하심과 인자하심이 반드시 나를 따르리니 내가 여호와의 집에 영원히 살리로다.

바로 이런 믿음으로 다윗은 "하나님의 마음에 맞는 자"라는 말을 듣게 되었을 것이다. 하나님은 다윗이 의인이기 때문에 마음에 든 것은 아니다. 그는 때로는 하나님 앞에 범죄하기도 하지만 솔직하고 잘못을 곧 회개하며 자신이 약한 것을 알고 하나님께 매달리는 겸손함이 있었다. 하나님은 그의 죄과에 대해서 징계를 하셨지만 그를 용서하시고 그를 사랑하셔서 인류구원에 관한 위대한 약속을 다윗을 통해서 우리에게 주셨다. 예수님이 다윗의 가계에서 태어나셨으며 메시아이신 예수님이 다윗의 자손이라고 불리우기도 하였는가 하면 "메시아의 나라"가 "다윗의 나라"라고 불리기도 한다(막 11:10).

> 마가복음 11:10 찬송하리로다 오는 우리 조상 다윗의 나라여 가장 높은 곳에서 호산나 하더라.

하나님께서 다윗을 사랑하셔서 다윗에게 하신 약속은 예수 그리스도의 오심으로 완성된다.

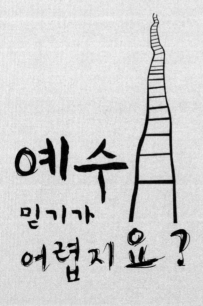

하나님의 계획
사랑의 하나님

하나님은 어떤 분이신가? 우리는 하나님을 바로 믿기 위해서는 하나님을 제대로 알 필요가 있다. 사람들은 하나님이 어떤 분이신가에 대해서 나름대로의 지식을 가지고 있다. 대체로 정리해 본다면,

- 하나님은 전지전능하신 분이다.
- 하나님은 천지를 창조하신 분이다.
- 하나님은 어디에나 계시는 분이다.
- 하나님은 거룩하신 분이다.
- 하나님은 의로우신 분이다.
- 하나님은 우리를 사랑하시는 분이다.
- 하나님은 영원하신 분이다.
- 하나님은 변하지 않으시는 분이다.
- 하나님은 진실하시고 지혜로운 분이다.

그러고 보면 우리는 하나님에 대해서 상당히 많이 알고 있는 것 같다.

그러나 우리가 진정으로 하나님을 알고 있는가 하고 다시 묻는다면 자신 있게 대답하기는 어려운 것이 사실이다.

정확하게 말해서 '하나님을 안다'고 말하는 것과 '하나님에 대해서 안다'고 말하는 것에는 약간의 차이가 있다. 하나님에 대해서 안다는 것은 하나님에 관해 어느 정도의 지식이 있다는 것을 의미한다. 그러나 하나님을 안다는 것은 단순히 지식만이 아니라 하나님과의 인격적인 교제가 있음을 의미한다. 다시 말하면 하나님을 경험하고 인격적인 교제를 통한 친밀한 느낌이 있으며 하나님과 함께하는 삶을 사는 것을 의미한다.

어떤 사람을 가리키며 "너 저 사람 아니?" 할 경우에 우리는 한두 번 만난 적이 있고 그 사람의 이름 정도를 알면 그 사람을 안다고 말할 수 있다. 그러나 어느 부인은 30년을 함께 살아온 남편에 대해서 "아직도 그이를 잘 모르겠어"라고 한다. 이 두 경우에 '안다'는 말의 의미는 상당한 차이가 있다.

가브리엘 천사가 마리아에게 "보라 네가 잉태하여 아들을 낳으리니 그 이름을 예수라 하라"(눅 1:31)고 했을 때 마리아가 천사에게 말하되 "나는 남자를 알지 못하니 어찌 이 일이 있으리이까?"(눅 1:34) 하고 묻는다. 마리아는 요셉과 정혼을 한 성숙한 여인이었다. 따라서 남자는 어떻게 생겼고 여자와는 어떻게 다르다는 등 남자에 대해서 상당히 많이 알고 있었을 것이다. 그러나 마리아는 "나는 남자를 알지 못한다"고 말한다. 이때 마리아가 "알지 못한다"고 말한 뜻은 "나는 남자와 육체적으로나 인격적으로 깊은 접촉이 없었다"는 것을 의미한다.

이와 마찬가지로 '하나님을 안다'는 것은 단순히 하나님에 대한 어느 정도의 지식이 있다는 것만이 아니라 하나님과 인격적인 교제가 있고 그분에 대해서 보다 밀접한 면까지 느끼는 것을 의미한다. 우리가 하나님을 믿는다고 하는 말은 바로 이러한 교제가 있음을 의미한다. 하나님에 대한 지식이 많더라도 이러한 인격적인 교제가 없다면 진정한 믿음이 아닐 수도 있다. 실제로 하나님에 대해서 많은 지식을 가지고 있는 신학자들 중에 하나님을 믿지 않는 사람이 많다고 한다. 그들에게 하나님은 연구의 대상일 뿐 그리고 하나님에 대해서는 많이 알지만 진정으로 하나님을 모르는 것이다.

우리는 세상을 살아가면서 수많은 사람들을 만나고 사귀게 된다. 그러나 어떤 사람은 오랫동안 서로 알고 지내면서도 서로 간에 인격적인 교제가 없이 지내는 사람도 있다. 이러한 관계에 있는 사람은 진실로 서로 안다고 말하기가 어렵다. 특히 어떤 사람을 사랑한다고 할 때에는 인격적인 교제를 전제로 하는 것이다. 만일 남녀 간에 인격적인 교제가 없이 사랑한다면 그것은 진정한 사랑이 아니고 단순히 동물적인 성적 접촉일 뿐이다. 사랑이란 지극히 인격적인 행위이고 인격적인 관계의 형성이다. 성경은 우리에게 "주 너의 하나님을 사랑하라"고 명령하신다. 이것이 모든 계명 중에서도 제일가는 계명이다. 그런데 하나님을 사랑하기 위해서는 하나님과 인격적인 교제가 있어야 하는 것이다. 우리는 하나님에 대해서 단순히 알 뿐만 아니라 하나님을 인격적으로 알아야 한다.

다윗은 하나님으로부터 "내 마음에 맞는 사람"(행 13:22)이라는 칭찬을 들은 사람이다. 사람으로서 하나님으로부터 이런 평가를 받는다면 더 없는 칭찬이다. 그러나 다윗도 끔찍한 범죄를 저질렀다. 그는 유부녀인 밧세바를 범했고 이를 숨기기 위해서 그 남편, 우리아를 죽게 했다. 이로 인해서 그는 하나님으로부터 호된 벌을 받기도 한다. 그 자신의 아들의 반역으로 인해 심한 고통을 당하기도 했다.

그러나 그는 철저히 회개했고 그가 회개했을 때 하나님은 그를 용서하시고 다시 축복하셨다. 그리고 훗날 예수님이 그의 가문에서 태어나시는 축복을 받는다. 다윗은 실로 그의 전 생애에 걸쳐 하나님을 누구보다도 많이 경험한 사람 중에 하나이다. 시편에 기록되어 있는 시의 대부분이 다윗의 시이고 그 시를 읽어보면 다윗이 얼마나 하나님께 의지하고 매달렸는가를 알 수 있다. 그는 누구보다도 하나님과 많은 인격적인 교제를 했고 하나님을 잘 알았을 것이다.

그런 다윗은 시편 23편에서 하나님은 "나의 목자"라고 표현하였다. 그런데 다윗 때의 목자들은 오늘날의 축산하는 사람들과는 많이 달랐던 것 같다. 그 당시의 목자들은 자기의 양을 무척 사랑했던 것 같다.

요한복음에서는 예수님도 자신을 가리켜 "나는 선한 목자"라고 말씀하신다(요 10:11). 그리고 선한 목자는 양들을 위하여 문을 열면 양은 그의 음성을 듣고 그가 자기 양의 이름을 각각 불러 인도하여 낸다고 한다. 자기 양을 다 내놓은 후에 앞서 가면 양들이 그의 음성을 아는 고로 따라온다고 한다(요10:3-4). 심지어 선한 목자는 양들을 위하여 자기 목숨을 버리기까지 한다고 한다. 오늘날 축산을 하는 사람이 자기 가축을 위해서 목숨을 버린다는 것은 생각도 할 수 없는 일이다. 그러나 다윗의 시대나 예수님이 사역하시던 시대에는 그랬던 것 같다. 그리고 실제로 예수님은 우리를 위해서 목숨을 버리셨다.

다윗은 고백한다,

> 시편 23:1-4 ¹여호와는 나의 목자시니 내게 부족함이 없으리로다 ²그가 나를 푸른 풀밭에 누이시며 쉴 만한 물 가로 인도하시는도다 ³내 영혼을 소생시키시고 자기 이름을 위하여 의의 길로 인도하시는도다 ⁴내가 사망의 음침한 골짜기로 다닐지라도 해를 두려워하지 않을 것은 주께서 나와 함께 하심이라 주의 지팡이와 막대기가 나를 안위하시나이다

하나님은 이런 분이시다.

그런데 시편 131편에서는 다윗은 하나님은 "젖 뗀 아이의 어머니"와 같다고 표현하고 있다.

> 시편 131:1-3 ¹여호와여 내 마음이 교만하지 아니하고 내 눈이 오만하지 아니하오며 내가 큰 일과 감당하지 못할 놀라운 일을 하려고 힘쓰지 아니하나이다 ²실로 내가 내 영혼으로 고요하고 평온하게 하기를 젖 뗀 아이가 그의 어머니 품에 있음 같게 하였나니 내 영혼이 젖 뗀 아이와 같도다 ³이스라엘아 지금부터 영원까지 여호와를 바랄지어다.

1절에서 "여호와여 내 마음이 교만하지 아니하고 내 눈이 오만하지 아니하오며 내가 큰 일과 감당하지 못할 놀라운 일을 하려고 힘쓰지 아니하나이다"라고 한다. 우리는 어머니의 사랑을 얻기 위해서 무언가 대단한 일을 하려고 애쓸 필요가 없다. 물론 자식이 큰 일을 성취한다면 어머니는 더 기뻐하시겠지만 그 것이 어머니의 사랑을 얻기 위한 필요 조건은 아니다. 아이가 착하거나 아니거나, 어떤 큰 일을 해내거나 아니

거나, 어떤 때는 심각한 잘못을 저질렀을 때에도 어머니는 아이를 용서하고 사랑한다. 우리 하나님은 바로 이와 같다는 것이다.

사람들은 흔히 하나님은 변하지 않으시는 분이라고 말한다. 하나님은 한번 작정을 하시면 절대로 실행하시는 분이라고 생각한다. 또 하나님은 의로운 분이시기 때문에 우리가 죄를 범하면 반드시 보응하시는 분이라고 생각할 수도 있다. 물론 하나님은 변덕 많은 사람처럼 이랬다 저랬다 하시는 분이 아니다.

그러나 성경에 보면 하나님은 어떤 경우에 뜻을 돌이키시는 분으로 나타난다. 구약에 있는 요나서에서 하나님은 니느웨 성에 죄악이 극히 심하므로 그 성을 멸망시키시기로 작정하시고 요나에게 니느웨 성에 가서 회개하도록 외치라고 명령하신다. 니느웨 사람들에게 마지막으로 한 번 더 회개할 기회를 주시기 위해서이다. 만일 니느웨 사람들이 요나의 외침을 듣고 회개한다면 멸망시키지 않으실 마음이 있었을 것이다. 어떤 경우에도 반드시 멸망시키실 계획이었다면 구태여 요나를 보내서 외치게 할 필요도 없었을 것이다. 하나님의 깊은 마음을 알아차린 요나는 자기의 적국인 니느웨가 회개하지 않고 멸망하기를 원했기 때문에 하나님의 말씀에 순종하지 않고 가라는 니느웨와는 반대 방향으로 도망을 간다. 그러나 우여곡절 끝에 도망가는데 실패한 요나는 결국 할 수 없이 니느웨성에 가서 외친다. 아마도 마음에는 없는 말을 형식적으로 마지못해 외쳤을 것이다. 그런데 놀랍게도 그 성의 모든 사람들이 회개했다.

그들이 회개했을 때 하나님은 뜻을 돌이키셔서 멸망시키지 않으셨다. 그러자 요나는 하나님께 불평을 한다. 불평 정도가 아니라 항의를 한다.

요나 4:1-2 ¹요나가 매우 싫어하고 성내며 ²여호와께 기도하여 이르되 여호와여 내가 고국에 있을 때에 이러하겠다고 말씀하지 아니하였나이까 그러므로 내가 빨리 다시스로 도망하였사오니 주께서는 은혜로우시며 자비로우시며 노하기를 더디하시며 인애가 크시사 뜻을 돌이켜 재앙을 내리지 아니하시는 하나님이신 줄을 내가 알았음이니이다.

요나가 하나님을 피해 도망을 가려고 시도했다는 것을 보면 요나는 하나님이 전지전능하시고 어디에나 계시는 분이라는 것을 몰랐던 것 같다. 오늘날 우리는 하나님으로부터 도망을 간다는 것은 생각조차도 할 수 없을 것이다. 하나님은 어디에나 계시고 모든 것을 다 아시는 분이시므로 우리가 어디를 가든지 하나님은 우리를 지켜보고 계시는 분이다.

요나는 이처럼 하나님에 대해서 잘 몰랐음에도, 다시 말하면 하나님의 능력에 대해서는 잘 몰랐음에도 그는 하나님이 얼마나 사랑이 풍부하신 분인지, 즉 "하나님의 성품에 대해서는 정확히 알고 있었다. 즉 '주께서는 은혜로우시며 자비로우시며 노하기를 더디하시며 인애가 크시사 뜻을 돌이켜 재앙을 내리지 아니하시는 하나님"이라는 것을 정확히 알고 있었다. 요나는 하나님과의 인격적인 교제를 통해서 하나님의 본성이 어떠하신 분인가를 잘 알고 있었던 것이다.

하나님은 참으로 자상하시게도 요나를 달래시는 장면이 기록되고 있다. 요나가 사막의 땡볕에 앉아 있다. 그것도 니느웨가 망하지 않은 것이 화가 나고 속이 상해서 투덜거리며 앉아 있다. 이때 하나님은 박넝쿨을 자라게 해서 요나의 머리 위에 그늘을 만들어 주신다. 그러자 요나는 시원하니까 매우 기뻐하였다. 그러나 그 다음날 하나님은 이번에는 벌레를 준비하셔서 박넝쿨을 다 먹어버리게 하셨다. 햇볕이 쬐어서 다시 더워지니까 요나는 다시 불평을 한다.

> 요나 4:8 요나가 혼미하여 스스로 죽기를 구하여 이르되 사는 것보다 죽는 것이 내게 나으니이다.

기분 나빠서 차라리 죽어버리는 것이 낫겠다고 불평을 하는 것이다. 요나는 어린 아이가 부모에게 투정하듯이 하나님께 투정하는 모습을 보이고 있다. 이것도 하나님에 대해서 인격적으로 친밀감을 느끼니까 가능한 일이 아닐까 싶다. 이때 하나님은 말씀하신다.

> 요나 4:10-11 10여호와께서 이르시되 네가 수고도 아니 하였고 재배도 아니하였고 하룻밤에 났다가 하룻밤에 말라 버린 이 박넝쿨을 아꼈거든 11하물며 이 큰 성읍 니느웨에는 좌우를 분변하지 못하는 자가 십이만여 명이요 가축도 많이 있나니 내가 어찌 아끼지 아니하겠느냐.

요나는 자기가 배양한 것도 아닌 박넝쿨이 자라서 그늘을 만들어 주니까 좋아했다가 다음 날 없어지니까 그토록 아쉬워했다. 그렇다면 니느웨성에는 하나님의 피조물인 사람이 십이만여 명이나 있고 육축도 많은데 아끼는 것이 당연하지 않으냐는 말씀이다. 마치 철없는 아이를 토닥이면서 가르치는 자상한 부모의 모습이다.

그렇다. 하나님은 당신의 피조물인 우리 사람을 이토록 아끼신다. 그리고 하나님은 이스라엘만이 아니라 이스라엘의 적국인 니느웨의 백성들도 사랑하신다는 것을 알 수 있다. 하나님은 공의로우신 분이지만 그보다 우리를 더 사랑하신다. 하나님은 자신의 뜻을 돌이키실 정도로 우리를 사랑하신다. 하나님은 할 수만 있으면 우리를 용서하고 싶어 하신다. 그런데도 우리는 하나님이 용서하실 명분을 만들어 드리지 못하기 때문에 벌을 받게 되는 것이다. 그 명분이라는 것이 무엇인가. 단순히 죄를 자복하고 회개하는 것이다. 쉽다면 지극히 쉬운 일이다. 하나님은 우리를 용서하시는 대가로 우리에게 결코 대단한 일을 하도록 요구하시지 않으신다.

그렇다면 하나님은 우리를 아무 대가도 없이 용서하시기 위해서 공의는 포기하신 것인가? 하나님은 우주 만물을 창조하시고 주관하시는 분이시니 하려고만 하면 아무 명분 없이라도 무슨 일이든 못하시겠는가? 그러나 하나님은 정의로우신 분이기 때문에 공의를 버리실 수는 없으시다. 그래서 우리의 죗값을 다른 분이 대신 치르시도록 하신 것이다. 예수님이 우리의 죄를 대신 지신 것이다. 따라서 우리는 그 사실을 인정하고 믿으면 우리의 죄는 다 용서가 되는 것이다.

우리가 진정으로 하나님을 믿고 하나님의 사랑에 의지한다면 시편 131:2의 말씀처럼 우리의 영혼이 실로 젖 뗀 아이가 그의 어머니 품에 있음 같이 고요하고 평온하게 될 것이다. 우리는 하나님을 믿는다고 하면서도 항상 불안하고 무언가에 쫓기는 마음으로 살고 있지는 않은가? 그렇다면 우리의 신앙에 무언가 잘못된 점이 없는지 점검해 보아야 할 것이다. 살다 보면 무언가 이유 없이 불안하고 일이 뜻대로 잘 되지 않을 때가 있다. 그러나 기도하면서 모든 것을 하나님께 맡기면 마음이 가벼워지고 그러다 보면 나도 모르는 사이에 일도 자연스럽게 풀려가는 것을 경험하곤 한다. 엄마의 품에 잠자는 아이는 얼마나 고요하고 평화스러운가? 하나님의 사랑 안에 있는 우리가 바로 그 모습으로 보일 것이다. 다윗의 시가 바로 우리 모두의 고백이 되어야 할 것이다.

때로는 나는 너무나 많은 죄를 지었기 때문에 하나님의 사랑을 받을 자격이 없는 것은 아닌가 생각될 때가 있다. 사탄은 말한다. "너 같은 죄인이 감히 하나님의 자녀가 된다고? 네 주제에 감히 하나님의 일을 한다고?" 때로는 사탄은 나와 아주 가까운 사람을 통해서 이와 같이 속삭인다.

그러나 하늘에 계시는 아버지는 말씀하신다. "네가 죄인인 것 내가 다 안다. 그래서 너를 부르기 위해서 예수를 보냈노라. 너는 지금 있는 그대로 나에게 오너라. 내가 너를 변화시켜 주리라".

우리는 하나님 앞에 나가기 위해서 자신을 포장할 필요가 없다. 지금 이대로 나가도 하나님은 받아 주신다.

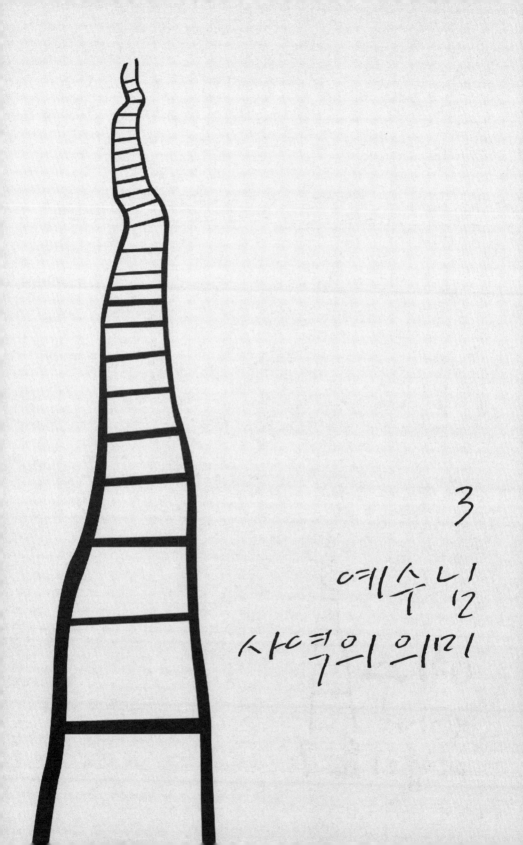

3

예수님
사역의 의미

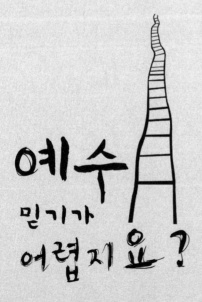

예수님 사역의 의미
오시기 700년 전에 예언되었던 예수님의 사역

선지자 이사야는 B.C. 739년부터 681년까지 활동했던 것으로 알려지고 있다. 그는 유다의 웃시야(B.C. 790-739), 요담(B.C. 750-732), 아하스(B.C. 735-715), 히스기야(B.C. 715-686)왕의 시대에 활동했으며 므낫세 왕에 의해서 산채로 톱으로 몸이 잘리는 잔인한 방법으로 순교했다고 전해지고 있다.

이사야가 활동했던 당시의 정치적 상황은 북왕국 이스라엘은 영적으로 타락한 끝에 결국 B.C. 722년 앗수르에 의해 멸망한다. 남 왕국 유다는 명맥은 아직 유지하고 있었지만 영적으로 매우 피폐해 있는 때였다. 이사야는 이러한 정치적인 혼란과 영적인 몰락 가운데서 유다 백성들에게 구원의 메시지를 전했다. 그의 메시지는 모세와 다윗을 통해서 영광스러운 왕국을 약속하셨던 하나님을 신뢰하라는 것이었고 이사야서의 여러 곳에서 반복적으로 메시아의 오심을 예언하고 있다.

이사야9: 6-7에서는 오시는 메시아에 대해서 다음과 같이 설명하고 있다.

> 이사야9:6-7 ⁶이는 한 아기가 우리에게 났고 한 아들을 우리에게 주신바 되었는데 그 어깨에는 정사를 메었고 그 이름은 기묘자라 모사라 전능하신 하나님이라

영존하시는 아버지라 평강의 왕이라 할 것임이라 ⁷그 정사와 평강의 더함이 무궁하며 또 다윗의 왕좌와 그의 나라에 군림하여 그 나라를 굳게 세우고 지금 이후로 영원히 정의와 공의로 그것을 보존하실 것이라 만군의 여호와의 열심이 이를 이루시리라.

이것을 쉬운 말로 풀이하면 "오시는 분은 놀라우신 분이며, 우리에게 조언을 해주시는 분이며, 전능하신 하나님이시고 영원히 계시는 아버지이시며 평화의 왕이고, 그의 왕권은 점점 더 커지고 나라의 평화도 끝없이 이어질 것이며, 그가 다윗의 왕좌와 왕국 위에 앉아서, 이제부터 영원히, 정의와 공의로 그 나라를 굳게 세울 것이다. 그리고 만군의 하나님이 이것을 반드시 이루실 것이다"라는 뜻이다. 메시아가 어떤 분인가를 설명하는 것이다.

그리고 53장에서는 메시아가 어떤 모습으로 오시며 어떤 일을 하시는가를 예언하고 있다. 그런데 메시아는 우리가 상상할 수 있는 것과는 전혀 다른 모습으로 오시는 것이다.

이사야 53:1-12 ¹우리가 전한 것을 누가 믿었느냐 여호와의 팔이 누구에게 나타났느냐 ²그는 주 앞에서 자라나기를 연한 순 같고 마른 땅에서 나온 뿌리 같아서 고운 모양도 없고 풍채도 없은즉 우리가 보기에 흠모할 만한 아름다운 것이 없도다 ³그는 멸시를 받아 사람들에게 버림 받았으며 간고를 많이 겪었으며 질고를 아는 자라 마치 사람들이 그에게서 얼굴을 가리는 것 같이 멸시를 당하였고 우리도 그를 귀히 여기지 아니하였도다 ⁴그는 실로 우리의 질고를 지고 우리의 슬픔을 당하였거늘 우리는 생각하기를 그는 징벌을 받아 하나님께 맞으며 고난을 당한다 하였노라 ⁵그가 찔림은 우리의 허물 때문이요 그가 상함은 우리의 죄악 때문이라 그가 징계를 받으므로 우리가 평화를 누리고 그가 채찍에 맞으므로 우리는 나음을 받았도다 ⁶우리는 다 양 같아서 그릇 행하여 각기 제 길로 갔거늘 여호와께서는 우리 모두의 죄악을 그에게 담당시키셨도다

⁷그가 곤욕을 당하여 괴로울 때에도 그의 입을 열지 아니하였음이여 마치 도수장으로 끌려 가는 어린 양과 털 깎는 자 앞에서 잠잠한 양 같이 그의 입을 열지 아니하였도다 ⁸그는 곤욕과 심문을 당하고 끌려 갔으나 그 세대 중에 누가 생각하기를 그가 살아 있는 자들의 땅에서 끊어짐은 마땅히 형벌 받을 내 백성의 허물 때문이라 하였으리요 ⁹그는 강포를 하지 아니하였고 그 입에 거짓이 없었으나 그의 무덤이 악인들과 함께 있었으며 그가 죽은 후에 부자와 함께 있었도다 ¹⁰여호와께서 그에게 상함을 받게 하시기를 원하사 질고를 당하게 하셨은즉 그의 영혼을 속건제물로 드리기에 이르면 그가 씨를 보게 되며 그날은 길 것이요 또 그의 손으로 여호와께서 기뻐하시는 뜻을 성취하리로다 ¹¹그가 자기 영혼의 수고한 것을 보고 만족하게 여길 것이라 나의 의로운 종이 자기 지식으로 많은 사람을 의롭게 하며 또 그들의 죄악을 친히 담당하리로다 ¹²그러므로 내가 그에게 존귀한 자와 함께 몫을 받게 하며 강한 자와 함께 탈취한 것을 나누게 하리니 이는 그가 자기 영혼을 버려 사망에 이르게 하며 범죄자 중 하나로 헤아림을 받았음이니라 그러나 그가 많은 사람의 죄를 담당하여 범죄자를 위하여 기도하였느니라.

메시아는 위엄 있는 왕의 모습으로 팡파르를 울리며 화려하게 오시는 것이 아니고 초라할 정도로 겸손하게 오실 것이며, 왕으로 또는 심판관으로 군림하시는 것이 아니라 인간의 죄를 대신 지고 고난을 받기 위해서 오신다는 것을 분명히 말하고 있다. 이사야는 메시아가 너무나 겸손하게 오시기 때문에 사람들이 알아보지도 못하고 믿지도 못한다고 한다(1절). 메시아가 십자가에 죽으심으로 우리를 구원하신다는 것은 인간의 생각으로는 도저히 믿을 수 없을 정도로 오묘한 비밀인 것이다. 이사야가 예언했던 그 모습 그대로 700년 후에 예수님은 오셨다.

그는 주 앞에서 자라나기를 연한 순 같고 마른 땅에서 나온 뿌리 같아서 고운 모양도 없고 풍채도 없은즉 우리가 보기에 흠모할 만한 아름다운 것이 없다고 한다. 예수님은 연한 순처럼 조금만 힘을 가해도 부러질 듯 약한 모습이었으며, 가물어 마른 땅에서 말라 죽지 않고 겨우 생명을 유지해서 나온 줄기처럼 모양이 볼품없었다고 묘사하고 있다. 그래서 사람들로부터 멸시를 받고 사람에게 싫어 버린바 되고 우리도 그를 귀하게 여기지 아니한다고 한다(2-3절). 실제로 예수님은 가난한 목수의 아들로 그것도 부모가 여행 중에 묵을 곳을 구하지 못해 어느 농가의 외양간에서 태어나셨고 제자들도 당시 사회의 하층 계급의 사람들 중에서 택하셨다.

  예수님은 죄에 빠진 우리를 건져내어 구원하시기 위해서 오셨다. 물에 빠져 허우적거리는 사람을 건지는 일을 상상해 보자. 자신은 안전한 곳에 있으면서 줄을 내려 주는 경우를 생각할 수 있다. 이때에는 기진맥진해서 줄을 잡고 올라올 힘조차 없는 사람에게는 도움이 되지 않을 수도 있다. 그러나 우리 주님은 그렇게 하시지 않고 자신이 직접 물에 뛰어들어 우리와 같은 처지가 된 상태에서 우리를 붙들어 주시고 함께 올려 주신다. 그분은 물에 빠진 사람의 상태가 어떤지를 잘 아시는 것이다. 3절에서는 그는 간고를 많이 겪었으며 우리의 질고를 아는 자라고 한다. 그는 자신이 고통을 많이 겪었기 때문에 우리의 어려움을 아신다는 말이다.

  그리고 하나님이신 그리스도께서 친히 이 세상에 오셨다는 것은 이 세상에서 우리 인간 중의 하나로(사람으로) 우리와 함께 계신다는 것을 의미한다. 예수님은 십자가에 못 박혀 죽으셨다가 3일 만에 다시 살아

나시고 하늘로 승천하셨지만 승천하시기 전에 제자들에게 "너희는 가서 모든 민족을 제자로 삼아 아버지와 아들과 성령의 이름으로 세례를 베풀고 내가 너희에게 분부한 모든 것을 가르쳐 지키게 하라"(마 28:19-20)는 대위임령을 주신 후 이어서 "내가 세상 끝날까지 너희와 항상 함께 있으리라"(20절 후반)고 약속하셨다. 그리고 또 마태복음 18:20에서 "두세 사람이 내 이름으로 모인 곳에는 나도 그들 중에 있느니라"고 하셨다. 우리 믿는 사람들 두세 사람이 예수님의 이름으로 모인 곳에는 예수님이 우리 중에 함께 계신다는 말이다. 예수님은 이 세상에서 더 이상 육신으로는 안계시지만 영으로 지금도 우리와 함께 계시는 것이다.

구약에서도 하나님은 모세에게 이스라엘 자손들을 애굽으로부터 이끌어 내라고 하셨을 때 모세가 "내가 누구관대 바로에게 가며 이스라엘 자손을 애굽에서 인도하여 내리이까"(출 3:11)하며 두려워하자 "내가 반드시 너와 함께 있으리라"(출 3:12)고 약속하신다. 하나님은 모세의 뒤를 이어 이스라엘 백성들을 인도하여 가나안으로 들어갈 지도자로 여호수아를 세우실 때에도 같은 약속을 하신다. 신명기 31:23에는 다음과 같이 기술되어 있다.

신명기 31:23 여호와께서 또 눈의 아들 여호수아에게 명령하여 이르시되 너는 이스라엘 자손들을 인도하여 내가 그들에게 맹세한 땅으로 들어가게 하리니 강하고 담대하라 내가 너와 함께 하리라 하시니라.

출애굽기 3:11-12 [11]모세가 하나님께 아뢰되 내가 누구이기에 바로에게 가며 이스라엘 자손을 애굽에서 인도하여 내리이까 [12]하나님이 이르시되 내가 반드시 너와 함께 있으리라 네가 그 백성을 애굽에서 인도하여 낸 후에 너희가 이 산에서 하나님을 섬기리니 이것이 내가 너를 보낸 증거니라.

우리가 하나님의 이름으로 어떤 일을 할 때에는 항상 하나님이 우리와 함께 계신다는 믿음을 가져야 한다. 때로는 어려움이 닥칠 수도 있지만 궁극적으로 하나님이 우리와 함께 계시기 때문에 하나님이 당신의 뜻에 합당하게 일을 이루어 주실 것이라는 믿음을 가져야 하는 것이다. 마태복음 8장에는 예수님과 제자들이 갈릴리 바다에서 배를 타고 가시는데 풍랑이 일어서 배가 심하게 흔들리자 제자들이 겁에 질려서 주무시는 예수님을 깨운다. 이때 예수님은 "어찌하여 무서워하느냐 믿음이 작은 자들아"하고 무서워하는 제자들을 믿음이 작다고 꾸짖으셨다(마 8:24-27). 예수님이 함께 타고 있는 배에도 풍랑이 몰아칠 수가 있는 것이다. 이는 우리가 예수님과 함께 할 때에도 시련은 닥칠 수 있다는 것을 의미한다. 그러나 예수님과 함께 있는 한 안전하다는 것을 제자들은 믿었어야 하는데 그렇지 못했으므로 꾸짖으심을 당한 것이다.

우리의 구원자이자 하나님이신 예수님은 우리와 함께 하시기 위해서 이 세상에 오셨다. 그래서 예수님의 별명은 임마누엘이다. 이 이름의 뜻은 '하나님이 우리 사람들과 함께 계신다'는 뜻이다.

그리고 우리를 대신해서 인간의 질고를 지고 인간이 당하는 최고의 고통인 십자가를 지시지만 사람들은 그 뜻을 알지 못하고, 그에게 죄가 있기 때문에 징벌을 받아서 하나님에게 맞으며 고난을 당한다하며 오히려 비웃는다(사 53:4). 그러나 이사야 53:5에서는 "그가 찔림은 우리의 허물때문이요 그가 상함은 우리의 죄악 때문이고 그가 징계를 받음으로 우리가 평화를 누리고 그가 채찍에 맞으므로 우리가 나음을 받았다"고 구체적으로 표현하고 있다.

그리스도께서 우리의 죄를 대신해서 형벌을 받으셨다는 것은 무슨 뜻인가? 하나님은 지극히 거룩하신 분이고, 공의로운 분이시기 때문에 우리는 우리의 죄를 그대로 가지고는 하나님 앞에 나아갈 수가 없는 것이다. 우리가 하나님의 자녀가 되기 위해서는 죄의 문제를 해결해야 한다. 그러나 우리에게는 우리의 죗값을 스스로 치를 능력이 없다는 것을 아시는 하나님께서는 그리스도를 보내셔서 우리를 대신해서 형벌을 받으심으로써 우리의 죄를 없이하여 주신 것이다.

예수님이 우리의 죄를 대신 지고 고통을 받으심으로써 우리는 죄로부터 자유로워지고 평화를 얻고 영적인 병으로부터 치유를 받게 되는 것이다. 실제로 예수님이 세상에서 행하신 행적을 기록한 마태복음 8:16-17에 "사람들이 귀신들린 자를 많이 데리고 예수께 오거늘 예수께서 말씀으로 귀신들을 쫓아 내시고 병든 자들을 다 고치시니 이는 선지자 이사야를 통하여 하신 말씀에 우리의 연약한 것을 친히 담당하시고 병을 짊어지셨도다 함을 이루려 하심이더라"고 말씀하고 있다.

하나님이 그리스도에게 모든 죄악을 담당하게 하신 것은 사람들이 원했기 때문이 아니라 하나님이 처음부터 우리들을 위해서 예정하신 일이고 그리스도는 죽기까지 그 뜻에 순종하셨다. 이것을 사도 바울은 빌립보서 2:6-8에서 "그는 근본 하나님의 본체시나 하나님과 동등됨을 취할 것으로 여기지 아니하시고 오히려 자기를 비어 종의 형체를 가지사 사람들과 같이 되셨고 사람의 모양으로 나타나사 자기를 낮추시고 죽기까지 복종하셨으니 곧 십자가에 죽으심이라"고 하였다.

그러나 인간은 모두 어리석은 양 같아서 제 멋대로 그릇된 길로 갔을 뿐 아니라 하나님의 뜻을 이해하지 못하고 죄가 없으시면서 우리 대신 죄인의 모습을 취하신 예수님을 멸시하고 그가 당연히 받아야 할 형벌을 받는 것이라고 생각했다.

> 이사야53:7-8 ⁷그가 곤욕을 당하여 괴로울 때에도 그의 입을 열지 아니하였음이여 마치 도수장으로 끌려가는 어린 양과 털 깎는 자 앞에서 잠잠한 양 같이 그의 입을 열지 아니하였도다 ⁸…그 세대 중에 누가 생각하기를 그가 살아 있는 자들의 땅에서 끊어짐은 마땅히 형벌 받을 내 백성의 허물때문이라 하였으리요.

바울은 고린도전서 1:23에서 이러한 예수님의 모습이 "유대인에게는 거리끼는 것이요 이방인에게는 미련한 것"이라고 하였다. 예수님이 하나님의 권능으로 여러 가지 이적을 행하시며, 모든 병든 자를 고쳐주시고, 귀신을 쫓아내시는 것을 보고 유대인들은 이런 능력을 가진 사람이면 이 세상에서 정치적으로 로마제국을 물리치고 로마 대신 이스라엘을 강한 나라로 세워주실 것이라 생각하고 그렇게 되기를 원했는데 뜻밖에도 무력하게 십자가에 못 박혀 죽으셨다는 것은 매우 실망스럽고 기분 나쁜 일이었다. 그뿐 아니라 당시의 지중해 연안의 문화는 헬라(그리스)의 문화가 지배적이었는데 헬라의 철학에서는 신이란 절대적인 특권을 가진 존재이며 사람과는 분명히 구별되는 존재였다. 그런 문화의 영향을 받은 헬라인, 즉 이방인들에게는 하나님이신 예수님이 사람이 되어 이 세상에 오셨고 십자가에 못 박혀 죽었다는 것은 말도 안 되는 미련한 소리라고 일축했던 것이다.

그러나 바울은 한편 고린도전서 1:20-21에서 이렇게 말한다.

고린도전서 1:20-21 ²⁰지혜 있는 자가 어디 있느냐 선비가 어디 있느냐 이 세대에 변론가가 어디 있느냐 하나님께서 이 세상의 지혜를 미련하게 하신 것이 아니냐 ²¹하나님의 지혜에 있어서는 이 세상이 자기 지혜로 하나님을 알지 못하므로 하나님께서 전도의 미련한 것으로 믿는 자들을 구원하시기를 기뻐하셨도다.

사람의 지혜로는 하나님을 알지 못한다는 것이다. 하나님의 지혜는 너무나 크고 깊기 때문에 인간의 지혜로는 도무지 측량할 길이 없다. 만일 하나님의 지혜와 인간의 지혜가 별 차이가 없다고 하면 하나님도 별로 대단한 분이 아니지 않겠는가? 하나님은 나보다는 훨씬 능력이 많으시고, 내가 도저히 따라 갈 수 없을 정도의 지혜를 가지신 분이기 때문에 나를 구원하실 수 있고, 내가 믿을만한 가치가 있는 것이다. 흔히 불신자들은 성경말씀에 도무지 동의할 수 없기 때문에 믿을 수 없다고 한다. 만일 하나님의 생각이 나의 생각과 똑같아서 내가 쉽게 동의할 수 있다면 그런 하나님은 나의 친구는 될 수 있을망정 나의 구주라고 믿을 건 못되지 않겠는가?

따라서 내가 이해할 수 없다고 해서 인정하지 않는다면 그러한 태도야 말로 참으로 어리석고 미련한 것이다. 그래서 바울은 고린도전서 1:18에서 "십자가의 도가 멸망하는 자들에게는 미련한 것이요 구원을 받는 우리에게는 하나님의 능력이라"고 하였다. 자기에게 이해가 되지 않는다고 하나님의 지혜와 그 하시는 일을 미련하다고 부인하는 자는 멸망할 수밖에 없으나 그것을 하나님의 능력으로 믿는 우리에게는 구원이 되는 것이다.

그리스도이신 그분은 죄가 없으시며 강포를 행하지 아니하였고 그 입에 궤사가 없었다. 즉 폭력을 휘두르지 않았고 거짓말을 하지 않았다는 말이다. 그럼에도 악인과 함께 무덤에 장사되었다. 이것은 자신을 인간을 위한 속건 제물로 드리기 위해서인 것이다. 하나님은 사람들이 전혀 생각도 하지 못하는 방법으로 우리를 사랑하시고, 우리를 의롭게 하시기 위해서 우리의 죄를 미리 해결해 주셨다. 이제는 이를 믿는 자는 누구든지 만족히 여기시고 의롭다 하시는 것이다. 우리의 의가 아니라 예수님의 의로만 우리가 구원 받고 의롭다 하심을 얻는다는 것이다.

예수님의 십자가의 도를 믿는 사람만 하나님의 나라에서 하나님의 자녀로서 유업을 받게 될 것이다. 하나님을 믿음으로 하나님의 자녀가 된 우리는 하나님께 어떠한 자녀들인가? 그리스도께서 고난을 받으시고 죄인처럼 십자가에서 죽으심으로 얻으신 귀한 자녀들이다. 그러므로 하나님이 우리를 얼마나 사랑하시겠는가? 그럼에도 우리는 아직도 하나님의 뜻을 헤아리지 못하고 올바른 기도조차 드리지 못하므로 그리스도께서 우리를 위해서 대신 기도까지 해 주시는 것이다.

이사야 53:12 그러므로 내가 그로 존귀한 자와 함께 몫을 받게 하며 강한 자와 함께 탈취한 것을 나누게 하리니 이는 그가 자기 영혼을 버려 사망에 이르게 하며 범죄자 중 하나로 헤아림을 받았음이니라 그러나 그가 많은 사람의 죄를 담당하며 범죄자를 위하여 기도하였느니라.

이사야는 죄로 말미암아 죽어야 할 인생을 구원하시기 위하여 예수님이 메시아로 오셨고, 고난의 길을 걸어가시고, 죽으심으로써 새 시대를 이루고자 하시는 하나님의 뜻이 완전히 성취될 것이라는 것을 가르친 것이다. 예수님이 오시기 700년 전에 예수님의 사역과 의미에 대해서 이렇게 자세하고 실감나게 예언했다는 것이 얼마나 놀라운 일인가? 이것이 이사야라고 하는 사람 개인의 지혜에서 나온 생각이라고 할 수 있겠는가? 이것은 하나님의 지혜이며 하나님이 주신 계시가 아니고는 이런 글을 쓸 수 없다고 생각되지 않는가? 모든 성경은 하나님의 감동으로 된 것이라는 디모데후서 3:16의 말씀이 실감나게 느껴지는 대목이다.

하나님은 이처럼 스스로 고통을 당하시면서 우리를 구원하시고 자녀 삼아 주셨다. 우리는 이에 감사하며 하나님의 자녀다운 삶을 살아야 하는 것이다. 이 세상에서는 하나님의 백성으로 사는 것이 항상 즐겁고 기쁘기만 한 것은 아니다. 예수님은 하나님의 백성들은 이 세상에 속한 자들이 아니므로 세상이 미워한다고 하셨다. 그러나 우리가 이 세상에서 핍박 받고 흘리는 눈물을 예수님이 우리 눈에서 씻어 주실 것이다. 하나님은 요한계시록 21:3-4에서 다음과 같이 약속하신다.

> **요한계시록 21:3-4** ³내가 들으니 보좌에서 큰 음성이 나서 이르되 보라 하나님의 장막이 사람들과 함께 있으매 하나님이 그들과 함께 계시리니 그들은 하나님의 백성이 되고 하나님은 친히 그들과 함께 계셔서 ⁴모든 눈물을 그 눈에서 닦아 주시니 다시는 사망이 없고 애통하는 것이나 곡하는 것이나 아픈 것이 다시 있지 아니하리니 처음 것들이 다 지나갔음이러라.

우리 모두 이 약속을 믿고 하나님의 장막에 함께 들어가야 하지 않겠는가?

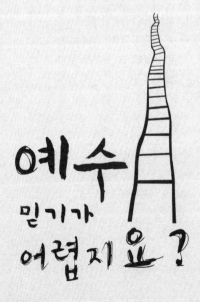

예수님 사역의 의미
영원한 대제사장 예수님

성경에 의하면 죄의 삯은 사망이라고 한다(롬 6:23). 이 말씀에 의하면 우리는 모두 죄인이므로 죽어야 마땅하다. 그러나 하나님은 우리가 죽는 것을 원치 않으시므로 완전한 하나님이자 완전한 사람이신 예수님이 우리의 죄를 대신 지고 죽으심으로써 죄의 문제를 해결해 주셨다.

> 로마서 6:23 죄의 삯은 사망이요 하나님의 은사는 그리스도 예수 우리 주 안에 있는 영생이니라.

예수님은 우리를 위해서 제사장의 직분을 수행하셨다. 예수님의 희생 제사는 당시의 사람들만이 아니라 지금의 우리를 포함한 그 이후의 모든 사람은 물론 그 이전의 모든 사람의 죄까지도 구속해 주시는 것이다. 그런데 오늘날 우리는 성경을 통해서 예수님이 우리를 위해서 하신 일을 알 수 있으므로 그것을 받아들이면 된다. 그러나 그 이전의 사람들은 구약성경에서 예수님에 대해서 예언이 되어 있었다고 하지만 확실히 이해하기는 어려웠을 것이다. 하나님은 이 문제까지도 고려하시어 그들을 위한 잠정적인 해결책으로 제사장 제도를 마련해 주셨다. 그 잠정적으로 해결했던 죄도 마침내 예수님의 십자가 희생으로 완전하게 해결된 것이다.

> 로마서 6:23 죄의 삯은 사망이요 하나님의 은사는 그리스도 예수 우리 주 안에 있는 영생이니라.

하나님은 구약의 율법으로 사람이 죽는 대신 사람의 죄를 동물에게 전가해서 동물을 죽임으로써 이 문제를 잠정적으로 해결할 수 있게 해 주셨다. 이것은 하나님의 큰 은혜였다. 따라서 구약시대에는 사람이 하나님 앞에 나가기 위해서는 모세의 율법에 따라 반드시 동물을 죽여서 희생 제사를 드려야만 했다. 그리고 이 제사는 반드시 제사장이 중재하도록 하였다.

하나님이 모세를 통해서 이스라엘 백성들에게 주신 율법에 의하면 모든 제사장은 레위족속이어야 하며 레위족속의 남자는 모두가 하나님을 위해 봉사하는 일 외의 다른 직업을 가질 수도 없었다(신 18:1). 그들은 이스라엘 중에 분깃도 없고 기업도 없으므로(이스라엘이 가나안 땅에 들어갔을 때 다른 지파에게는 땅을 나누어 분배했지만 레위지파는 땅을 분배 받지 않았다) 다른 지파로부터 십일조를 받아 생활하였다(민 18:20-21).

> 신명기 18:1 레위 사람 제사장과 레위의 온 지파는 이스라엘 중에 분깃도 없고 기업도 없을지니 그들은 여호와의 화제물과 그 기업을 먹을 것이라.
>
> 민수기 18:20-21 20여호와께서 또 아론에게 이르시되 너는 이스라엘 자손의 땅에 기업도 없겠고 그들 중에 아무 분깃도 없을 것이나 내가 이스라엘 자손 중에 네

분깃이요 네 기업이니라 ²¹내가 이스라엘의 십일조를 레위 자손에게 기업으로 다 주어서 그들이 하는 일 곧 회막에서 하는 일을 갚나니.

그런데 창세기 14장에는 레위지파의 제사장 제도가 확립되기 훨씬 전의 멜기세덱이라 하는 제사장에 관한 기록이 있다. 창세기의 기록에 의하면 여러 왕들이 전쟁을 하는 와중에 소돔에 살고 있던 아브람(아브라함으로 이름이 바뀌기 전)의 조카인 롯이 포로로 잡혀간다. 아브람은 자기의 군사 318명을 이끌고 뒤쫓아가서 왕들을 죽이고 롯을 구출해 온다. 많은 전리품과 함께 돌아오는 도중에 살렘 왕 멜기세덱이 떡과 포도주를 가지고 나와서 아브람에게 축복하니 아브람이 전리품에서 십분의 일을 멜기세덱에게 주었다.

신약의 히브리서에서는 멜기세덱에 관해 약간의 추가 설명을 하고 있다. 히브리서 7:1에서는 멜기세덱을 "지극히 높으신 하나님의 제사장"이라고 표현하고 있다. 히브리서 7:2에서는 "그 이름을 해석하면 먼저는 의의 왕이요 그 다음은 살렘 왕이니 곧 평강의 왕"이라고 설명하고 있다. 그는 살렘의 왕이었는데 살렘은 오늘날의 예루살렘을 가리킨다. 그리고 살렘은 샬롬(Shalom)의 의미를 가졌다고 한다. 샬롬은 히브리어로 평화(Peace) 또는 평강이라는 의미의 단어이다. 따라서 살렘 왕(King of Salem)은 곧 평강의 왕(King of Shalom)이라는 뜻이 된다.

히브리서 7:1-2 ¹이 멜기세덱은 살렘 왕이요 지극히 높으신 하나님의 제사장이라 여러 왕을 쳐서 죽이고 돌아오는 아브라함을 만나 복을 빈 자라 ²아브라함이 모든 것의 십분의 일을 그에게 나누어 주니라 그 이름을 해석하면 먼저는 의의 왕이요 그 다음은 살렘 왕이니 곧 평강의 왕이요.

멜기세덱은 과연 누구인가? 성경에는 그에 관한 더 이상의 자세한 설명이 없다. 히브리서 7:3에는 그는 "아버지도 없고 어머니도 없고 족보도 없고 시작한 날도 없고 생명의 끝도 없어 하나님의 아들과 닮아서 항상 제사장으로 있느니라"고 한다. 그는 평범한 사람은 아니었던 것 같다. 멜기세덱은 매우 신비스러운 사람이다. 그는 천사였을까? 확실치 않다. 어떤 성경 주석에 보면 한 때 멜기세덱은 천사였다고 하는 주장도 있었지만 정설로 받아들여지지는 않는다. 따라서 우리는 그가 실제로 어떤 존재였는지 확실히 모른다. 그러나 그가 천사가 아니었다면 사람이었을 것이고 그렇다면 그도 부모가 있었을 것이고 또한 언젠가는 죽었을 것이다. 여기에서 히브리서 기자가 말하려고 한 것은 그의 출생과 죽음에 관한 기록이 없는데 하나님의 아들과 닮았다는 것이다. 그는 아마도 하나님이 우리에게 장차 오실 예수님의 예표(豫表)로 보여 주시기 위해 특별히 보내신 자인 것 같다.

> **히브리서 7:3** 아버지도 없고 어머니도 없고 족보도 없고 시작한 날도 없고 생명의 끝도 없어 하나님의 아들과 닮아서 항상 제사장으로 있느니라.

히브리서는 아브라함이 멜기세덱에게 전리품의 10분의 1을 주었다는 사실로 보아 멜기세덱은 아브라함보다 우월한 자라고 주장하고 있다. 후에 모세의 율법에 의해 제사장의 직분을 맡게 되는 레위인들은 아브라함의 자손(증손자)인 레위의 자손들인데 그들은 형제 지파로부터 십일조를 징수하였다. 그러나 레위가 태어나기도 전에 제사장이었던 멜기세덱은 그들의 조상인 아브라함으로부터 십일조를 받은 것이다. 또

한 멜기세덱은 '하나님의 약속을 받은 자'인 아브라함을 축복했다. 여기에서 히브리서의 저자는 일반적으로 높은 자가 낮은 자에게 축복하는 것이 관례라고 주장하면서(7:7) 멜기세덱이 아브라함을 축복했으므로 멜기세덱은 아브라함보다 높은 권위를 가진 자라고 주장하는 것이다. 따라서 멜기세덱은 레위족속의 제사장들보다 훨씬 권위 있는 제사장이었다는 것이다.

> **히브리서 7:7** 논란의 여지 없이 낮은 자가 높은 자에게서 축복을 받느니라.

그리고 레위 제사장들의 직분은 완전한 것이 아니기 때문에 멜기세덱의 반차를 좇아 제사장이 일어났으니 바로 예수 그리스도이다. 이 말은 예수님은 레위 제사장과는 비교도 되지 않을 정도로 고귀하고 권위 있는 제사장이며, 멜기세덱과 비교될 만한 분이라는 뜻이다. 히브리서에서 이렇게 표현하고 있는 것으로 보아 멜기세덱은 매우 특별한 제사장이었음에 틀림없다.

예수님은 레위지파 가계에서 태어나시지 않고 유다지파에서 나셨다. 과거에는 이 지파에서 제사장이 난 적이 없었다. 이것은 율법의 변경을 의미한다. 사실 예수님 이후에는 레위지파의 제사장 직분은 의미를 상실하게 되었다. 예수님의 제사장 직분은 레위 제사장보다 훨씬 우월한(권위 있는) 것이다. 레위족의 제사장들은 영원히 살 수 없었기 때문에 인간의 수명이 다하면 후손이 그 직분을 감당해야 했기에 수많은 제사장이 있었다. 그러나 예수님은 영원히 살아 계시기 때문에 영원한 제사장이시다. 따라서 예수님 이후에 구약의 제사장에 관한 율법은 폐기된 것이다.

그렇다면 예수님의 "천지가 없어지기 전에는 율법의 일점일획도 결코 없어지지 아니하고 다 이루리라"(마 5:18)고 하신 말씀은 틀린 말씀인가? 그것은 아니다. 궁극적으로 예수님은 인간의 죄를 해결하는 대제사장의 직분을 온전하게 수행하시기 위해서 오셨다. 그러나 예수님이 오시기 전에는 온전하지는 않지만 장차 예수님이 담당하실 사역의 모형으로써 제사장 제도를 마련해 주셨던 것이다. 그러므로 예수님의 사역으로 구약의 제사장 제도는 그 목적을 다했기 때문에(다 이루었기 때문에) 폐기되는 것이다.

> **마태복음 5:18** 진실로 너희에게 이르노니 천지가 없어지기 전에는 율법의 일점 일획도 결코 없어지지 아니하고 다 이루리라.

여기에서 한 가지 의문이 생긴다. 히브리서 기자는 왜 이러한 것을 장황하게 설명하고 있는가? 오늘날 기독교인으로서 우리는 예수님은 하나님이고 삼위의 한 분이신 것을 알고 있다. 그분은 어떠한 인간 제사장보다 당연히 우월하시다는 것을 우리는 잘 알고 있다. 기독교인이라면 이에 대해서는 논란의 여지가 없다. 그러나 과거 유대인의 종교에서는 제사장의 직분에 지나치게 의존하고 있었다. 그들의 경전인 히브리 성경에 그리스도께서 오실 것이 예언되어 있었고 그들은 그분이 오시기를 기다리고 있었지만, 정작 예수님이 오셨을 때 그들은 환영하고 따르기보다는 인정하지 않고 배척하였다. 그들 중에 일부가 개종하고 기독교를 믿게 되었는데 유대인 기독교인들 중 어떤 사람들은 과거의 습관에서 벗어나지 못하고 유대교로 되돌아가는 사람들이 있었다. 히브리서는 이들에 대해서 "돌아가지 마라. 예수님은 너희들이 찾는 인간 제사장보다 훨씬 위대한 제사장이시며 이 기독교에는 과거 구약의 율법에 의한 구원보다 훨씬 강력한 구원의 힘이 있다"고 호소하고 있다. 이것이 바로 히브리서가 씌어진 목적인 것이다.

그렇다면 오늘날의 우리에게는 어떠한가? 히브리서의 가르침은 오늘날의 우리에게도 매우 유효한 것이다. 그런데 많은 사람이 아직도 오늘날의 목사는 구약시대의 제사장의 직분을 계승한 것이라고 믿고 있다. 이것은 매우 잘못된 것이다.

구약시대에는 하나님과 사람의 사이를 중재하는 두 가지 직분이 있었다. 하나는 제사장으로 사람들이 하나님께 제사 드리는 일을 중재하는 직분이고 다른 하나는 선지자인데 하나님의 말씀을 사람들에게 전하는 직분이었다.

오늘날 목사의 직분은 구약시대의 제사장 직분과는 아무 상관이 없다. 오히려 어떤 의미에서 선지자의 직분을 부분적으로 계승한 것이라고 볼 수 있다. 구약시대에 하나님은 사람들에게 말씀을 주실 때 선지자들에게 주셔서 이들이 왕이나 백성에게 전하게 하셨다. 그러나 현재 하나님의 계시는 완성되었고 우리에게 필요한 모든 하나님의 말씀은 성경에 다 기록되어 있다. 이제는 구약시대와 같은 선지자는 더 이상 필요치 않게 되었다. 그렇지만 성경의 말씀에는 누구나 이해할 수 있을 만큼 쉽지 않은 부분들이 있다. 따라서 성경에 대해서 보통 사람들보다는 공부를 더 많이 해서 더 아는 사람이 필요하다. 그래서 사람들에게 성경을 이해하는 데 도움을 주고, 그리스도인으로서 살아가는 데 바른 길을 안내해 주는 사람이 필요한데 그러한 역할을 하는 사람이 바로 목사들인 것이다. 이러한 의미에서 오늘날의 목사는 구약시대의 선지자 직분을 부분적으로 계승한 것으로 볼 수 있다는 말이다. 뿐만 아니라 목사가 아니더라도 다른 사람에게 성경을 가르치는 일, 또는 복음을 전도하는 일 역시 선지자적 직분의 수행이라고 볼 수 있다. 같은 의미에서 이 글을 쓰고 있는 저자도 선지자적 소명감을 가지고 쓰고 있는 것이다.

예수님은 우리의 완전한 제사장이시다. 예수님은 십자가에서 죽으셨지만 부활하셨다. 예수님은 영원히 살아 계셔서 성부 하나님과 우리 사이를 중재하신다. 히브리서 7:25에는 예수님에 대해서 "그러므로 자기를 힘입어 하나님께 나아가는 자들을 온전히 구원하실 수 있으니 이는 그가 항상 살아 계셔서 그들을 위하여 간구하심이라"고 하였다. 우리가 예수님을 통해서 하나님 앞으로 나아갈 때 그는 우리를 온전히 구원하신다. 그리고 26절에서는 "이러한 대제사장은 우리에게 합당하니 거룩하고 악이 없고 더러움이 없고 죄인에게서 떠나 계시고 하늘보다 높이 되신 이"라고 설명하고 있다.

구약시대의 제사장들은 자신들도 죄인이므로 다른 사람의 죄를 위해서 제사드릴 때 자신의 죄를 위해서 먼저 희생제물을 드리고 나서 다른 사람을 위한 제사를 드려야 했는데, 예수님은 죄가 없으신 분이므로 그럴 필요가 없었다. 인간 제사장들의 제사는 일시적인 것이고 완전한 것이 아니므로 계속 반복해서 제사를 드려야 했으나 예수님의 희생은 완전한 제사였으므로 그렇게 할 필요가 없다. 한 번에 모든 죄를 다 없이 하셨다. 그리고 다른 제사장들은 동물을 희생제물로 바쳤지만 예수님은 자신을 희생제물로 바치셨다.

사실 동물의 피로는 사람의 죄를 씻을 수 없다. 사람의 죄는 사람의 피로 갚아야 하는 것이다. 그러나 한 사람의 희생으로 전 인류의 죄를 다 해결할 만큼 온전한 사람은 없다. 따라서 완전한 하나님이자 완전한 사람인 예수님만 그 일을 하실 수 있는 것이다. 따라서 구약시대의 동물을 희생하는 제사는 그 자체로 완전한 제사는 아니었으며 그들의 죄를 예수님이 오실 때까지 잠정적으로 유보하는 의식이었던 것이다. 예수님의 희생제사로 그들의 죄도 완전히 해결된 것이다. 예수님이 자신을 희생하실 때 시간과 공간을 초월하여 모든 사람의 죄를 단번에 완전하게 제거하여 주신 것이다. 예수님이 2,000년 전에 드린 제사는 오늘도 유효하여 우리는 우리의 죄를 모두 용서받았다. 그리고 앞으로도 세상 끝날까지 유효할 것이다.

구약의 율법에 의해 세워진 레위 제사장들은 연약한 사람들이었지만 율법시대 이후에 하나님은 맹세로써 자신의 아들을 대제사장으로 세우셨고, 이분만이 영원하고 완전한 대제사장이시다. 하나님의 계획은 우리의 죄를 용서하시고 우리를 자녀 삼아 교제하시는 것이다. 이 계획을 성취하시기 위해서 하나님은 하나뿐인 아들을 주셔서 우리의 영원한 대제사장으로 세우신 것이다. 이 얼마나 큰 은혜인가!

예수님이 제사장 직분을 한 번에 완전하게 수행하셨기 때문에 우리는 더 이상 인간의 제사장은 필요가 없게 된 것이다. 히브리서 7:18에 의하면 "전에 있던 계명은 연약하고 무익하므로 폐하였다"고 한다. 구약시대의 제사장제도는 신약시대에 와서는 없어진 것이다.

그러나 초기에 핍박받던 기독교가 로마 황제였던 콘스탄틴 대제에 의해 공인 받은 후 법적으로 보호를 받고 황제의 비호를 받게 되자 기독교가 권력의 중심에 서게 되고 이때부터 기독교가 타락하기 시작했다. 그 중에 두드러지게 나타난 현상으로 성직자들이 자기들의 권위를 높이기 위해서 이미 용도 폐기된 구약시대의 여러 가지 형식들을 되살리기 시작했는데 그 중에 하나가 제사장 제도이다. 오늘날까지도 가톨릭에서는 신부들을 사제(司祭, Priest : 제사장이라는 뜻)라고 부르고 있다.

가톨릭의 이러한 잘못을 개혁하여 하나님을 바로 믿기 위해서 일어난 것이 오늘의 개신교인데 세월이 가면서 개신교에서도 목사의 직분을 제사장의 직분으로 착각하는 경향이 나타나고 있다. 구약시대에 종교가 제사장에게 의존했듯이 오늘날에도 많은 교인들이 자신의 신앙을 목사에게 의존하는 경향이 있고 일부 목사들은 그것을 즐기거나 성도에게 그렇게 하도록 가르치는 경향이 있는데 이것은 매우 잘못된 것이다. 오늘날 하나님과 우리 사이를 중재하는 제사장은 예수님 한 분밖에 없다.

예수님이 한 번에 모든 사람을 위한 완전한 제사장의 직분을 수행해 주셨기 때문에 오늘날 우리는 희생제사 없이도 하나님 앞에 나갈 수 있게 되었다. 우리는 누구의 도움이나 중재 없이도 하나님께 나아갈 수 있다. 성경은 우리에게 생활 자체를 산 제물로 드리라고 한다 (롬 12:1). 예수님의 공로로 우리가 제사장이 된 것이다. 제사장이란 하나님과 사람 사이를 중재하는 역할이다. 우리가 아직 하나님을 모르는 사람을 하나님 앞으로 인도하고 하나님의 사랑을 다른 사람들에게 전하는 일을 한다면 바로 우리가 제사장의 직분을 수행하는 것이다. 따라서 베드로는 우리를 왕 같은 제사장들이라고 불렀다(벧전 2:9).

> 로마서 12:1 그러므로 형제들아 내가 하나님의 모든 자비하심으로 너희를 권하노니 너희 몸을 하나님이 기뻐하시는 거룩한 산 제물로 드리라 이는 너희가 드릴 영적 예배니라.
>
> 베드로전서 2:9 그러나 너희는 택하신 족속이요 왕같은 제사장들이요 거룩한 나라요 그의 소유가 된 백성이니 이는 너희를 어두운 데서 불러내어 그의 기이한 빛에 들어가게 하신 이의 아름다운 덕을 선전하게 하려 하심이라.

우리의 죄가 아무리 크더라도 예수님의 희생은 그것을 용서하기에 충분하다. 우리는 단지 하나님을 믿고 회개하기만 하면 우리의 죄는 용서를 받는 것이다. 종교개혁자들이 부르짖은 구호 중에 '오직 믿음으로'라는 말이 있다. 우리의 구원은 우리가 거룩한 행위를 함으로써가 아니라 다만 믿음으로만 가능하다는 뜻이다.

아무리 많은 사람이 동시에 하나님 앞에 나아가더라도 하나님은 우리 모두를 동시에 개별적으로 만나 주신다. 우리는 하나님께 기도하기 위해서 줄을 서서 기다릴 필요가 없다. 그리고 우리가 아무리 자주 하나님께 나아가더라도 하나님은 절대로 피곤해 하시거나 싫증내지 않으신다. 하나님은 언제라도 우리를 기쁘게 만나 주신다.

믿음은 하나님과 나와의 긴밀한 관계이다. 우리는 누구와도 믿음을 공유할 수 없다. 우리는 어떤 사람을 교회로 데려올 수도 있고 복음을 전할 수도 있고 가르칠 수는 있지만 나의 믿음을 얼마만큼 잘라서 그에게 나뉘줄 수는 없다. 우리는 단지 그 자신의 믿음이 스스로 자라도록 도와줄 수 있을 뿐이다. 나도 어느 누구로부터 그 이상의 도움을 받을 수는 없다. 남의 도움을 받아 나의 믿음이 자랄 수는 있지만 내 믿음은 없는데 믿음이 좋은 어떤 사람과 친밀한 관계를 가지거나 그를 마치 하나님처럼 섬긴다고 해서 내가 하나님께 가까이 갈 수 있는 것은 아니다.

당신은 자신이 죄인임을 깨닫는가? 당신이 할 일은 단지 회개하는 일이다. 그러면 하나님은 당신을 용서하신다. 당신의 세상 친구는 용서하지 않을지라도 하나님은 용서하신다. 예수님이 바로 그때문에 십자가에 달려 돌아가신 것이다.

주기도문에서 우리는 "우리가 우리에게 죄 지은 자를 사하여 준 것 같이 우리 죄를 사하여 주시옵고"라고 기도한다. 하나님이 우리의 죄를 용서하여 주셨으므로 우리도 우리에게 죄 지은 자를 용서하여야 마땅하다. 당신에게 죄 지은 자가 회개하는가? 그렇다면 하나님은 그를 용서하실 것이다. 그러므로 당신도 용서해야 한다. 당신에게 죄 지은 자가 회개하지 않는가? 그래도 용서하라. 그의 죄는 하나님이 처리하실 것이다.

로마서 3:23-24에서 바울은 "모든 사람이 죄를 범하였으매 하나님의 영광에 이르지 못하더니 그리스도 예수 안에 있는 속량으로 말미암아 하나님의 은혜로 값 없이 의롭다 하심을 얻은 자 되었느니라"고 하였다. 예수님에 의한 우리의 구속은 값 없이 주신 선물인 것이다. 우리는 이를 위해서 아무것도 지불하지 않고 얻는 것이다. 종교개혁자들이 외친 또 하나의 구호는 '오직 은혜'이다. 우리의 구원은 우리의 공로가 아니라 다만 하나님의 은혜로만 주어진다는 뜻이다.

예수님 사역의 의미
하나님이신 예수님

예수님을 처음 믿는 사람들이 성경을 읽기 시작할 때 어디부터 읽는 것이 좋은가라고 질문하는 경우가 있다. 이때 보통은 요한복음부터 읽으라고 권하곤 한다. 우리 그리스도인은 성경이 하나님의 감동하심을 따라 사람에 의해 기록되었다고 믿는다. 그런데 문체나 사용된 단어에서 기록한 사람의 개성이나 취향 등이 나타나는데 성경의 여러 기록자들 중에 요한은 비교적 글을 쉽게 쓴 것으로 알려지고 있다. 그래서 다른 사람의 글에 비해서 요한의 글은 초신자들이 읽더라도 쉽게 이해할 수 있다고 한다.

그래서 이 말을 믿고 초신자가 처음 요한복음을 펼치면 첫 구절부터 난해한 말이 나와서 혼란스러울 수 있다.

> 요한복음 1:1-3 ¹태초에 말씀이 계시니라 이 말씀이 하나님과 함께 계셨으니 이 말씀은 곧 하나님이시니라 ²그가 태초에 하나님과 함께 계셨고 ³만물이 그로 말미암아 지은 바 되었으니 지은 것이 하나도 그가 없이는 된 것이 없느니라.

우리말에서 '말씀'이란 '말'이라는 단어의 존칭으로 쓰는 단어인데 이것을 인격화해서 "말씀이 계시니라"라고 하는 것도 생소하게 느껴지는데 말씀이 하나님과 함께 계셨고 한 술 더 떠서 "이 말씀은 곧 하나님이시니라" 하니 뭐가 무슨 말인지 종잡을 수가 없게 된다.

신약성경의 맨 앞에 있는 마태복음, 마가복음, 누가복음, 요한복음은 예수님이 이 세상에 계시는 동안의 행적을 기록한 책으로 4복음서라고 한다. 이중에서 처음 마태, 마가, 누가복음은 대체로 그 관점이 비슷하다고 해서 공관복음이라고 부른다. 그러나 복음서 중에서 요한복음은 예수님의 행적을 기록하기는 했지만 관점이 앞의 세 복음서와는 다소 차이가 있다. 요한복음도 예수님의 행적을 기록하고 있음은 틀림없으나 독특하게 신학적인 서론으로 시작된다. 뿐만 아니라 내용에 있어서도 전기적인 성격보다는 신학적인 내용의 기술이 많아서 처음 믿는 사람들은 이해하기가 쉽지 않다. 그래서 초신자들에게는 요한복음보다 오히려 마태복음부터 읽는 것이 쉬울지도 모른다. 그리고 기독교에 대해서 어느 정도 개괄적으로 알고 난 후에 요한복음을 읽으면 훨씬 이해가 쉬울 것 같다.

요한복음 13-16장에는 예수님이 십자가에 못 박혀 죽으시기 위해 잡혀가시기 전 제자들에게 고별설교를 하신 내용이 기록되어 있다. 고별설교 마지막 부분(16:33)에서 예수님은 "내가 세상을 이기었노라"고 선언하시고 17장에서는 아버지 하나님께 자신과 제자들을 위해 기도하시는 내용을 요한은 자세히 기록하였다.

예수님은 지상사역을 마무리하시는 단계에서 아버지 하나님과 자신의 관계를 정리하시고 제자들을 아버지께 의탁하시는 기도를 하셨다. 17:6 이하의 제자들을 위한 기도에 앞서 먼저 예수님은 1-5절에서 자신을 위해 기도하신다. 처음 다섯 절의 기도의 내용을 보면 예수님의 지상 사역의 목적과 예수님이 어떠한 분이신지를 분명히 알 수 있다.

> **요한복음 17:1-5** ¹예수께서 이 말씀을 하시고 눈을 들어 하늘을 우러러 이르시되 아버지여 때가 이르렀사오니 아들을 영화롭게 하사 아들로 아버지를 영화롭게 하게 하옵소서 ²아버지께서 아들에게 주신 모든 사람에게 영생을 주게 하시려고 만민을 다스리는 권세를 아들에게 주셨음이로소이다 ³영생은 곧 유일하신 참 하나님과 그가 보내신 자 예수 그리스도를 아는 것이니이다 ⁴아버지께서 내게 하라고 주신 일을 내가 이루어 아버지를 이 세상에서 영화롭게 하였사오니 ⁵아버지여 창세 전에 내가 아버지와 함께 가졌던 영화로써 지금도 아버지와 함께 나를 영화롭게 하옵소서.

1절의 후반부에서 예수님은 "아버지여 때가 이르렀사오니 아들을 영화롭게 하사 아들로 아버지를 영화롭게 하게 하옵소서"라는 말씀으로 기도를 시작하신다. 때가 이르렀다는 말씀은 하나님의 구원 계획이 이루어질 때가 되었다는 뜻이다. 지금까지는 여러 차례 아직 때가 이르지 않았음을 천명한바 있다.

> **요한복음 2:4** 예수께서 이르시되 여자여 나와 무슨 상관이 있나이까 내 때가 아직 이르지 아니하였나이다.
>
> **요한복음 7:6** 예수께서 이르시되 내 때는 아직 이르지 아니하였거니와 너희 때는 늘 준비되어 있느니라.
>
> **요한복음 7:8** 너희는 명절에 올라가라 내 때가 아직 차지 못하였으니 나는 이 명절에 아직 올라가지 아니하노라.

| 하나님이신 예수님

> 요한복음 7:30 그들이 예수를 잡고자 하나 손을 대는 자가 없으니 이는 그의 때가 아직 이르지 아니하였음이러라.
>
> 요한복음 8:20 이 말씀은 성전에서 가르치실 때에 헌금함 앞에서 하셨으나 잡는 사람이 없으니 이는 그의 때가 아직 이르지 아니하였음이러라.

그러나 이제는 예수님이 이 땅에 오신 주목적인 많은 사람을 위해서 자신을 대속물로 주는 일(마 20:28)을 행동에 옮길 때가 이르렀다는 말씀이다. "아들을 영화롭게 하사 아들로 아버지를 영화롭게 하게 하옵소서"라는 말씀에서 기도의 궁극적인 목적은 아버지를 영화롭게 하는 것이라는 점을 밝히고 있다. 아버지 하나님을 영화롭게 하는 일은 아들인 예수님을 통해서 이루어진다. 우리는 예수님을 통해서 하나님을 알 수 있기 때문이다. 이 일을 위해서 아버지께서 아들을 영화롭게 하심으로써 곧 닥칠 고난을 견디어 내고 승리하도록 도와주실 것을 부탁하시는 기도인 것이다. 그리고 그 희생을 받아주시고 부활과 5절에서 "내가 아버지와 함께 가졌던 영화로써 지금도 아버지와 함께 나를 영화롭게 하옵소서"라고 하시듯이 본래의 영광으로 복귀까지도 포함하는 기도의 말씀이다.

> 마태복음 20:28 인자가 온 것은 섬김을 받으려 함이 아니라 도리어 섬기려 하고 자기 목숨을 많은 사람의 대속물로 주려 함이니라.

예수님이 아버지께 자신을 영화롭게 해 달라고 기도하시는 목적은 그렇게 함으로써 궁극적으로 아버지를 영화롭게 하기 위해서인 것이다. 예수님의 이 기도는 사실은 우리 모든 믿는 자들의 기도가 되어야 하는 것이다. 요한복음 17:10의 제자들을 위한 기도에서 예수님은 "내 것은 다 아버지의 것이요 아버지의 것은 내 것이온데 내가 저희로 말미암아 영광을 받았나이다"라고 말씀하신다. 여기에서 '저희'란 제자들을 말하는데 당시에 함께 있었던 제자들만이 아니라 오늘날 예수님의 제자가 된 우리까지도 포함한다. 따라서 우리 믿는 자들로 말미암아 예수님이 영광을 받으셔야 하며 이를 통해서 궁극적으로 하나님 아버지가 영광을 받으시는 것이다. 하나님을 영광스럽게 하는 것이 인간의 주된 목적인 것이다. 사도 바울은 "너희가 먹든지 마시든지 무엇을 하든지 다 하나님의 영광을 위하여 하라"(고전 10:31)고 하였다. 그리고 웨스트민스터 소요리 문답의 첫 번째 질문은 "사람의 첫째 되는 목적은 무엇인가?"이고 답은 "사람의 첫째 되는 목적은 하나님을 영화롭게 하는 것과 영원히 그를 즐거워하는 것이다"라고 되어 있다.

요한복음 17:2에서 예수님은 하나님을 영화롭게 하는 일은 구체적으로 "아버지께서 아들에게 주신 모든 사람에게 영생을 주는" 일이라고 말씀하고 계신다. 여기에서 "아버지께서 아들에게 주신 모든 사람"이란 모든 제자들을 말하는 것으로 예수님을 따르는 모든 사람을 의미한다. 여기에서도 마찬가지로 당시에 생존했던 제자들만이 아니라 그 이후에 제자들로부터 복음을 듣고 제자가 된 자들, 오늘날의 우리들도 포함하는 것이다. 이것은 예수님이 이 기도를 마무리하시는 뒷부분(20절)에서 "내가 비옵는 것은 이 사람들만 위함이 아니요 또 그들의 말로 말미암아 나를 믿는 사람들도 위함"이라고 하심으로써 분명히 밝히셨다.

예수 그리스도를 믿는 모든 자에게 영생을 주는 것이 하나님을 영화롭게 하는 것이며, 이 일을 위해서 만민을 다스리는 권세를 아들에게 주셨다고 하신다. 만민이란 유대인만이 아니라 온 세상 사람들을 의미한다.

이어서 요한복음 17:3에서는 "영생은 곧 유일하신 참 하나님과 그가 보내신 자 예수 그리스도를 아는 것"이라고 정의하신다. 여기에서 '안다'는 단어는 단순히 지식적으로 아는 것이 아니라 체험적인 지식을 의미한다. 계속적이고 친밀한 인격적인 관계를 말한다. 믿고 하나가 되어 있는 상태를 의미하는 것이다. 그런데 무엇을 아는 것을 말하는가? "유일하신 참 하나님과 그의 보내신 자 예수 그리스도"를 아는 것이다.

'유일하신 하나님'은 기독교 신앙에서 매우 중요한 요소이다. 고대 이방 종교에서는 대부분 '다신(多神)사상'을 믿고 있었다. 그러나 기독교는 구약시대부터 유일신(唯一神)사상을 분명히 하고 있다. 이사야 37:16에서도 "주는 천하 만국에 유일하신 하나님이시라 주께서 천지를 만드셨나이다"라고 하였다. 우리 기독교에서 사용하는 '하나님'이라는 호칭은 한 분(하나) 뿐이라는 의미를 강조하고 있다. 가톨릭에서는 '하느님'이라는 호칭을 사용하고 있는데 이는 동양철학에서 말하는 '하늘'이라는 단어에 '님'자를 붙인 것으로 오해의 소지가 있다.

예수님은 "유일하신 참 하나님과 그의 보내신 자 예수 그리스도를 아는 것"이라고 아버지 하나님과 아들 예수 그리스도를 나란히 언급하심으로써 자신의 신성(자신이 하나님과 대등한 존재임)을 암시하시고 있다. 유다서 1:4에서는 예수님을 "홀로 하나이신 주재 곧 우리 주 예수 그리스도"라고 보다 분명하게 표현하고 있다. 다시 말하면 예수님은 하나님과 동등한 신분을 가지신 분이다. 즉, 예수님은 하나님이신 것이다.

그런데 하나님과 예수님의 두 분에 대해서 얘기하는 것 같은 데 두 분에 대해서 모두 유일하신 하나님이라는 표현을 사용하는 것이다. 이것은 어떻게 보면 혼란스럽게 느껴질 수 있다. 이것은 삼위일체 하나님의 개념이 아니고는 설명할 수 없는 것이다. 아버지 하나님과 예수님, 그리고 여기에 성령님까지 포함해서 본성은 한 분이시다. 그런데 이 한 분이신 하나님 안에 세 위격(Persons)이 있다.

예수님은 이어서 "아버지께서 내게 하라고 주신 일을 내가 이루어 아버지를 이 세상에서 영화롭게 하였다"(요 17:4)고 술회하시면서 "창세 전에 내가 아버지와 함께 가졌던 영화로써 지금도 아버지와 함께 나를 영화롭게 하옵소서"(요 17:5)라고 자신을 위한 기도를 마무리 하신다. 예수님의 이 기도는 십자가의 고난을 눈앞에 두고 있는 시점에서 하신 기도이지만 예수님은 예정되어 있는 모든 일이 다 이루어질 것임을 아시고 확신하시기 때문에 이미 이루어진 것이나 마찬가지이다. 따라서 "아버지께서 내게 하라고 주신 일을 내가 이루어 아버지를 이 세상에서 영화롭게 하였다"고 과거형으로 말씀하시는 것이다. 후에 사도 바울이 빌립보서 2:8에서 표현한대로 "자기를 낮추시고 죽기까지 복종"하심으로 아버지를 이 세상에서 영화롭게 하는 사역을 완성하신 것이다.

여기에서 예수님은 자신이 창세 전부터 아버지와 함께 계셨고 아버지와 함께 영화를 가졌음을 분명히 말씀하고 계신다. 예수님은 태초부터 계시는 분이시다. 요한은 요한복음을 기록하면서 서두(요 1:1-3)에 예수님이 어떤 분이신가에 대해서 분명히 밝히고 있는 것이다.

요한복음 1:1-3 ¹태초에 말씀이 계시니라 이 말씀이 하나님과 함께 계셨으니 이 말씀은 곧 하나님이시니라 ²그가 태초에 하나님과 함께 계셨고 ³만물이 그로 말미암아 지은 바 되었으니 지은 것이 하나도 그가 없이는 된 것이 없느니라.

이때의 '말씀'이라고 번역된 원문의 단어인 '로고스'(Logos)는 '말', '메시지', 혹은 '단어들'을 뜻하는 헬라어에서 온 단어이다. 요한은 말씀, 즉 로고스를 인격화했고 "이 말씀이 하나님과 함께 계셨으니 이 말씀은 곧 하나님이시라"고 설명하였다. 원래 하나님은 인간처럼 육신을 가진 분이 아니시므로 '영'으로 표현되곤 하였다. 요한복음 4:24에서 예수님은 "하나님은 영이시니 예배하는 자가 영과 진리로 예배할지니라"고 하셨다. 여기에서는 요한은 예수님을 로고스(말씀)로 표현하였다. 요한복음 1:3절에서 "만물이 그(예수님)로 말미암아 지은 바 되었으니 지은 것이 하나도 그가(예수님이) 없이는 된 것이 없느니라"는 말씀은 예수님이 아버지 하나님과 함께 천지를 창조하셨음을 의미한다.

그리고 요한복음 1:14에서는 "말씀이 육신이 되어 우리 가운데 거하시매 우리가 그의 영광을 보니 아버지의 독생자의 영광이요 은혜와 진리가 충만하더라"고 하여 로고스이신 예수님이 인간의 몸을 입고 이 세상에 오셨음을 설명하였다.

요한복음 17:1-5의 말씀은 예수님이 제자들을 가르치기 위해서 하신 말씀이 아니고 아버지께 기도하신 기도문이다. 따라서 제자들을 가르칠 때와 같은 구체적인 설명이 필요없는 상황이었다. 단지 아버지와 아들 사이에 다 아시는 사실을 확인하신 말씀이다. 이 말씀을 정리하면 예수님은 하나님이심이 분명하다. 그런데 인간의 마음은 완악해서 아무리 많은 증거를 보여 주고 설명해도 믿지 않으려고 하면 끝까지 믿지 않는다. 예수를 믿는 사람들이라도 때로는 정말 그럴까하는 의심이 생길 때가 있다.

만일 성경의 모든 것을 믿지 않는 시각에서 본다면 자기가 창세 전부터 하나님과 함께 있었다고 하는 예수님의 이 기도를 어떻게 이해할까? 정상적인 사람이라면 어느 누구도 이런 기도를 할 수 없을 것이다. 필시 정신이상자 아니면 사기꾼이라고 할 것이다. 그런데 예수님은 많은 이적을 행하셨고 많은 병자들을 고치셨다. 그리고 예수님이 하신 많은 말씀은 놀라울 정도로 지혜롭고 논리적이다. 미친 사람이라면 결코 그렇게 할 수 없다. 그가 미친 사람이 아니라면 사기꾼이었을까? 그가 한 말이 거짓말이라 한다면 그 거짓말은 보통 사람은 상상도 할 수 없을 엄청난 거짓말을 한 것이다. 거짓말은 상상력이 있어야 할 수 있다. 예수님은 보통 사람들의 수준을 훌쩍 뛰어 넘는 엄청난 상상력을 가지고 이적을 행하고 병자를 고치는 능력까지 보유한 사기꾼이었다. 그런데 그러한 사기꾼이 붙잡혀서 십자가 처형을 당하는데 십자가에 매달린 상태에서 자기를 못 박은 사람들을 위해서 "아버지여 저들을 용서하여 주옵소서 자기들이 하는 것을 알지 못함이니이다"라고 기도하신다(눅 23:34). 그는 평소에 "원수를 사랑하라"고 하셨는데 자신이 하신 말을 몸소 실천하셨다. 이토록 언행이 일치되는 사기꾼, 이러한 사랑을 가진 사기꾼이 있을 수 있는가?

예수님에 대해서는 요한복음뿐만 아니라 신약성경의 많은 기록자들이 증거하고 있다. 성경에서는 어떤 사람의 잘못을 따질 때 두세 증인의 입으로 확증하라고 하였다. 예수님에 대해서는 두세 증인 정도가 아니라 수없이 많은 사람들이 일관성 있게 증거하고 있다. 이것으로 보아서도 그 자체로 권위를 가지는 것이다. 뿐만 아니라 예수님 이후 지난 2,000년 동안 수많은 사람들이 예수님을 하나님으로 믿어왔다. 그 많은 사람들이 다 바보였을까? 그 중에는 위대한 사상가나 철학자들이 많았다. 나보다 훨씬 똑똑하고 학식 많은 사람들이 이 복음을 믿어왔다는 사실을 우리는 간과해서는 안 된다.

역사적으로 많은 이단들이 있었다. 그러나 이들 모든 이단들은 한때 대단한 파괴력을 가지는 듯 보였으나 시간이 가면서 소멸되곤 하였다. 그러나 성경은 아무리 시간이 흘러도 하나님의 말씀으로 계속적으로 권위를 가지고 있는 것이다. 이 성경이 증거하는 데 예수님은 하나님이시라고 한다.

하나님이신 예수님이 만민을 다스리는 권세를 아버지로부터 부여받고 아버지께서 주신 모든 자, 즉 제자들에게 영생을 주시기 위해서 이 세상에 오신 것이다. 그런데 영생이란 곧 유일하신 참 하나님과 그의 보내신 자 예수 그리스도를 아는 것이라고 하신다. 이때 안다는 것은 지식적으로 아는 것을 말하는 것이 아니고 체험적이고 인격적인 교제를 의미한다고 설명하였다. 다시 말하면 유일하신 참 하나님과 그의 보내신 자 예수 그리스도와 인격적인 교제를 함으로써 영생을 얻는다는 말씀이다.

어떤 사람들은 성경말씀을 더 이상 부인할 수는 없다는 것을 느끼지만 지금까지 믿지 않는다고 버텨왔는데 이제 와서 믿는다고 항복하기가 멋쩍고 자존심이 허락하지 않아서 계속 버티는 사람도 있다. 참으로 안타까운 일이다. 그까짓 알량한 자존심 때문에 영생을 놓치겠는가?

만일 영원한 하나님 나라에 들어가기 위해서 돈을 지불해야 한다면 그 돈이 얼마가 되든지 능력만 있다면 전 재산을 다 팔아서라도 지불하지 않겠는가? 우리는 이 세상에서의 삶을 조금 연장하기 위해서라도 큰돈을 지불하지 않겠는가? 하물며 영생을 위해서라면 무엇이 아까우랴? 만일 영생을 위해서 어떤 힘든 일을 하라고 한다면 능력이 허락하는 한 최선을 다하지 않겠는가? 우리는 좋은 대학에 들어가고 좋은 직장을 얻기 위해서 인생의 모든 것을 걸지 않는가? 하물며 영생을 얻기 위해서라면 무엇을 못하겠는가? 유일하신 참 하나님과 그의 보내신 자 예수 그리스도를 믿으면 영생을 얻는다. 이렇게 쉬운 것을 못해서 영생을 놓치겠는가?

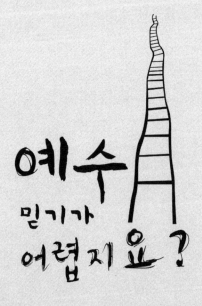

예수
믿기가
어렵지요?

예수님 사역의 의미
교회를 위한 예수님의 기도

예수님은 자신의 지상사역을 마무리하시는 단계에서 아버지 하나님과 자신의 관계를 정리하시고 제자들을 아버지께 의탁하시는 기도를 하셨는데 요한복음 17장에서는 이 기도의 내용을 상세히 기록하고 있다. 예수님은 먼저 1-5절에서 자신을 위해 기도하시고 6-26절은 제자들을 위해 기도하신다. 여기에서는 제자들을 위한 예수님의 기도를 공부하겠다.

> 요한복음 17:6-22 ⁶세상 중에서 내게 주신 사람들에게 내가 아버지의 이름을 나타내었나이다 그들은 아버지의 것이었는데 내게 주셨으며 저희는 아버지의 말씀을 지키었나이다 ⁷지금 저희는 아버지께서 내게 주신 것이 다 아버지로부터 온 것인 줄 알았나이다 ⁸나는 아버지께서 내게 주신 말씀들을 그들에게 주었사오며 그들은 이것을 받고 내가 아버지께로부터 나온 줄을 참으로 아오며 아버지께서 나를 보내신 줄도 믿었사옵나이다 ⁹내가 그들을 위하여 비옵나니 내가 비옵는 것은 세상을 위함이 아니요 내게 주신 자들을 위함이니이다 그들은 아버지의 것이로소이다 ¹⁰내 것은 다 아버지의 것이요 아버지의 것은 내 것이온데 내가 그들로 말미암아 영광을 받았나이다 ¹¹나는 세상에 더 있지 아니하오나 그들은 세상에 있사옵고 나는 아버지께로 가옵나니 거룩하신 아버지여 내게 주신 아버지의 이름으로 그들을 보전하사 우리와 같이 그들도 하나가 되게 하옵소서 ¹²내가 그들과 함께 있을 때에 내게 주신 아버지의 이름으로 그들을 보전하고

지키었나이다 그 중의 하나도 멸망하지 않고 다만 멸망의 자식뿐이오니 이는 성경을 응하게 함이니이다 [13]지금 내가 아버지께로 가오니 내가 세상에서 이 말을 하옵는 것은 그들로 내 기쁨을 그들 안에 충만히 가지게 하려 함이니이다 [14]내가 아버지의 말씀을 그들에게 주었사오매 세상이 그들을 미워하였사오니 이는 내가 세상에 속하지 아니함 같이 그들도 세상에 속하지 아니함으로 인함이니이다 [15]내가 비옵는 것은 그들을 세상에서 데려가시기를 위함이 아니요 다만 악에 빠지지 않게 보전하시기를 위함이니이다 [16]내가 세상에 속하지 아니함 같이 그들도 세상에 속하지 아니하였사옵나이다 [17]그들을 진리로 거룩하게 하옵소서 아버지의 말씀은 진리니이다 [18]아버지께서 나를 세상에 보내신 것 같이 나도 그들을 세상에 보내었고 [19]또 그들을 위하여 내가 나를 거룩하게 하오니 이는 그들도 진리로 거룩함을 얻게 하려 함이니이다 [20]내가 비옵는 것은 이 사람들만 위함이 아니요 또 그들의 말로 말미암아 나를 믿는 사람들도 위함이니 [21]아버지여, 아버지께서 내 안에, 내가 아버지 안에 있는 것 같이 그들도 다 하나가 되어 우리 안에 있게 하사 세상으로 아버지께서 나를 보내신 것을 믿게 하옵소서 [22]내게 주신 영광을 내가 그들에게 주었사오니 이는 우리가 하나가 된 것 같이 그들도 하나가 되게 하려 함이니이다.

당시에 예수님을 따르는 제자들이라고 하면 우선 예수님과 많은 시간을 함께 지냈던 12제자를 생각할 수 있다. 그중 가룟 유다는 나중에 예수님을 배신했기 때문에 제외하고 11제자가 마지막까지 따르고 있었다. 그러나 그 외에도 많은 사람들이 예수님을 따르고 있었는데 넓은 의미의 제자들에는 이들도 다 포함된다. 그런데 예수님은 기도하시는 중 뒷부분에 있는 20절에서 "내가 비옵는 것은 이 사람들만 위함이 아니요 또 그들의 말로 말미암아 나를 믿는 사람들도 위함"이라고 하셨다. 예수님을 직접 만나서 말씀을 듣고 따르는 사람들만이 아니라 예수님을 직접 보지는 못했더라도 제자들의 말을 듣고 예수님을 믿는 사람들도 포함한다는 뜻이다. 이와 같이 제자들의 말을 듣고 예수를 믿고 제자가 된 모든 신자들, 여기에는 오늘날의 우리들도 포함되는 것이며 따라서 예수님의 이 기도는 오늘날의 교회를 위한 기도인 것이다.

먼저 예수님은 6절에서 제자들을 "세상 중에서 내게 주신 사람들"이라고 부르셨다. 그들은 이 세상 중에서 선택된(불러냄을 받은) 자들이고 원래 아버지의 것이었는데 아버지께서 예수님께 맡기신 자들이다. 예수님은 아버지께서 주신 말씀을 제자들에게 주심으로써 아버지의 이름을 나타내셨고 제자들은 예수님의 말씀을 통해서 예수님이 아버지께로부터 오신 줄을 알고 믿게 되었다.

예수님은 지상사역을 마치고 세상을 떠나시려는 마당에 세상에 남아 있을 제자들에게 앞으로 다가올 환란을 생각하며 이들을 위한 간구를 하신다. 제자들을 위한 예수님의 간구는 크게 3가지로 정리할 수 있다.

- 제자들의 보전
- 진리로 거룩하게 함
- 하나 되게 함

1) 제자들의 보전

12절에서 예수님은 "아버지의 이름으로 그들을 보전하고 지키었다"고 하신다. 그러나 단 하나의 예외가 있는데 예수님을 배반한 '멸망의 자식' 가룟 유다이다. 그런데 이것은 성경을 응하게 함이라고 하신다. 이것은 시편 41:9의 "내가 신뢰하여 내 떡을 나눠 먹던 나의 가까운 친구도 나를 대적하여 그의 발꿈치를 들었나이다"라는 말씀이 성취된 것으로 이미 예정되어 있었던 것이다.

예수님은 요한복음 17:13에서 "내가 세상에서 이 말을 하옵는 것은 그들로 내 기쁨을 그들 안에 충만히 가지게 하려 함이니이다"라고 하신다. 예수님은 여기에서 "내 기쁨"이라는 말을 사용하신다. 예수님은 조금 후에는 모진 고난을 당하시고 십자가에서 죽으실 것을 알고 계신다. 지금 예수님의 마음에는 근심과 고통으로 가득 차 있어야 할텐데 무슨 기쁨을 말씀하시는가. 비록 물리적인 고난을 앞두고 있더라도 아버지 하나님의 계획안에서 아버지의 뜻을 이루기 위해서 순종하며 궁극적으로 화평을 이루실 것이라는 기대에서 오는 기쁨일 것이라 생각된다. 예수님의 이런 기쁨을 제자들의 마음에 충만하게 가지게 하려 하신다는 말씀이다.

이어서 예수님은 내가 아버지의 말씀을 저희에게 주었기 때문에 세상이 저희를 미워한다고 하신다(요한복음 17:14). 세상에서 예수님의 제자로서의 삶에는 핍박이 따르는 것이다. 예수님이 세상에 속하지 아니한 것처럼 제자들도 세상에 속하지 아니하였기 때문에 세상이 제자들을 미워하는 것이다. 디모데후서 3:12에서도 "무릇 그리스도 예수 안에서 경건하게 살고자 하는 자는 박해를 받으리라"라고 하였다. 이러한 세상의 박해를 이기도록 하기 위해서 예수님의 기쁨을 저희 안에 충만히 가지게 하도록 기도하시는 것이다(요 17:13).

우리가 이 세상에서 어떠한 어려움을 당하더라도 예수님의 말씀에 근거한 믿음이 있고 하늘나라에 대한 소망이 있다면 예수님의 기쁨이 우리의 기쁨이 될 것이다.

> **마태복음 5:11-12** ¹¹나로 말미암아 너희를 욕하고 박해하고 거짓으로 너희를 거슬러 모든 악한 말을 할 때에는 너희에게 복이 있나니 ¹²기뻐하고 즐거워하라 하늘에서 너희의 상이 큼이라 너희 전에 있던 선지자들도 이같이 박해하였느니라.
>
> **요한복음 17:15** 내가 비옵는 것은 그들을 세상에서 데려가시기를 위함이 아니요 다만 악에 빠지지 않게 보전하시기를 위함이니이다.

예수님은 떠나시지만 제자들은 남아 있어야 했다. 제자들만을 위해서라면 그들도 함께 데리고 천국으로 가시면 그들은 이 세상에서 고난을 당할 필요도 없을 것이다. 그러나 그들은 이 세상에 남아서 복음을 전하고 이 땅에 교회를 건설할 사명이 있다. 언젠가는 예수님이 재림하셔서 우리를 완전한 천국으로 데려가실 때까지 우리는 세상에 남아서 우리에게 맡겨진 역할을 다 해야 하는 것이다.

우리가 세상에 속하지 않았기 때문에 세상을 미워하거나 등지라는 뜻이 아니다. 세상이 우리를 미워하더라도 우리는 세상을 사랑해야 하는 것이다. 그렇다고 악한 세상에 동화되어서는 안 된다. 악한 세상에 남아 있고 세상에서 하나님의 사랑을 전해야 하지만 악에 빠지지 않게 보호해 주실 것을 간구하시는 것이다.

2) 진리로 거룩하게 함

> **요한복음 17:17** 그들을 진리로 거룩하게 하옵소서 아버지의 말씀은 진리니이다.

진리이신 하나님의 말씀으로 제자들을 거룩하게 구별해 달라는 간구이다. 우리는 예수님을 믿고 제자가 되었지만 여전히 부족한 죄인들이다. 우리의 능력으로는 도저히 거룩하게 될 수 없다. 그럼에도 하나님이 우리에게 "너희는 내 것이다, 내 자녀다"라고 하심으로써 우리를 거룩하게 구별하셨기 때문에 우리가 거룩하게 되는 것이다. 우리가 거룩하게 구별된다는 것은 하나님의 도구가 된다는 것을 의미한다. 하나님이 우리를 사용하시기 위해서 우리를 하나님의 것으로 거룩하게 구별하시는 것이다.

우리를 거룩하게 구별하시는 목적은 우리를 하나님이 계획하시는 일에 도구로 사용하시기 위해서이다. 요한복음 17:18에서 예수님은 "아버지께서 나를 세상에 보내신 것 같이 나도 그들을 세상에 보내었고"라고 하신다. '보낸다'는 말은 헬라어로 ἀποστέλλω(아포스텔로)라는 단어로 표현되는데 단순히 보내는 것이 아니라 어떤 사명을 부여해서 보내는 것을 말한다. 오늘날의 사도(Apostle)라는 말은 같은 어원에서 나온 말이다.

라틴어에서 유래된 Missionary(선교사)도 같은 의미의 단어이다. 즉, '사명을 띠고 보내심을 받은 자'를 의미한다. 좁은 의미에서의 '사도'는 예수님 당시에 예수님과 함께 활동했던 제자들에게만 적용되므로 오늘날에는 더 이상 '사도'라는 직분은 없다. 그러나 '사명을 띠고 보내심을 받은 자'라는 의미를 생각한다면 넓은 의미에서 오늘날의 선교사를 '사도'라고 부를 수도 있을 것이며 뿐만 아니라 선교를 하기 위해서 멀리 가지 않더라도 있는 곳에서 복음을 전파하며 예수님을 따르는 모든 사람이 사도라고 할 수도 있을 것이다. 예수님을 따르는 우리 제자들은 세상에 속한 자들이 아니지만 예수님은 우리를 세상으로 보내신 것이다. 따라서 우리는 자신을 굳이 '사도'라고 자칭하지는 않더라도 '사도적(Apostolic) 소명'의식을 가져야 한다.

예수님은 마태복음 28:18-20에서 제자들에게 사명을 주셨다.

> 마 28:18-20 ¹⁸하늘과 땅의 모든 권세를 내게 주셨으니 ¹⁹그러므로 너희는 가서 모든 민족을 제자로 삼아 아버지와 아들과 성령의 이름으로 세례를 베풀고 ²⁰내가 너희에게 분부한 모든 것을 가르쳐 지키게 하라.

이 말씀은 물론 열한 사도에게만 국한된 것이 아니라 그리스도를 따르는 모든 사람들에게 부여된 사명이며 흔히 '대위임령'(The Great Commission)이라고 하기도 한다. 예수님의 이 명령을 자신에게 한 명령으로 받고 실천하는 사람은 누구나 '사명을 띠고 보내심을 받은 자' 즉, 사도이며 선교사인 것이다. 많은 사람들이 적극적인 사역은 교회의 목사나 선교사들만 하는 것이고 일반 교인(평신도)들은 수동적으로 그들을 돕기만 하면 된다고 생각하는 경향이 있는데 이는 잘못된 생각이다.

3) 하나 되게 함

'하나'라는 단어가 지니는 의미는 '둘'보다 적은 숫자의 개념보다는 100%, 즉 완전한 것을 의미한다. 부족하지 않고 '온전함'을 의미하는 것이다. 요한복음 17:23의 앞부분에서 예수님은 "곧 내가 그들 안에 있고 아버지께서 내 안에 계시어 그들로 온전함을 이루어 하나가 되게 하려 함은…"이라고 하신다. 하나가 되기 위해서 온전함을 이루는 것이다. 히브리서 7:28에서는 "율법 후에 하신 맹세의 말씀은 영원히 온전하게 되신 아들을 세우셨느니라"고 하신다. 요한은 요한일서 4:12에서 "우리가 서로 사랑하면 하나님이 우리 안에 거하시고 그의 사랑이 우리 안에 온전히 이루어지느니라"하심으로 하나 됨의 방법으로 '서로 사랑'할 것을 말했다. 우리가 서로 사랑함으로써 하나가 될 수 있다는 말씀이다. 그러나 이 사랑은 하나님이 먼저 우리를 사랑하셨던 것이다.

> **요한복음 17:23** …아버지께서 나를 보내신 것과 또 나를 사랑하심 같이 그들도 사랑하신 것을 세상으로 알게 하려 함이로소이다.

요한복음 17:11의 뒷부분에서 예수님은 "… 내게 주신 아버지의 이름으로 그들을 보전하사 우리와 같이 그들도 하나가 되게 하옵소서"라고 하신다. 예수님이 제자들을 위해서 하신 첫 번째 간구인 제자들을 보전하는 것도 사실은 하나 되게 하는 것이 목적인 것이다. 두 번째 간구인 진리로 거룩하게 하는 것도 궁극적으로는 온전함을 이루어 하나 되게 하는 것과 관련이 있다. 결과적으로 제자들을 위한 예수님의 기도는 하나 됨을 위한 기도라고 할 수 있다.

'하나 되게 함'은 둘이나 셋으로 갈라져서 분리되지 않고 통일된 것을 의미한다.

> **요한복음 17:21** 아버지여, 아버지께서 내 안에, 내가 아버지 안에 있는 것 같이

그들도 다 하나가 되어 우리 안에 있게 하사 세상으로 아버지께서 나를 보내신 것을 믿게 하옵소서.

"아버지께서 내 안에, 내가 아버지 안에'라는 말씀은 성부 하나님과 성자 예수님이 일체라는 말과 같으며 우리 제자들도 예수님을 통해서 하나님 안에 들어가서 하나가 되도록 하는 것이 예수님의 뜻이다. 그리고 그 일을 위해서 하나님이 예수님을 이 땅에 보내신 것을 우리는 믿어야 하는 것이다. 이어서 22절에서는 "내게 주신 영광을 내가 그들에게 주었사오니 이는 우리가 하나가 된 것 같이 그들도 하나가 되게 하려 함이니이다"라고 하신다. 아버지 하나님이 예수님께 주신 영광은 어떤 영광인가? 요한복음 1:14에서 요한은 다음과 같이 표현하였다.

> **요한복음 1:14** 말씀이 육신이 되어 우리 가운데 거하시매 우리가 그의 영광을 보니 아버지의 독생자의 영광이요 은혜와 진리가 충만하더라.

예수님은 자신의 모든 영광을 제자들에게 주셨는데 이는 성부 하나님과 성자 예수님이 하나인 것처럼 제자들도 하나가 되게 하기 위해서이다.

예수님의 기도를 오늘 날 우리에게 적용한다면 예수님이 원하셨던 하나 된 제자들의 모습이 바로 교회의 모습이어야 한다. 바울은 고린도전서 12:27에서 이러한 교회를 '그리스도의 몸'이라고 표현하였다. 여기에서 좀 더 생각해야 할 것은 교회가 하나 된다는 것은 교회가 분열하지 않고 하나 되는 것은 물론이지만 더 나아가 삼위일체 하나님과 일체가 되는 것이다. 그러므로 교회는 온전한 그리스도의 몸을 이루는 것이다.

그리고 우리 각 사람은 한 몸의 지체라고 하였다.

> 고린도전서 12:15, 21 ¹⁵만일 발이 이르되 나는 손이 아니니 몸에 붙지 아니하였다 할지라도 이로써 몸에 붙지 아니한 것이 아니요 ²¹눈이 손더러 내가 너를 쓸 데가 없다 하거나 또한 머리가 발더러 내가 너를 쓸 데가 없다 하지 못하리라.

우리 교회는 다양한 사람들이 모여서 하나의 몸을 이루는 것이다. 거기에는 더 중요한 사람도 없고 덜 중요한 사람도 없다. 각 사람 모두가 중요한 것이다. 우리 몸의 지체 중에 어느 한 부분이 아프면 온 몸이 아프다. 우리 몸이 건강하려면 모든 부분이 다 건강해야 하는 것처럼 교회가 건강한 교회가 되려면 우리 구성원 모두가 건강해야 한다. 따라서 우리는 한 몸의 지체로서 다른 지체를 돌보아야 하는 것이다.

에베소서 4:1-3에서 바울은 "그러므로 주 안에서 갇힌 내가 너희를 권하노니 너희가 부르심을 받은 일에 합당하게 행하여 모든 겸손과 온유로 하고 오래 참음으로 사랑 가운데서 서로 용납하고 평안의 매는 줄로 성령이 하나 되게 하신 것을 힘써 지키라"라고 하였다. 그리고 하나님께서 우리에게 그러한 사명을 주신 것은 에베소서 4:12-13에서 밝히는 바와 같이 "이는 성도를 온전하게 하여 봉사의 일을 하게 하며 그리스도의 몸을 세우려 하심이라 우리가 다 하나님의 아들을 믿는 것과 아는 일에 하나가 되어 온전한 사람을 이루어 그리스도의 장성한 분량이 충만한 데까지 이르리니"하는 것이라고 하였다.

교회가 하나 되기 위해서 우리는 어떻게 해야 할 것인가? 요한일서 4:12의 말씀대로 "서로 사랑"하는 것이다. 우리가 서로 사랑함으로써 하나 되기 위해서는 우리가 무슨 대단한 일을 해야 한다고 생각하지 말자. 우리가 서로를 조금씩만 더 배려하고 서로를 위해서 내가 할 수 있는 아주 작은 일부터 솔선해서 실천하는 것이 가장 빠른 길이라 생각된다. 교우 중에 좋은 일이든 나쁜 일이든 있으면 관심을 가져 주고 좋은 일이면 같이 기뻐해주고 나쁜 일이면 같이 슬퍼하며 위로해주자. 그리고 함께 기도해 주자. 다른 사람의 수고에 대해서 작은 일이라도 칭찬하고 격려해 주자. 바닥에 휴지 조각이 떨어져 있으면 못 본 체 하지 않고 줍는 일. 이러한 작은 일을 통해서 교회와 지체에 대한 사랑이 표현되는 것이다.

우리가 진정으로 하나님의 자녀가 되기 위해서는 교회에 다니는 것만으로는 부족하다. 우리는 우리 자신이 교회가 되어야 한다. 우리가 그리스도의 몸의 지체로서 스스로 교회가 되지 못하면 우리는 구경꾼일 뿐이다. 구경꾼으로서는 하나님의 자녀가 되기에는 부족하다. 우리는 자신이 교회가 되어야 한다.

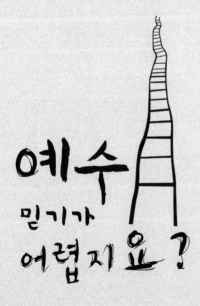

예수님 사역의 의미
예수님의 승리

예수님은 십자가에 못 박혀 죽으셨다. 십자가형은 인간이 고안해 낸 사형 집행방법 중에 가장 고통스럽고 잔인한 방법이라고 한다. 그래서 로마제국에서는 아무리 죄인이라 하더라도 로마시민에게는 시민으로서의 최소한의 존엄성을 지키기 위해서 이 방법을 사용하지 않았다고 한다. 십자가형은 주로 노예나 전쟁포로들에게 집행했는데 그것도 많은 사람들이 볼 수 있는 곳에서 공개적으로 처형함으로써 그 고통당하는 모습을 본 사람들이 로마제국에 저항하려는 생각을 감히 갖지 못하게 하려는 의도로 사용되었다고 한다.

예수님은 십자가에 못 박히기 전에 심하게 채찍으로 맞는다. 이 채찍에는 금속 조각들이 달려 있어서 칠 때마다 살점이 떨어져 나갈 정도이므로 그 고통은 이루 말할 수 없다. 최악의 고통과 온갖 모욕을 당하신 후에 골고다 언덕으로 끌려가셔서 손과 발에 못질을 해서 십자가에 매달리셨다. 이러한 고통이 말할 수 없이 크지만 정작 십자가에 매달려서 여러 시간동안에 걸쳐 서서히 죽어 갈 때의 그 고통은 오히려 더 심하다고 한다.

예수님은 바로 이러한 처형을 당하신 것이다. 이토록 비참하고 치욕적인 죽음을 당하셨는데 성경에는 "통치자들과 권세들을 무력화하여 드러내어 구경거리로 삼으시고 십자가로 그들을 이기셨느니라"고 한다(골 2:15). 예수님이 승리하셨다는 것이다. 얼른 생각하면 '무슨 승리가 이런 승리가 있나' 싶다. 이토록 처참하게 모욕당하고 고통스럽게 죽으셨는데 '승리'라는 말은 도무지 어울리지 않는다.

그렇다면 어떤 의미에서 예수님이 승리하셨다고 하는 것일까? 이렇게 해석할 수도 있겠다. 만일 예수님이 죽음을 당하시고 그것으로 끝났다고 하면 승리라는 말은 어울리지 않겠지만 예수님은 사망의 권세를 이기시고 부활하셨으니 결국은 최후의 승리를 하신 것이 아닌가 하는 것이다. 일면 그럴 듯한 설명이다. 그러나 이것은 정답이 아니라는 것이다.

옛날 중국의 초나라와 한나라가 대립하고 있을 때 한나라 왕 유방의 대장군으로 천하를 통일하는 데 큰 공을 세운 한신은 처음에는 초나라 왕 항우의 신하로 있었으나 그 재능을 인정받지 못하고 말단의 이름 없는 장수로 있었다. 그러나 유방의 지략가인 장량이 그의 인물됨을 알고 자기편으로 회유하였다. 한신이 초나라를 탈출하여 한나라로 가던 중에 어느 작은 촌마을에서 지방의 불량배를 만났는데 그는 처음 보는 몸집도 작고 보잘 것 없어 보이는 한신을 깔보고 자기 다리 사이로 기어서 지나가라고 한다. 한신의 무술로는 촌마을의 불량배쯤이야 쉽게 물리칠 수도 있었겠지만 뒤에는 초나라 군사들이 자기를 잡으려고 쫓아오고 있는 상황에서 이런 일로 말썽이 생기면 큰일을 그르칠 수 있다고 판단한 한신은 그가 시키는 대로 그의 가랑이 사이로 기어갔다는 유명한 일화가 있다.

'승리'라고 하는 말은 전쟁의 용어이다. 전쟁을 할 때에는 얻고자하는 목적이 있다. 그것을 달성하기 위해서 전쟁을 하는 것이다. 그리고 전쟁에는 적이 있다. 우리의 목적 달성에 방해가 되는 것이 우리의 적이다. 그 적을 물리치고 목적을 달성했을 때 우리는 승리했다고 말한다. 예수님께서 승리하셨다는 말의 의미를 이해하려면 예수님의 영적 전쟁에서의 목적은 무엇이었으며 적은 누구였는가를 생각해 보아야 한다.

예수님은 죽으시기 전부터 제자들에게 자신이 어떻게 죽으실 것이며 3일 만에 다시 살아나실 것을 말씀하셨다. 이것은 우리를 구속하시기 위한 하나님의 계획이었다. 예수님은 이 계획을 이루시기 위해서 이 땅에 오셨고 끝까지 하나님의 계획에 순종하심으로써 이 구속사역을 이루시는 것이 예수님의 목적이었다. 그렇다면 예수님의 적은 누구였는가? 사탄이다. 사탄은 예수님의 마음을 혼란시켜 교만과 불순종의 씨앗을 심어 주어 하나님의 계획에 순종치 못하게 함으로써 구원사역을 방해하는 것이 목적이다.

신학적으로 예수님은 신성과 인성을 모두 갖추신 분, 즉 하나님이자 동시에 사람이라고 설명한다. 그런데 예수님의 행적을 살펴볼 때 어느 때에는 신성이 나타날 때도 있고 어떤 때에는 인성이 나타날 때도 있었다. 예수님이 병자를 고치신 일, 귀신을 쫓아내신 일, 물고기 두 마리와 떡 다섯 덩이로 5,000명을 먹이신 일, 죽은 나사로를 살리신 일, 물 위를 걸으신 일 등은 신성이 드러난 예라고 하겠다. 그러나 예수님은 이 세상에서 사역하시는 동안 신성을 발휘하시는 것을 극도로 자제하신 것 같다. 대부분의 시간을 우리와 같은 인간으로 지내셨다.

예수님은 잡혀가시기 전 겟세마네 동산에서 고민하고 슬퍼하사 제자들에게 "내 마음이 매우 고민하여 죽게 되었으니 너희는 여기 머물러 나와 함께 깨어 있으라"고 하셨다(마 26:38). 이때의 예수님은 우리와 똑같이 약한 모습을 보이셨다. 사탄은 그 순간 얼마나 예수님을 유혹했겠는가? "내 아버지여 만일 할 만하시거든 이 잔을 내게서 지나가게 하옵소서"라고 기도하셨다. 이 순간 인간으로서의 예수님이 사탄과의 영적 전투에서 거의 한계상황에까지 이른 것을 엿볼 수 있다. 아무리 예수님이지만 육체를 가진 인간으로서 앞으로 당할 고난을 생각하면 얼마나 두렵고 고민스러웠을까. 그러나 거기에서 꺾이지 않으시고 "그러나 나의 원대로 마옵시고 아버지의 원대로 하옵소서"(마 26:39)라고 아버지의 계획에 순종하심으로써 사탄의 유혹을 물리치신 것이다.

예수님이 고난 받으신 일에 대해서 우리는 몇 가지 상상을 해볼 수 있다. 예를 들면, 예수님은 인성과 신성을 모두 가지신 분이니까 이때 신성을 발휘해서 자기 최면을 걸든지 아니면 어떤 형태의 이적을 행하셔서 고통을 전혀 느끼지 않도록 하실 수도 있었지 않겠는가 하는 것이다. 물론 예수님은 하시려고 마음만 먹으면 충분히 그렇게 하실 능력이 있었을 것이다. 그러나 예수님은 그렇게 하시지 않고 맑은 정신으로 그 모든 고통을 다 견뎌내셨다. 실제로 예수님은 엄청난 고통을 당하신 것이 사실이다.

한편 예수님은 고난을 받으시는 도중 어느 때라도 마음만 먹으면 가해자들을 쉽게 물리치고 고난에서 벗어날 수도 있었을 것이다. 그런데 그런 능력을 가지신 분이 어쩌면 그토록 무력하게 당하기만 하셨는가 하는 생각이 들기도 한다. 혹시 이때의 예수님은 신성을 상실하여 능력을 발휘할 수 없게 되셨던 것은 아닐까 생각해 본다.

예수님은 십자가에서 숨을 거두시기 직전에 "엘리 엘리 라마 사박다니" 하고 크게 소리 지르셨는데 이는 "나의 하나님, 나의 하나님, 어찌하여 나를 버리셨나이까"라는 뜻이었다(마 27:46). 주석가들은 이때 성자이신 예수님이 성부 하나님과 분리되었다고 한다. 예수님은 인간의 죄를 대신 지셨기 때문에 이때에는 죄인의 신분이 되셨으므로 하나님으로부터 분리될 수밖에 없다는 것이다. 그러나 실제로 예수님은 잡히시던 때에 베드로가 휘두른 칼에 대제사장의 종 말고의 귀가 잘려서 떨어지자(요 18:10) 이것을 만져서 낫게 해 주셨다(눅 22:51). 마 26:53-54에서는 예수님은 베드로를 만류하시면서 다음과 같이 말씀하셨다.

> **마태복음 26:53-54** ⁵³너는 내가 내 아버지께 구하여 지금 열두 군단 더 되는 천사를 보내시게 할 수 없는 줄로 아느냐 ⁵⁴내가 만일 그렇게 하면 이런 일이 있으리라 한 성경이 어떻게 이루어지겠느냐.

예수님은 이때까지도 어떠한 기적이라도 일으킬 수 있는 능력을 가지고 계셨던 것이 틀림없다. 그럼에도 성경에 예언된 일(성부 하나님의 계획)을 이루시기 위해서 능력을 행사하지 않으시고 참으셨던 것이다.

> **요한복음 18:10** 이에 시몬 베드로가 검을 가졌는데 그것을 빼어 대제사장의 종을 쳐서 오른편 귀를 베어버리니 그 종의 이름은 말고라.

누가복음 22:51 예수께서 일러 이르시되 이것까지 참으라 하시고 그 귀를 만져 낫게 하시더라.

이러한 전능의 능력을 가지신 예수님이 마치 아무 능력도 없는 듯이 십자가에 달려 있다. 마태복음 27:39-44에 보면 사람들이 예수님을 조롱한다.

마태복음 27:39-44 ³⁹지나가는 자들은 자기 머리를 흔들며 예수를 모욕하여 ⁴⁰이르되 성전을 헐고 사흘에 짓는 자여 네가 만일 하나님의 아들이어든 자기를 구원하고 십자가에서 내려오라 하며 ⁴¹그와 같이 대제사장들도 서기관들과 장로들과 함께 희롱하여 이르되 ⁴²그가 남은 구원하였으되 자기는 구원할 수 없도다 그가 이스라엘의 왕이로다 지금 십자가에서 내려올지어다 그리하면 우리가 믿겠노라 ⁴³그가 하나님을 신뢰하니 하나님이 원하시면 이제 그를 구원하실지라 그의 말이 나는 하나님의 아들이라 하였도다 하며 ⁴⁴함께 십자가에 못 박힌 강도들도 이와 같이 욕하더라.

이런 말을 듣고 보통 사람들 같았으면 "그래? 봐라" 하고 보란 듯이 십자가에서 내려왔을 지도 모른다. 만일 그렇게 되었다면 인류의 구원을 위한 하나님의 계획은 물거품이 되고 말았을 것이다. 이것이 바로 사탄이 노리는 것이었다. 예수님은 무엇이라도 할 수 있는 능력을 가지고 있으시면서도 그 능력을 사용하지 않으시고 하나님의 계획을 다 이루셨던 것이다.

예수님의 옆에는 두 사람의 강도도 십자가에 못 박혔다. 그들은 이 순간 아무 능력이 없으므로 죽음을 맞는 것 외에는 다른 방법이 없었다. 그러나 예수님은 얼마든지 상황을 역전시킬 수 있는 능력을 가지고 있으면서도 동시에 육체를 가진 사람으로서 참으시느라 육체적인 고통은 물론이고 정신적으로도 얼마나 심한 갈등을 느끼셨겠는가? 그 엄청난 고통을 참으시며 마침내 "다 이루었다"(요 19:30)하고 자신의 승리를 마지막으로 확인하신 후 숨을 거두셨다.

이에 대해 사도 바울은 빌립보서 2장에서 이렇게 표현하였다.

> **빌립보서 2:6-8** ⁶그는 근본 하나님의 본체시나 하나님과 동등됨을 취할 것으로 여기지 아니하시고 ⁷오히려 자기를 비워 종의 형체를 가지사 사람들과 같이 되셨고 ⁸사람의 모양으로 나타나사 자기를 낮추시고 죽기까지 복종하셨으니 곧 십자가에 죽으심이라.

사탄의 유혹을 물리치고 끝까지 순종하심으로써 구속사역을 이루신 것, 이것이 바로 예수님의 위대한 승리였던 것이다.

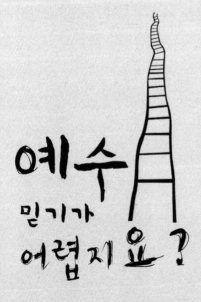

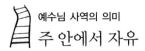
예수님 사역의 의미
주 안에서 자유

　예수님은 "너희가 내 말에 거하면 참으로 내 제자가 되고 진리를 알지니 진리가 너희를 자유롭게 하리라"(요 8:31-32)고 하셨다. 이 말씀을 들은 유대인들은 "우리가 아브라함의 자손이라 남의 종이 된 적이 없거늘 어찌하여 우리가 자유케 되리라 하느냐"(33절)고 묻는다. 예수님은 우리 인간의 탐욕과 죄성(罪性)에 의한 속박으로부터의 자유를 말씀하시는데 유대인들은 사회적인 신분상으로 우리가 남의 종이 된 적이 없으니 이미 자유인인데 어찌하여 자유롭게 하겠다는 것이냐고 묻는 것이다. 실로 동문서답(東問西答)이다. 당시의 유대인들은 하나님이 자기들의 조상 아브라함을 택하셔서 그 자손을 하나님의 백성으로 삼겠다고 하신 약속(창 12:1-3)에 근거하여 자기들이 아브라함의 자손이라는 이유만으로 구원을 얻었다고 생각하고 있었다.

> **창세기 12:1-3** ¹여호와께서 아브람에게 이르시되 너는 너의 고향과 친척과 아버지의 집을 떠나 내가 네게 보여 줄 땅으로 가라 ²내가 너로 큰 민족을 이루고 네게 복을 주어 네 이름을 창대하게 하리니 너는 복이 될지라 ³너를 축복하는 자에게는 내가 복을 내리고 너를 저주하는 자에게는 내가 저주하리니 땅의 모든

족속이 너로 말미암아 복을 얻을 것이라 하신지라.

이에 예수님은 "아들(성자 예수님 자신을 말함)이 너희를 자유롭게 하면 너희가 참으로 자유로우리라"(36절)고 대답하신다. 예수님은 우리가 바른 신앙을 가지고 예수님의 제자가 된다면 "진리가 우리를 자유케 하리라"고 하셨지만 오늘날 오랫동안 기독교를 믿어 온 사람이라도 그 의미를 제대로 이해하기가 쉽지는 않은 것 같다.

뿐만 아니라 예수님은 "수고하고 무거운 짐 진 자들아 다 내게로 오라 내가 너희를 쉬게 하리라"(마 11:28)고 하셨다. 그러나 십계명에는 "살인하지 말라", "간음하지 말라"고 하는데 예수님은 실제로 사람의 생명을 끊지는 않더라고 사람을 미워하면 살인한 것이나 같고 실제로 육체적인 간음을 하지 않았더라도 마음속에 음욕을 품으면 간음한 것이라고 하셨다. 어떻게 보면 예수님은 우리에게 율법을 더 무겁게 지우시는 것 같다. 그런데도 "수고하고 무거운 짐 진 자들아 다 내게로 오라 내가 너희를 쉬게 하리라"고 하시는 것은 앞뒤가 맞지 않는 것 같다.

예수님이 오셨을 당시의 종교 지도자들인 서기관과 바리새인들은 율법을 문자 그대로 지키려고 애를 썼다. 율법을 더 잘 지키기 위해서 세부 규정까지 만들어 자신들 뿐만 아니라 백성도 지키도록 요구하였다. 그러다 보니 원래 율법을 주신 하나님의 의도는 무시하고 율법에 얽매이게 되었다. 모든 율법을 문자대로 다 지킨다는 것은 사람으로서는 거의 불가능한 일이다. 그러다 보니 형식적으로 남에게 보이기 위한 율법이 되고 제대로 지키지 못하는 백성에 비해서 자기들은 더 잘 지킨다는 우월감으로 그들은 교만해지고 위선적이 되었다.

이에 예수님은 율법을 형식적으로 지키는 것보다 율법의 정신을 이해해야 한다고 강조하셨다.

> 마태복음 5:17 내가 율법이나 선지자를 폐하러 온 줄로 생각하지 말라 폐하러 온 것이 아니요 완전하게 하려 함이라.

예수님은 우리에게 율법을 지키지 말라고 말씀하신 것은 아니다. 율법을 주신 하나님의 뜻을 생각하고 바르게 지키라는 말씀이다. 그러나 예수님은 우리는 약한 인간이기 때문에 율법을 제대로 지킬 수 없다는 사실을 잘 아신다. 그리고 바로 그때문에 예수님이 우리의 죄를 대신 지시기 위해서 오신 것이다. 우리는 항상 유혹에 쉽게 넘어가는 존재이므로 율법을 완전하게 지키지는 못한다. 그러나 항상 율법의 정신에 합당하게 살려고 노력해야 하며 그렇게 하지 못한 것에 대해서 자기의 잘못을 깨닫고 회개하면 하나님은 용서해 주시는 것이다.

> 마태복음 7:7 구하라 그리하면 너희에게 주실 것이요 찾으라 그리하면 찾아낼 것이요 문을 두드리라 그리하면 너희에게 열릴 것이니.

예수님은 우리 인간의 약한 점을 잘 아시기 때문에 우리가 기도하면서 하나님께 도움을 청하면 도와주시겠다고 하시는 것이다.

우리는 결코 율법을 지킴으로써 의로워질 수 없다. 예수님이 우리의 죄를 대신 져주심으로 은혜로써 의롭다 함을 얻는 것이다. 따라서 예수님이야 말로 우리를 율법의 굴레에서 해방시켜주시고 우리를 자유롭게 하시며 또한 쉬게 하시는 분이신 것이다. 우리가 무언가를 행함으로써 스스로 의를 이루고자 한다면 결코 이룰 수 없을 뿐 아니라 자신의 부족함을 알수록 절망감과 무언가를 이루어야 한다는 중압감에서 벗어날 수 없을 것이다. 그나마도 자기의 부족함을 깨닫는 자는 비교적 겸손한 사람일 것이다. 그렇지 못한 사람은 누가복음에서 예수님이 비유로 설명하신 바리새인(눅 18:10-14 참조)처럼 자기가 행한 작은 것을 자랑하며 무언가를 이루었다는 자만심으로 교만과 위선에 빠지기 쉽다.

> 누가복음 18:10-14 ¹⁰두 사람이 기도하러 성전에 올라가니 하나는 바리새인이요 하나는 세리라 ¹¹바리새인은 서서 따로 기도하여 이르되 하나님이여 나는 다른 사람들 곧 토색, 불의, 간음을 하는 자들과 같지 아니하고 이 세리와도 같지 아니함을 감사하나이다 ¹²나는 이레에 두 번씩 금식하고 또 소득의 십일조를 드리나이다 하고 ¹³세리는 멀리 서서 감히 눈을 들어 하늘을 쳐다보지도 못하고 다만 가슴을 치며 이르되 하나님이여 불쌍히 여기소서 나는 죄인이로소이다 하였느니라 ¹⁴내가 너희에게 이르노니 이에 저 바리새인이 아니고 이 사람이 의롭다 하심을 받고 그의 집으로 내려갔느니라 무릇 자기를 높이는 자는 낮아지고 자기를 낮추는 자는 높아지리라 하시니라.

우리는 하나님 앞에 내세울 것이 아무것도 없고 다만 하나님의 은혜로만 구원을 받을 수 있다는 것을 깨달을 때 진정한 평화와 자유를 얻을 수 있는 것이다. 이에 사도 바울은 "주는 영이시니 주의 영이 계신 곳에는 자유가 있느니라"(고후 3:17)라고 하였다. 우리가 진정으로 하나님께 의존할 때 나 자신의 내세울 것이 없다는 것을 깨닫고 겸손해질 수 있다. 주안에서의 자유는 내가 겸손할 때에 느낄 수 있는 것이다.

우리는 세상을 살아가면서 여러 가지 욕망을 가지고 있다. 어떤 건전한 욕망은 우리에게 살아가는 목표를 제시하고 열심을 내는 동기부여가 되므로 긍정적인 요소가 되기도 한다. 그러나 많은 경우에 재물이나 명예, 권력, 등에 대한 욕심은 끝이 없어서 결코 만족하지 못하며 이것이 바로 우리를 자유롭지 못하게 하는 요인이 된다. 탐욕으로부터 자유롭지 못하면 진정한 자유를 얻지 못하는 것이다. 이러한 욕심을 버리지 못할 때 항상 불행하고 또 남과 비교해서 내가 가진 것보다 남이 더 가졌다고 생각되면 시기 질투를 하게 된다.

사람이 남을 시기 질투할 때 심하면 상대를 모함해서 피해를 주는 경우도 있지만 그보다 먼저 자기 자신을 더 괴롭힌다. 바울은 이러한 상태에 대해서 악한 자가 우리 안에 가만히 들어와서 예수 안에서 우리가 가진 자유를 엿보고 우리를 종으로 삼으려고 하는 것이라고 하였다(갈 2:4). 따라서 우리는 이러한 악한 자의 유혹에 빠지지 않도록 조심하라고 경고하고 있다.

> 갈라디아서 2:4 이는 가만히 들어온 거짓 형제들 때문이라 그들이 가만히 들어온 것은 그리스도 예수 안에서 우리가 가진 자유를 엿보고 우리를 종으로 삼고자 함이로되.
>
> 갈라디아서 5:1 그리스도께서 우리를 자유롭게 하려고 자유를 주셨으니 그러므로 굳건하게 서서 다시는 종의 멍에를 메지 말라.

우리 주변에 오랫동안 신앙생활을 해 왔음에도 매사에 근심걱정에서 헤어나지 못하는 사람들이 있음을 본다. 이들은 예수를 믿는 사람은 어떠해야 된다는 강박관념을 가지고 있는 경우도 있다. 예수 믿는 사람은 그리스도인답게 행동해야 하며 그렇게 하려고 노력하는 것은 당연하다. 그러나 그것이 형식적인 것이 되고 거기에 지나치게 얽매인다면 그것이 바로 율법주의가 되는 것이다. 그런가 하면 어떤 경우에는 자유를 오해해서 방종에 빠져 그리스도께서 우리에게 주신 자유를 남용하는 행위도 있을 수 있다. 주 안에서 자유를 얻었으니까 무슨 일이든지 할 수 있고 심지어 하나님의 뜻에 어긋나는 일이라도 할 수 있다고 생각한다면 매우 잘못된 일이다. 이것은 바로 악한 세력, 즉 사탄의 종이 되는 일이며 결국은 오히려 거기에 매어서 자유롭지 못하게 될 것이다. 율법주의나 방종은 모두 우리를 무엇엔가 얽매이게 하는 특성이 있다. 이런 상황에서는 결코 진정한 자유를 얻을 수 없는 것이다.

예수님은 "너희가 내 말에 거하면 참 내 제자가 되고 진리를 알지니 진리가 너희를 자유케 하리라"(요 8:31-32)고 하셨다. 우리가 예수님을 바르게 믿으면 예수님의 제자가 되어야 하고 예수님이 우리의 죄를 대신 지고 십자가에 못 박혀 죽으시기까지 우리를 사랑하시며 우리의 모든 죄를 다 해결해 주셨다는 진리를 깨달아야 하는 것이다. 그러면 그 진리가 우리를 자유케 하는 것이다. 이 말은 우리의 모든 짐을 예수님께 맡김으로써 자유로워진다는 말이다. 예수님이 아니고는 우리는 사탄의 종인 것이다.

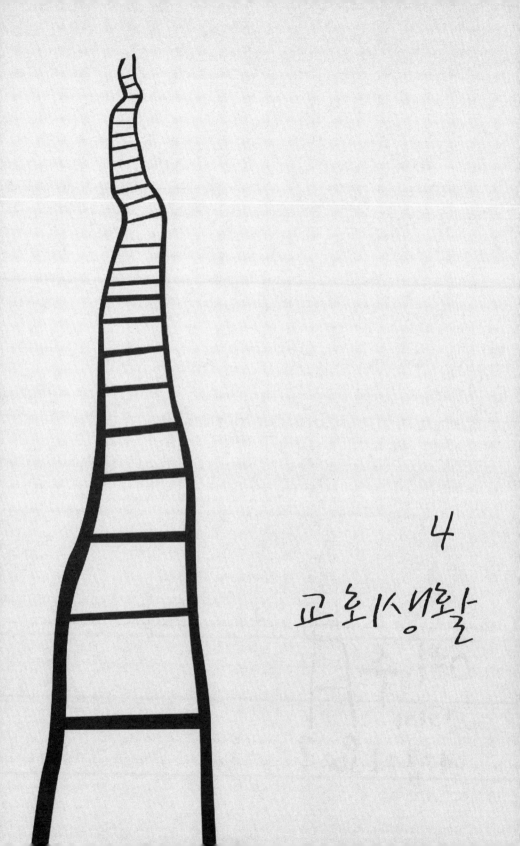

4
교회생활

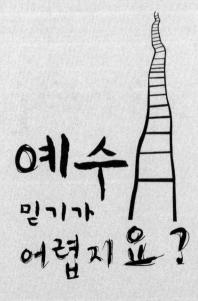

교회생활
교회란 무엇인가?

구약성경에서 오늘날의 교회에 해당되는 것으로는 이스라엘 백성이 하나님의 인도로 애굽에서 벗어나 시내산에 이르렀을 때 모세는 하나님으로부터 십계명을 받아 와서 백성에게 선포하고 하나님께 예배드리기 위해 모였던 것(신 5:1-22)을 생각할 수 있다. 여기서 그들은 하나님과 '하나님은 그들의 하나님이 되고, 그들은 하나님의 백성이 된다'는 계약 관계를 맺는다. 그 후 구약성경에서는 이러한 모임을 '회중'으로 번역하고 있다. '부름 받은 자들이 모인 공동체'라는 뜻이다.

오늘날의 '교회'(Church)라는 말은 헬라어의 '에클레시아'(ἐκκλησία)에서 유래되었다고 한다. 이 교회라는 말은 예수님이 처음 사용하셨다. 예수님께서 제자들에게 "너희는 나를 누구라 하느냐"하고 물으셨을 때 베드로가 "주는 그리스도시요 살아 계신 하나님의 아들이시니이다"(마 16:16)라고 대답한다. 이에 예수님은 "바요나 시몬아 네가 복이 있도다 이를 네게 알게 한 이는 혈육이 아니요 하늘에 계신 내 아버지시니라 또 내가 네게 이르노니 너는 베드로라 내가 이 반석 위에 내 교회를 세우리니 음부의 권세가 이기지 못하리라"고 하셨다(마 16:17-18).

'에클레시아'는 '불러내다'라는 뜻을 가졌다고 한다. 즉 이 세상으로부터 하나님의 자녀로 '불러냄을 받은 자들의 공동체'를 의미하는 것이다. 흔히 '교회'라 하면 건물을 연상하는데 건물은 공동체가 모이는 장소일 뿐 그 자체가 교회는 아니다. 건물에 대해서는 옛날에 불렸던 '예배당'이라는 단어가 더 적절한 것이다.

예수님은 십자가에서 죽으셨다가 부활하신 후 갈릴리에서 제자들을 만나서 이렇게 말씀하셨다.

> 마태복음 28:19-20 ¹⁹너희는 가서 모든 민족을 제자로 삼아 아버지와 아들과 성령의 이름으로 세례를 베풀고 ²⁰내가 너희에게 분부한 모든 것을 가르쳐 지키게 하라 볼지어다 내가 세상 끝날까지 너희와 항상 함께 있으리라.

그 후 승천하시기 전에 다시 제자들에게 말씀하신다.

> 사도행전 1:8 오직 성령이 너희에게 임하시면 너희가 권능을 받고 예루살렘과 온 유대와 사마리아와 땅 끝까지 이르러 내 증인이 되리라.

예수님의 이 말씀에 따라 그 후 오순절에 성령께서 강림하시자 여러 사람들이 성령이 충만하여 각각 다른 방언으로 말하는데 여러 다른 나라에서 온 사람들이 각자 자기 나라의 말로 알아듣는 일이 일어난다(행 2:1-13). 이를 보고 많은 사람들이 놀라고 어떤 사람들은 그들을 술에 취했다고 조롱하기도 했다고 한다. 이때 베드로가 담대히 나서서 예수님은 어떤 분이신가, 그리고 예수님의 부활과 구원에 대해서 설교를 하니 그날에 그 말을 받고 세례를 받은 제자의 수가 삼천 명이나 되었다고 한다. 이것을 신약시대의 교회의 시작이라고 본다. 결론적으로 다시 말하면 교회는 하나님의 부르심을 받은 사람들의 공동체이며, 예수님이 닦아 주신 터에 하나님이 세워주셨고 성령님에 의해서 시작된 것이다. 따라서 교회는 인간적인 것이 아니고 신적(神的)인 공동체이며 교회의 주인은 삼위일체 하나님이시다. 그러나 자녀가 아버지 소유의 집에 살면서 '우리 집' 또는 '내 집'이라고 할 수 있듯이 하나님을 아버지로 섬기는 사람이면 교회를 '우리 교회' 또는 '내 교회'라고 할 수 있는 것이다.

교회는 세상으로부터 불러냄을 받은 사람들의 공동체이기 때문에 세상에 속한 사람들이 아니다. 예수님은 제자들을 위해서 성부 하나님께 기도하시는 중에 제자들을 가리켜 "내가 세상에 속하지 아니함 같이 그들도 세상에 속하지 아니하였삽나이다"(요 17:16)라고 하셨다. 예수님의 제자가 된 우리는 세상에 속한 자가 아닌 것이다. 그러나 예수님은 제자들에게 명령하셨다,

요한복음 20:21 아버지께서 나를 보내신 것 같이 나도 너희를 보내노라.

아버지 하나님이 예수님을 이 세상에 보내신 것 같이 예수님도 제자들을 세상으로 보내신다는 뜻이다. 따라서 교회는 세상과 구별되어야 하되 세상으로 파송받은 것이다. 세상과 함께 하되 세상에 물들지 않고 구별되게 살아야 하는 것이다. 이것은 매우 어려운 주문이지만 예수님도 사람의 힘으로는 어렵다는 것을 아시기 때문에 "내가 세상 끝날까지

너희와 항상 함께 있으리라"(마 28:20)고 약속하신 것이다.

　교회는 하나님을 아버지로 섬기는 사람들의 공동체이다. 세상에서 같은 아버지를 가진 사람은 형제와 자매이듯이 같은 하나님을 섬기는 사람은 모두 믿음 안에서 형제이고 자매이다. 예수님이 사람들에게 둘러싸여 가르치고 계실 때 어머니와 동생들이 와서 밖에 서서 사람을 보내어 예수님을 불렀다. 그래서 사람들이 "당신의 어머니와 동생들과 누이들이 밖에서 찾나이다"하자 예수님은 "누가 내 어머니이며 동생들이냐" 하시고 둘러앉은 자들을 둘러보시며 가라사대 "내 모친과 내 동생들을 보라 누구든지 하나님의 뜻대로 하는 자가 내 형제요 자매요 어머니이니라"고 하셨다(막 3:31-35). 이것은 예수님이 육신의 가족을 무시하신 것이 아니라 믿음 안에서의 가족의 중요성을 강조하신 말씀이다.

　따라서 교회의 구성원들은 모두가 한 가족이기 때문에 서로 사랑하며 친밀하게 교제하는 것이 매우 중요하다. 그러나 단순한 친목단체는 아니다. 교회는 어디까지나 하나님이 중심이 되어야 하고 하나님의 말씀과 그에 따른 믿음으로 유지되어야 하는 것이다.

　이 세상에는 여러 종류의 단체들이 있다. 그 단체들을 크게 두 가지 종류로 나눈다면 특정한 목적을 가지고 설립된 공적인 기관(Institution)이 있고 목적보다는 사람들 상호간의 관계에 의해서 특징지어지는 사람들의 집단, 즉 공동체(Community)로 나눌 수 있을 것이다. 각종 교육기관, 정부기관, 병원, 각종 회사 등의 공공시설이 기관(Institution)에 속하며 여기에서는 인간관계보다는 기관의 설립 목적에 부응한 활동이나 기능이 중요하다. 교회에서 운영하는 자선단체도 여기에 속한다. 이에 비해 공동체(Community)는 각종 친목단체, 동창회 등이 여기에 속하며 활동이나 기능보다는 인간관계가 중요하다. 사회의 가장 기초적인 단체라고 할 수 있는 가정도 여기에 속한다. 그러면 교회는 기관인가, 공동체인가?

교회는 직감적으로 기관이라기보다는 공동체이다. 따라서 교회 공동체 안에서 구성원 상호간의 사랑과 교제는 매우 중요하다. 이것이 부족하면 교회는 분열하고 깨어지기 쉽다. 그러나 교회가 공동체에만 머물러 있으면 친목단체일 뿐 교회로서는 결함이 있다. 우리가 교회에 갈 때에는 예배에 참석하는 것을 비롯해서 기대하는 것이 있다. 영적 인도와 가르침 받기를 원하고 세상에서 상한 심령이 위로받기를 원한다. 이런 것들은 교회의 기능이다. 뿐만 아니라 예수님은 마태복음 28:19-20와 사도행전 1:8에서 우리에게 제자를 만들고 땅 끝까지 가서 증인이 되라는 중대한 사명을 주셨다. 따라서 교회는 기관과 같은 측면도 가지고 있는 것이다. 실제로 교회에는 각 분야의 전문가들이 있어서 매우 전문적인 기능을 수행하기도 한다. 따라서 교회는 기관과 공동체의 양면성을 가지고 있다고 보아야 할 것이며 그 사이에서 균형을 유지하는 것이 중요하다.

교회가 커져서 교인들이 서로를 알지 못하는 정도가 되면 더욱 기능이 강조되기 쉽다. 기능이 교인간의 관계보다 더 중요한 것처럼 되어 버린다. 이러한 경우에는 교회로서 심각한 문제가 발생하기 쉽다. 대부분의 기관은 생산품이나 서비스를 제공하는 것을 목적으로 존재한다. 종업원들은 서비스를 전달하는 역할을 한다. 그들이 제 역할을 하지 못할 때에는 해고하고 새 사람으로 대체가 가능하다.

그러나 교회는 근본적으로 다르다. 서비스를 제공하는 사람 자신도 고객이며 서비스를 받아야 하는 사람이다. 오늘날 사회의 위기는 인간성의 상실에서 오는 경우가 많다. 그로 인해 총기난사 등 끔찍한 사건들이 자주 일어난다. 교회가 기관으로 남아 있어서는 안 된다. 이 사회에서 상실된 인간성의 회복을 위해 하나님이 주신 사명을 감당해야 한다.

교회는 어느 정도 기관을 닮은 모습이 있음을 피할 수는 없다. 그러나 그 중심에는 하나님과 사람들의 관계를 중요시하는 자세가 있어야 한다. 우리는 우리 주위의 다른 사람들에게 무엇이 필요한가에 관심을 가지고 이 세상에서 하나님의 은혜를 전하는 사도로서의 삶을 살아야 한다. 이것이 바로 창조주 하나님의 형상을 입어 변화되는 사람들의 생활 방식인 것이다.

예수님은 "두세 사람이 내 이름으로 모인 곳에는 나도 그들 중에 있느니라"(마 18:20)고 하셨다. 두세 사람 이상이 예수님 이름으로 모이면 곧 교회가 되는 것이고 그곳에는 예수님이 함께 계신다. 성경에서는 교회는 '그리스도의 몸'이며 우리는 그 몸을 이루는 지체라고 묘사하고 있다(고전 12:27; 엡 4:12). 성도가 교회에서 예수님과 함께 있으면 그곳이 바로 이 땅 위에서의 천국인 것이다. 믿음 안에서의 형제자매들이 진정으로 서로 사랑하고 함께 예수님을 섬긴다면 교회를 통해서 우리는 천국을 경험하게 되는 것이다. 그러나 이 땅 위에서의 천국은 악한 세상에 둘러 싸여 있으므로 완전한 천국은 아니다. 만일 말로는 교회라 하면서도 사랑이 없고 세상적인 이해관계로 인해 서로 헐뜯고 싸우기를 일삼는다면 그것은 천국이 아님은 물론 교회라 할 수도 없을 것이다.

> 고린도전서 12:27 너희는 그리스도의 몸이요 지체의 각 부분이라.
> 에베소서 4:12 이는 성도를 온전하게 하여 봉사의 일을 하게 하며 그리스도의 몸을 세우려 하심이라.

하나님의 자녀들은 교회생활을 통해서 완전하지는 않지만 지상에서 천국을 경험하면서 장차 완전한 천국에 들어가기 위한 성화(聖化)의 과정을 밟고 있으며 그 과정의 훈련장이 바로 교회라고 볼 수 있다.

예수님이 "내가 이 반석 위에 내 교회를 세우리니 음부의 권세가 이기지 못하리라"(마 16:18)고 하실 때의 '교회'는 어느 한 개교회를 의미하는 것이 아니고 지상의 모든 교회를 통틀어 하나의 교회로 보는 의미를 가지는 것이다. 우리가 보통 '교회'라고 할 때에는 개교회를 말하는 것이 보통인데 물론 그것도 교회이지만 세상의 모든 교회들이 서로 연합하여 같은 하나님을 섬기는 하나의 교회라는 개념을 갖는 것이 중요하다. 이것을 영어로는 'Universal Chuch'(세계교회라는 의미) 또는 'Catholic Church'(보편적 교회)라고 한다. 기독교인들이 신앙고백을 하는 '사도신경' 중에서 "거룩한 공회와…"라 할 때의 '공회'가 바로 이런 의미의 교회를 말하는 것이다. 보통 'Catholic Church'라고 하면 로마에 교황청을 두고 있는 우리 말의 '천주교'를 의미하는 것으로만 생각하기 쉬우나 원래의 'Catholic'의 의미는 '보편적인'의 뜻이라고 한다.

요즘에는 교회들이 지나치게 개교회 중심으로 흐르는 경향이 있어서 근처에 있는 다른 교회와 협력보다는 경쟁의 관계를 만들거나 서로 다투는 경우를 많이 보는데 이것은 옳은 태도가 아니다. 이것은 한 몸의 왼팔과 오른팔이 서로 다투는 것이나 마찬가지이다. 이 땅에서 하나님의 영역을 넓힌다는 공동의 목표를 가진 하나의 공교회의 각 지교회라는 개념으로 서로 협력하고 그 교회의 교인도 믿음 안에서 형제자매라는 것을 인식해야 할 것이다.

교회생활
그리스도의 몸

  예수님은 하나님을 믿고 말씀대로 행하는 자는 하나님의 아들이라고 하셨다(마 5:45). 그리고 바울은 하나님은 믿는 사람들의 마음 가운데 예수님의 영을 보내셔서 하나님을 아빠 아버지라 부르게 하셨다(갈 4:6)고 한다. 따라서 하나님의 자녀들이 모인 교회 공동체는 형제자매들의 공동체이며 하나의 가족이다. 성경은 이것을 하나님의 권속(엡 2:19)이라 표현하고 있다. 우리는 하나님 앞에서는 모두가 죄인이다. 그러나 하나님의 은혜로 예수님의 십자가 사역을 통해서 죄를 용서받고 하나님의 자녀가 되었다.

> **마태복음 5:45** 이같이 한즉 하늘에 계신 너희 아버지의 아들이 되리니 이는 하나님이 그 해를 악인과 선인에게 비추시며 비를 의로운 자와 불의한 자에게 내려주심이라.
>
> **갈라디아서 4:6** 너희가 아들이므로 하나님이 그 아들의 영을 우리 마음 가운데 보내사 아빠 아버지라 부르게 하셨느니라.
>
> **에베소서 2:19** 그러므로 이제부터 너희는 외인도 아니요 나그네도 아니요 오직 성도들과 동일한 시민이요 하나님의 권속이라.

사도 바울은 이러한 교회를 "그리스도의 몸"(고전 12:27)이라고 정의 했다. 예수님은 요한복음 15:5에서 "나는 포도나무요 너희는 가지라 그가 내 안에, 내가 그 안에 거하면 사람이 열매를 많이 맺나니 나를 떠나서는 너희가 아무 것도 할 수 없음이라"고 말씀하셨다. 예수님이 아니면 우리는 하나님과의 연결이 끊어져서 우리는 아무 것도 할 수 없는 것이다. 예수님을 통해서만 우리는 하나님과의 연결을 가지게 된다. 우리 그리스도인은 살아 계신 예수 그리스도와 결합되어 있고 그 결합에 근거하여 하나님과 그리고 그리스도인 상호간에도 서로 하나가 되어 있는 것이다. 예수님은 우리와 하나님 그리고 우리들 사이를 결합하는 접착제와 같은 역할을 하신다고 볼 수 있다. 바울은 이러한 교회를 그리스도의 몸이라고 정의한 것이다.

고린도전서 12:27 너희는 그리스도의 몸이요 지체의 각 부분이라.

교회가 그리스도의 몸이면 교회의 구성원인 각 사람은 그 몸의 지체이다.

고린도전서 12:14-21 [14]몸은 한 지체뿐만 아니라 여럿이니 [15]만일 발이 이르되 나는 손이 아니니 몸에 붙지 아니하였다 할지라도 이로써 몸에 붙지 아니한 것이 아니요 [16]또 귀가 이르되 나는 눈이 아니니 몸에 붙지 아니하였다 할지라도 이로써 몸에 붙지 아니한 것이 아니니 [17]만일 온 몸이 눈이면 듣는 곳은 어디며 온 몸이 듣는 곳이면 냄새 맡는 곳은 어디냐 [18]그러나 이제 하나님이 그 원하시는 대로 지체를 각각 몸에 두셨으니 [19]만일 다 한 지체뿐이면 몸은 어디뇨 [20]이제 지체는 많으나 몸은 하나라 [21]눈이 손더러 내가 너를 쓸 데가 없다 또한 머리가 발더러 내가 너를 쓸 데 없다 하거나 하지 못하리라.

> 로마서 12:4-5 ⁴우리가 한 몸에 많은 지체를 가졌으나 모든 지체가 같은 기능을 가진 것이 아니니 ⁵이와 같이 우리 많은 사람이 그리스도 안에서 한 몸이 되어 서로 지체가 되었느니라.

이와 같이 한 교회의 구성원은 각자 받은 은사에 따라서 교회 내에서 맡은 직분은 다르나 누구는 더 중요하고 누구는 덜 중요한 것이 있을 수 없다. 오히려 몸의 더 약하게 보이는 지체가 도리어 요긴할 수도 있다. 우리 몸의 한 부분이 고통을 받으면 몸 전체가 고통을 받게 된다. 따라서 우리는 모두가 하나가 되어 서로 위하고 아끼며 보호해야 한다. 교회 안에 분쟁이 생겨서 교회가 갈라지고 이때문에 성도가 고통을 받는 것을 많이 본다. 교회 안에서 이기주의적인 생각으로 인해 서로 경쟁하거나 서로를 헐뜯는다면 모두가 고통을 받게 된다.

그리스도의 몸 된 교회 공동체는 교회 밖의 세상과는 달라야 한다. 교회 공동체, 즉 새 사람을 입은 자들의 공동체는 인종이나 사회적 신분 등에 관계없이 하나가 되어야 한다(갈 3:28). 교회 안에서 각자 맡은 직분에는 차이가 있지만 어느 직분이 어느 다른 직분보다 더 존귀하거나 더 중요한 차이가 있을 수 없다.

> 갈라디아서 3:28 너희는 유대인이나 헬라인이나 종이나 자유인이나 남자나 여자 없이 다 그리스도 예수 안에서 하나이니라.

바울은 골로새서 3:12-17에서 말한다.

> 골로새서 3:12-17 ¹²그러므로 너희는 하나님의 택하사 거룩하고 사랑받는 자처럼

긍휼과 자비와 겸손과 온유와 오래 참음을 옷 입고 ¹³누가 누구에게 불만이 있거든 서로 용납하여 피차 용서하되 주께서 너희를 용서하신 것과 같이 너희도 그리하고 ¹⁴이 모든 것 위에 사랑을 더하라 이는 온전하게 매는 띠니라 ¹⁵그리스도의 평강이 너희 마음을 주장하게 하라 너희는 평강을 위하여 한 몸으로 부르심을 받았나니 너희는 또한 감사하는 자가 되라 ¹⁶그리스도의 말씀이 너희 속에 풍성히 거하여 모든 지혜로 피차 가르치며 권면하고 시와 찬송과 신령한 노래를 부르며 감사하는 마음으로 하나님을 찬양하고 ¹⁷또 무엇을 하든지 말에나 일에나 다 주 예수의 이름으로 하고 그를 힘입어 하나님 아버지께 감사하라.

하나님은 택하신 백성을 거룩한 백성이라 불러 주셨다. 이는 우리가 스스로 거룩한 사람이라는 뜻이 아니다. 스스로 거룩한 분은 하나님 한 분밖에 안 계신다. 이 점에서 하나님은 피조물과 구별되신다. 하나님은 그리스도의 피 값으로 사신 우리를 거룩하게 구별하셨다는 뜻이다. 따라서 우리는 그리스도 안에서 하나님의 거룩한 백성이 된 것이다. 하나님이 우리를 거룩하게 구별하셨으므로 우리는 또한 거룩하게 살도록 부르심을 받았다. 사도 바울은 거룩하게 사는 삶을 위해서 긍휼과 자비와 겸손과 온유와 오래 참음을 옷입으라고 권면하고 있다. 바울은 이와 반대되는 성품으로 "음란과 부정과 사욕과 악한 정욕과 탐심이니 탐심은 우상 숭배이며 분과 악의와 훼방과 너희 입의 부끄러운 말"이라고 열거하고 있다.

골로새서 3:5-8 ⁵그러므로 땅에 있는 지체를 죽이라 곧 음란과 부정과 사욕과 악한 정욕과 탐심이니 탐심은 우상 숭배니라 ⁶이것들로 말미암아 하나님의 진노가 임하느니라 ⁷너희도 전에 그 가운데 살 때에는 그 가운데서 행하였으나 ⁸이제는 너희가 이 모든 것을 벗어 버리라 곧 분함과 노여움과 비방과 너희 입의 부끄러운 말이라.

우리가 하나님의 거룩한 백성으로 구별되었지만 아직은 우리 안에 있는 죄성으로 인하여 거룩하게 살지 못하고 그 반대로 행동할 때가 많다. 그러므로 우리는 항상 자기 안에 있는 악한 성품을 억누르고 제어하려고 애써야 한다. 그러나 이것을 실천하는 데에는 혼자의 노력으로는 매우 어렵다. 그래서 바울은 "피차 권면하고 서로 덕을 세우라"(살전 5:11)고 말하고 있다.

우리는 모두가 부족한 인간이기 때문에 서로가 서로에게 선생이 되고, 서로를 권면하고 양육하며 함께 성화(聖化)를 이루어 가야 하는 것이다. 그러나 서로 권면하는 일이 말처럼 쉽지 않다는 것을 종종 느낀다. 아무리 좋은 뜻으로 권면하더라도 듣는 사람이 너그러운 마음으로 받아 주는 것이 중요하다. 남으로부터 자신의 약점을 지적받았을 때 겸허하게 수용하고 시정할 수 있는 사람은 많지 않은 것이 사실이다. 남에게 권면할 때에도 상대의 자존심을 건드리지 않으면서 권면하기 위해서는 연습이 필요하다.

> 데살로니가전서 5:11 그러므로 피차 권면하고 서로 덕을 세우기를 너희가 하는 것 같이 하라.

사람은 연약하기에 교회 안에서조차 서로에게 상처를 주기도 하고 받기도 하며 살고 있다. 한 분이신 하나님을 믿는 사람들이 모이면 예수님이 그 가운데 계신다고 하셨고, 그러면 그곳이 바로 지상에서의 천국이라고 하였다. 그러나 실제로는 어느 교회이든 교인들 간의 갈등이 있고 어떤 교회는 다툼이 지나쳐서 천국이라고 하기에는 거리가 멀어 보이기도 한다. 그러나 우리의 상함과 약함 속에 복음의 역사가 일어난다. 우리 한 사람 한 사람이 하나님과의 관계를 바르게 가질 때 놀라운 치유의 역사가 일어나는 것이다. 하나님과 나의 정상적인 관계를 통해서 나와 다른 사람의 관계도 정상화 되는 것이다. 성경에서 예수님은 분명히 말씀하셨다 "나는 잃어버린 양을 찾으러 왔다"고(마 15:24). 우리가 가장 약한 위치에 있을 때 예수님은 우리를 만나주신다. 하나님은 교회를 위해서 나를 지으신 것이 아니라 나에게 교회를 선물로 주셨다. 하나님은 공동체를 통해서 나를 보다 경건하게 만들어 가신다.

> **마태복음 15:24** 예수께서 대답하여 이르시되 나는 이스라엘 집의 잃어버린 양 외에는 다른 데로 보내심을 받지 아니하였노라 하신니.

만일 성경말씀 속에 파묻혀 세상과 분리되어 산다면 신앙적으로 보다 훌륭한 기독교인이 될 수 있지 않을까 생각할 수도 있다. 때로는 멀리 떨어진 산속이나 농장에 가서 자연을 즐기며 하나님과 함께 평화롭게 살면 좋겠다는 생각이 들기도 한다. 성경을 읽는 일은 물론 중요하고 때로는 혼자 있는 것도 중요하지만, 하나님은 우리에게 서로 권면하며 서로를 양육하라고 공동체를 주셨다. 이 세상에 교회와 같은 것은 또 없다. 교회가 건강하면 우리를 변화시켜 경건하게 하고 교회가 깨어지면 모두가 큰 아픔을 겪게 된다.

많은 사람들이 자신은 기독교인이라고 하지만 일주일에 한 번 교회에 가서 예배드리는 것만으로 기독교인으로서의 할 일을 다 했다고 생각한다. 그러나 그것만으로는 진정한 기독교인이라 할 수 없다. 온전한 기독교인이라면 그 자신이 교회(그리스도의 몸)의 일부가 되어야 한다. 믿음

안에서 형제 자매된 자들과의 교제를 통해서 서로 권면하며 양육하고 서로 사랑하고 아끼는 가운데 이 땅 위에서의 천국을 경험해야 할 것이다. 우리 각자는 서로에게 선물이다. 김 집사, 이 집사는 모두 나에게 귀한 사람이며 하나님이 나에게 주신 선물인 것이다. 그리고 우리는 서로가 서로에게 속한 자들이다. 이러한 우리가 하나가 되어 그리스도의 몸이 되는 것이다. 바울은 이러한 교회를 그리스도의 몸이라고 정의한 것이다.

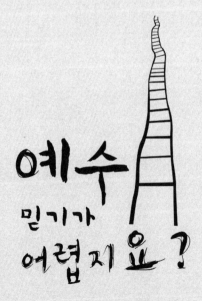

예수
믿기가
어렵지요?

교회생활
감사하는 삶

　흔히 사람들은 사람답지 못한 행동을 하는 사람을 보고 '짐승 같은 사람' 또는 '짐승만도 못한 사람'이라고 한다. 특히 은혜를 모르고 의리가 없는 사람, 은혜를 악으로 갚는 사람을 '짐승만도 못한 사람'이라고 한다. 이 말의 뒤에는 '사람은 짐승보다 낫다'는 일반적인 전제가 깔려 있다. 사람은 당연히 짐승보다 나아야 하는데 짐승 같거나 짐승보다 못하다는 것은 사람에게는 상당히 모욕적인 말이다.

　그러나 곰곰이 생각해 보면 '과연 사람은 짐승보다 나을까?' 하는 의문이 생긴다. 사람들 중에는 남으로부터 도움을 받고도 감사할 줄 모르고 의리도 없고 은혜를 원수로 갚는 사람이 많다. 그러나 짐승들 중에는 그런 짐승은 없는 것 같다. 집에서 기르는 개는 주인이 아무리 소홀하게 하거나 때로는 학대를 하더라도 개는 한결같이 주인을 따른다. 주인을 배신하는 개는 없다.

　서부 영화를 보면 사람들은 말을 마치 오늘날의 자동차처럼 이용한다. 말도 동물이므로 피곤할 때도 있을 것이고 사람이 오른쪽으로 가자고 할 때 자기는 왼쪽으로 가고 싶을 때도 있지 않을까 싶다. 그러나 말은 언제나 아무 말 없이 마치 기계인 자동차처럼 타는 사람이 조정하는 대로 충실하게 움직인다. 그야말로 절대 순종이다. 어떤 인간이 하나님이나 다른 인간에게 이처럼 순종할 수 있겠는가?

그런 맥락에서 사람에게 짐승 같다고 하는 것은 사실은 모욕이 아니라 오히려 칭찬이 되지 않을까? 만약 짐승들이 사람들의 말을 다 알아 듣는다면 그릇된 행동을 하는 사람을 보고 '짐승 같은 사람'이라고 할 때 오히려 짐승들이 모욕을 느껴야 하지 않을까 싶다. 만일 짐승들끼리 서로 말을 한다면 잘못된 행동을 하는 짐승에게 '사람 같은 짐승'이라고 하면 오히려 모욕이 되지 않을까 싶다.

사람과 짐승의 차이는 무엇인가? 짐승들에게는 자유의지가 없다. 단지 본능대로 행동할 뿐이다. 약은 사람들이 짐승들의 본능을 연구하고 이것을 잘 이용해서 사람에게 순종하도록 만드는 것이지 짐승이 스스로 판단해서 순종하는 것이 아니다. 짐승들의 본능에는 배신이란 단어는 없다. 그러나 하나님이 모든 피조물 가운데 사람만은 하나님의 형상대로 지으시고 자유의지를 주셨다. 사람은 스스로 생각하고 판단해서 자신의 행동을 결정한다. 그렇기 때문에 사람들은 스스로 판단해서 자신을 창조하시고 죄에서 구원해 주신 하나님께 감사하며 순종해야 하는 것이다. 하나님은 사람이 동물처럼 본능적으로 또는 맹목적으로 순종하는 것을 바라지 않으신다. 스스로 생각해서 하나님을 사랑하고 순종해야 할 이유가 있기 때문에 자신의 의지에 의해서 순종하는 것을 원하신다.

만일 어떤 사람이 자신의 의지와 관계없이 또는 의지에 반해서 복종

한다면 그것은 순종(順從)이 아니라 굴종(屈從)이고, 그 사람은 노예에 불과하다. 그런데 인간의 악한 죄성으로 인해서 자기 생각에 의리를 지키는 것보다 안 지키는 것이 자기에게 이익이 된다고 판단할 때 배신도 서슴치 않는 것이다.

그럼에도 사람을 짐승과 구별하고 사람답게 하는 것은 사람은 사랑을 할 수 있고, 감사하는 마음을 가질 수 있다는 것이다. 본능이 지시하는 대로 행동하는 짐승은 본능에 의해서 순종은 하지만 감사할 줄은 모른다. 옛날 얘기에는 사자의 발에 박힌 가시를 뽑아 준 사람이 위기에 처했을 때 그 사자가 그 사람을 알아보고 은혜를 갚는다는 얘기도 있지만 그것은 전설일 뿐이지 사실은 아니다. 인격체로서 자유의지를 가진 사람만이 자기가 받은 은혜에 대해서 감사할 줄 알도록 창조된 것이다. 그런데 은혜에 대해서 감사할 줄 모르는 사람이 있다면 그 사람은 사람과 짐승을 구별하는 특징이 없으므로 사람이라 하기에는 결격사유가 있는 것이다. 그러니 그런 사람을 짐승같은 사람이라 하는 것이다.

누가복음 17:11-19에는 예수님이 열 사람의 나병환자를 고쳐 주신 사건이 기록되어 있다. 예수님께서 예루살렘으로 가시는 도중에 한 촌에 들어가셨는데 이때 나병환자 열 명이 예수님을 보고 멀리 서서 "예수 선생님이여 우리를 불쌍히 여기소서"라고 외쳤다. 당시에 나병에 걸린 사람은 부정한 것으로 간주되었고 일반 사람들과는 격리되어 살아야 했다. 그들은 가족을 포함한 사회로부터 버림받은 사람들이었다. 그런데 그들은 예수님이 각종 병을 고치신다는 소문을 듣고 자기들의 나병도 예수님은 고치실 수 있다고 생각하고 찾아 왔으나 사람들에게 둘러싸여 계시는 예수님께 감히 가까이 다가가지는 못하고 멀리 서서 외쳤다.

예수님은 이들을 보시고 "가서 제사장들에게 너희 몸을 보이라"고만 하셨다. 구약의 레위기 13장과 14장에는 나병이 발병했을 때 진단하는 요령과 나병환자가 다시 정결케 되는 규례가 상세히 정해져 있다. 환자들은 제사장에게 가서 몸을 보여야 했고 제사장이 진단해서 규례대로 조치하도록 되어 있었다. 제사장이 그들의 몸을 검사해서 나병이 치유되었다고 판단되어도 얼마동안은 격리된 채로 지내고 나서 완전히 나았음이 최종 확인되면 가족과 사회로 돌아갈 수 있었다.

누가복음 17:11-19의 본문에 의하면 예수님은 이들의 나병을 낫게 하시기 위해서 그들에게 손을 대시거나 눈에 보이는 어떤 일도 하시지 않으셨다. 또는 그들의 병을 낫게 해주겠다거나 이미 나았다거나 하는 말씀도 없이 단지 "가서 제사장들에게 너희 몸을 보이라"고만 하셨다.

레위기의 규례대로 제사장에게 몸을 보이고 나병이 나았음을 확인받으라는 말씀이다. 그런데 그들은 예수님의 그 말씀만 듣고 가는 도중에 자기들의 몸이 깨끗하게 나은 것을 발견하였다.

그 중에 하나가 자기의 나은 것을 보고 큰 소리로 하나님께 영광을 돌리며 돌아와 예수님의 발 아래 엎드려 감사하였는데 그는 사마리아인이었다. 예수님께 감사의 뜻을 표한 사람이 사마리아인이었다는 것을 밝힌 것으로 보아 다른 아홉 사람들은 모두 또는 대부분이 유대인이었을 것이라고 짐작할 수 있다. 당시의 유대인들은 자기들만이 택하심을 받은 백성이라는 선민사상(選民思想)이 강해서 혼혈인들인 사마리아인들을 개처럼 취급하고 상종을 하지 않았다. 건강한 사람들이라면 유대인과 사마리아인이 함께 다니는 일은 없었을 것이다. 그러나 이들은 모두 나병에 걸려서 자기들이 속한 사회로부터 소외되어 있는 상황이었으므로 그들에게는 유대인과 사마리아인의 차이보다는 같은 나병환자라는 일체감이 더 크게 느껴질 수 있는 처지였으리라 짐작된다. 아마도 그래서 그들은 함께 섞여서 다녔을 것이다.

열 사람의 나병환자들이 나음을 받았으나 이 사마리아인 한 사람만 예수님께 감사의 인사를 하러 돌아온 것이다. 나머지 아홉 사람은 돌아오지 않았다. 나병에 걸렸다가 나았다는 것은 그들에게 얼마나 큰 감격이며 은혜였을까? 단지 감기 정도에 걸렸다가 나은 것과는 비교가 되지 않을 것이다. 그것은 아마도 죽었다가 살아난 것만큼이나 큰 기쁨이었을 것이다. 이만큼 큰 은혜를 입었으면 감사하는 것은 당연한 일이다.

그러나 그들은 아마도 너무나 기쁜 나머지 빨리 제사장에게 가서 확인을 받고 사랑하는 가족들을 만나야겠다는 생각에 정신이 없어서 예수님께 감사하는 것을 잊었을지도 모른다. 혹은 예수님이 자기들에게 치료라고 생각될 만한 어떤 행위도 해주시지 않고 다만 "가서 제사장들에게 너희 몸을 보이라"고만 하셨기 때문에 그들은 예수님이 병을 낫게 해주신 것이 아니고 저절로 나았다고 생각했을까? 아무튼 아브라함의 자손인 자기들만이 하나님의 택하신 백성이라는 자부심이 강했던 유대인들은 나병으로부터 나음을 받은 이 놀라운 은혜를 입고도 감사하지 않았다. 그런데 유대인들이 그토록 멸시하는 사마리아인이 감사를 표하기 위해 돌아 왔다는 사실이 아이러니컬하다.

예수님도 이 사실을 지적하셨다. "열 사람이 다 깨끗함을 받지 아니하였느냐 그 아홉은 어디 있느냐 이 이방인 외에는 하나님께 영광을 돌리러 돌아온 자가 없느냐"(눅 17:18-19)고 말씀하셨다. 이 말씀은 둘러 있는 제자들과 군중을 향해서 교훈적으로 하신 말씀일 것이다.

이 간단한 말씀에 내포된 의미를 생각해 볼 필요가 있다. 예수님은 당신에게 감사하러 온 사람을 지칭하여 '하나님께 영광을 돌리러 돌아온 자'라고 하셨다. 이 말씀은 당신 자신이 바로 하나님이고 하나님의 능력으로 나병을 낫게 하셨다는 의미를 내포하고 있다. 여기에서만이 아니라 4복음서의 여러 곳에서 예수님은 기회가 있을 때마다 당신이 어떤 분이라는 것을 나타내셨다. 그럼에도 당시의 종교지도자들은 예수님을 믿지 않고 오히려 '참람하다' 즉 신성모독이라고 송사하고 배척했던 것이다.

그리고 예수님의 "그 아홉은 어디 있느냐"는 말씀은 감사할 줄 모르는 아홉 사람의 잘못을 지적하신 것이다. 그러시면서 사례하기 위해 돌아 온 사마리아인에게는 "네 믿음이 너를 구원 하였느니라"고 하셨다.

예수님은 이 사마리아인이 행한 감사의 표시를 그의 믿음과 연결시키셨다. 여기에서 우리가 잘 묵상해 보면 감사하는 마음은 믿음에서 나온다는 사실을 알 수 있다. 그리고 "네 믿음이 너를 구원하였다"는 예수님의 말씀은 돌려서 이해하면 돌아오지 않은 아홉 사람은 구원 받지 못했다는 뜻으로 해석할 수 있다. 이때 예수님이 말씀하시는 '구원'은 단순히 병이 낫는 것을 의미하는 것이 아님이 분명하다. 보다 근본적이고 영적인, 즉 전인적인 구원을 의미하는 것이다. 나병으로부터 나음을 받기는 열 사람이 모두 받았다. 그러나 병 나음에 대해 감사할 줄 아는 사람은 믿음이 있는 사람이라는 것이 확인된 것이다. 그는 믿음으로 병 고침만이 아니라 영적인 구원을 받은 것이다. 그러나 다른 아홉 사람은 감사의 뜻을 표하는 행위로 나타날 만큼의 믿음이 없었던 것이다. 그들은 병 고침의 은혜는 받았으나 믿음이 없었으므로 전인적인 구원에 이르지는 못하였던 것이다.

오늘날에도 어느 목사님 혹은 어느 기도원에 가면 어느 분이 치유의 은사가 있다고 해서 많은 병자들이 찾는다는 얘기를 종종 듣는다. 그런 말에 너무 휘둘리는 것은 올바른 신앙인의 자세가 아니라고 생각되지만 그렇다고 잘 알지도 못하면서 이들에 대해서 부정적으로 말할 수는 없다. 그러나 모든 것을 다 인정해서 실제로 치유가 이루어진다고 하더라도 잘 생각해야 할 것은 믿음이 없이도 치유를 받을 수는 있다는 것이다. 그리고 치유의 능력을 행사하는 사람이라고 해서 다 그 능력을 성령께서 주신 것이라고 믿을 수도 없다. 그러한 사람에게 가서 안수 받고 설사 치유가 되더라도 그것이 영적인 구원을 의미하는 것은 아니다. 육신의 병은 고침을 받았더라도 영적으로는 구원에 이르지 못할 수가 있다는 것이다. 복음서에 의하면 예수님은 많은 사람들의 병을 고쳐주셨지만 많은 경우에 그 사실을 다른 사람들에게 말하지 말라고 당부하셨다. 사람들이 영적인 구원보다는 육신의 병을 고치는 데에만 많은 관심을 가지는 것은 예수님의 뜻이 아니었기 때문이다.

단지 신체적인 병의 치유나 일시적인 문제의 해결을 위해서 하나님께 매달리는 것만으로는 참 믿음이라 할 수 없다. 그렇다고 해서 일시적인 문제의 해결을 위해서 하나님께 기도하지 말라는 것은 아니다. 우리는 그러한 일에도 하나님께 의지해야 한다. 그러나 그것이 전부가 아니라는 말이다. 참 믿음이란 전인격적인 치유와 영원한 구원을 갈망하는 것이다.

우리는 어디까지나 성경말씀에 기초한 올바른 믿음으로만 참 구원에 이를 수 있다. 그러나 우리에게 믿음이 있다면 행함으로 나타나야 한다. 야고보서에서는 "영혼 없는 몸이 죽은 것 같이 행함이 없는 믿음은 죽은 것이니라"(약 2:26)고 하였다. 기독교인으로서 우리가 행하는 모든 선행은 감사하는 마음에서부터 시작된다. 만일 어떤 사람이 감사하는 마음은 없는데 하나님을 믿는 믿음이 있다고 한다면 그것이 가능하겠는가? 결코 그럴 수 없다. 올바른 믿음을 가진 사람이라면 마땅히 감사할 줄 알아야 한다.

감사는 믿음의 기초라고 해도 틀린 말이 아니다. 따라서 성경에는 여러 곳에서 감사하라고 가르치고 있다. 너무 많아서 다 열거할 수는 없지만 한 절만 소개하겠다.

> 데살로니가전서 5:18 범사에 감사하라 이것이 그리스도 예수 안에서 너희를 향하신 하나님의 뜻이니라.

사도 바울은 범사에 감사하는 것이 우리를 향한 하나님의 뜻이라고 하였다. 우리는 의롭지도 못하고 누구를 사랑하는 데 매우 서툴지만 하나님이 우리를 먼저 사랑하셨기 때문에 우리는 하나님으로부터 받은 사랑에 감사함으로부터 시작해서 우리도 하나님을 사랑하고 그 사랑으로 이웃을 사랑하게 되는 것이다.

믿지 않는 사람도 선행을 할 수는 있다. 어려운 사람을 보면 긍휼을 베풀기도 한다. 실제로 우리 주변에 그런 사람은 많다. 그러나 믿지 않는 사람의 선행은 자기의 의에서 비롯된 것이기 때문에 교만해지기 쉽다. 이에 비해서 믿음을 가진 사람은 먼저 하나님으로부터 받은 은혜에 대한 감사에서 비롯된 선행이므로 자랑할 것이 없다. 하나님으로부터 받은 은혜의 빚을 갚는 것이므로 자랑할 것이 못 된다는 것이다. 따라서 겸손할 수 있다. 하나님은 바로 이러한 겸손한 믿음을 기쁘게 받으시며 천국이 바로 그들의 것이라고 하셨다.

감사할 마음이 없는 사람에게는 감사할 이유가 없다. 그러나 감사할 마음이 있어서 감사할 이유를 찾으면 얼마든지 있는 것이 또한 사실이다. 복음성가인 "날 구원하신 주 감사"라는 곡의 가사 중에는 응답하신 기도에 감사하고 거절하신 것도 감사하다고 한다. 길가에 장미꽃도 감사하고 장미 가시도 감사하다고 한다. 곰곰이 생각해 보면 나에게 호흡을 주시고 하루하루의 시간을 허락하신 것도 감사하고 오늘 아침에 해가 멎지 않고 뜨게 해 주신 것도 감사한 일이 아닌가.

그런데 하나님께는 뜨겁게 감사한 마음을 가지고 있고, 예배 열심히 드리고 헌금도 많이 하고 교회에서 누구보다도 많은 봉사를 하는데 다른 사람들과의 관계가 원만하지 못한 사람들이 있다. 하나님과의 관계가 중요하지 죄인들에 불과한 사람들과의 관계는 아무래도 상관없다고 생각하기 때문인지도 모르겠다. 그러나 만일 그렇다면 매우 잘못 생각하는 것이다.

어떤 사람은 다른 사람으로부터 도움을 받았는데 그 일을 곰곰이 생각해보니 거기에서 하나님의 섭리를 발견했다고 한다. 하나님의 계획을 이루시기 위해서 그 사람을 통해서 자기에게 도움을 주셨음을 깨닫고 하나님께 감사기도를 드렸다고 한다. 그리고 정작 자기에게 도움을 준 사람에게는 감사인사를 하는 것을 잊고 지냈다고 한다. 우연한 기회에 그 도움을 준 사람을 만났는데 그 일에 대해 감사의 뜻을 표하지 않은데 대해 서운해 하자 말하기를 "하나님께 감사했고 당신에게는 하나님이 복을 주시지 않겠느냐"고 얘기했다고 한다. 그럴 듯하게 들릴지 모르지만 이것은 궤변이다.

예수님은 지극히 작은 자 가운데 하나에게 한 것이 나에게 한 것이라고 하셨다. 우리가 이웃을 사랑하는 것이 하나님을 사랑하는 것이고 이웃에게 감사하는 것이 하나님께 감사하는 것이다. 이 사람의 경우에는 자기를 도와준 사람에게 감사하는 것이 바로 하나님께 감사하는 것이 될 것이다. 사람에게 감사하지 않으면서 어떻게 하나님께만 감사할 수 있는지, 그 감사가 과연 하나님께 전달되겠는지 의심스럽다. 우리는 하나님의 은혜에 감사해야 하지만 세상에서 많은 사람들과 서로 접촉하면서 살고 있다. 때로는 다른 사람에게 도움을 주기도 하고 도움을 받기도 한다. 우리는 사람들과의 관계에 있어서도 항상 감사를 표현하며 살아야 한다. 하나님은 우리에게 은혜를 베푸실 때 대개의 경우 다른 사람을 통해서 베푸신다. 따라서 우리는 하나님께 감사할 때 은혜를 전해준 사람에게도 감사해야 할 것이다. 사람들에게 하는 감사가 바로 하나님께 드리는 감사인 것이다.

여기에서 '감사'라는 단어 대신 '사랑'이라는 단어를 사용해도 같은 뜻이 성립될 것이다.

> 요한일서 4:20 누구든지 하나님을 사랑하노라 하고 그 형제를 미워하면 이는 거짓말하는 자니 보는 바 그 형제를 사랑하지 아니하는 자는 보지 못하는 바 하나님을 사랑할 수 없느니라.

우리는 형제사랑을 통해서 하나님을 사랑하는 것이다.

사랑과 감사에 대해서 생각하는 김에 '용서'라는 단어에 대해서도 생각해 본다. 우리는 완전하지 못한 인간이기 때문에 알게 모르게 실수도 하고 하나님과 사람에게 잘못을 저지르면서 산다. 하나님은 우리가 저지른 죄의 값을 예수님이 대신 지심으로써 우리를 용서하셨다. 그리고 우리에게도 서로 용서하라고 하셨다. 그러나 우리가 다른 사람을 용서한다는 것이 얼마나 어려운 일인지 모른다. 그런데 우리가 저지른 죄로 인해서 다른 사람이 상처를 입고 괴로워하는데 하나님께 고백하고 회개하면 다 용서되는가? 한번 생각해 볼 일이다.

예수님은 마태복음에서 "예물을 제단에 드리려다가 거기서 네 형제에게 원망들을 만한 일이 있는 것이 생각나거든 예물을 제단 앞에 두고 먼저 가서 형제와 화목하고 그 후에 와서 예물을 드리라(마 5:23-24)"고 하셨다. 나의 행위로 인해서 피해를 입은 사람이 있으면 그 사람에게 먼저 용서를 빌고 화해를 하는 것이 순서이다. 그렇게 하지 않고 피해자는 받은 상처로 인해 고통을 받고 있는데 하나님께 기도한다고 해서 모든 것이 다 용서받았다고 생각하는 것은 성경의 말씀에 어긋나는 것이다.

피해자에게 사죄하고 용서를 구한다고 해서 피해자가 시원스럽게 용서해준다는 보장은 없다. 그렇다고 해서 쉽게 용서해주지 않는 피해자를 원망한다면 그것도 진정으로 용서를 구하는 태도라고 할 수 없다. 흔히 우리 주위에서 많이 볼 수 있는 현상이다. 사과를 했어도 받아주지 않으면 오히려 화를 내는 경우도 있다. 반대로 다른 사람으로 인해서 내가 피해를 입었을 때 용서하기가 얼마나 어려운가를 생각하면 쉽게 용서하지 못하는 피해자의 마음도 이해해야 할 것이다. 그런 경우에 계속해서 진정한 사죄로 용서를 구하는 것이 당연하고 최선을 다해서 용서를 구했지만 용서 받지 못했을 때에는 하나님이 용서하실 것이라 믿는다.

우리가 올바른 믿음의 생활을 한다는 것은 하나님과의 바른 관계의 정립인데 이를 위해서는 하나님의 은혜에 감사하는 마음으로 하나님을 사랑하고 그렇게 했을 때 하나님은 나의 죄를 용서해 주신다. 그런데 하나님과의 바른 관계를 정립하기 위해서는 주위 사람들과의 관계가 원만하도록 노력해야 한다. 하나님은 하나님의 뜻을 내 주위의 사람들을 통해서 나타내시기 때문이다. 하나님께 감사한 마음이 있으면 사람에게 감사의 표현을 해야 할 것이고 하나님을 사랑한다면 그 사랑이 형제 사랑으로 나타나야 할 것이다.

교회생활
실천하는 사랑 – 선한 사마리아인의 비유

　누가복음 10:25-37의 말씀은 선한 사마리아인의 비유라고 불리우며 많이 알려진 예수님의 가르침이다. 이 비유의 주제는 어려움에 처한 사람을 보면 도와주고 자선을 베풀어야 한다는 가르침이다. 그러나 자세히 보면 그 이상의 의미를 내포하고 있다. 하나님은 모든 인류를 사랑하시고 우리에게는 하나님을 사랑하고 네 이웃을 제 몸과 같이 사랑하라고 명령하셨다. 우리는 이웃을 사랑함으로써 사실은 하나님께 대한 사랑을 표현하는 것이다.

　먼저 본문의 내용을 살펴보자. 어떤 율법교사가 예수님을 시험하기 위해서 "선생님 내가 무엇을 하여야 영생을 얻으리이까?"라고 물었다. 율법교사라는 사람들은 율법(즉, 성경)에 대해서 전문가들이었다. 그들은 성경에 대해서는 누구보다도 잘 알고 있고 백성들을 가르치는 사람들이었다. 그러나 그는 예수님이 하나님의 아들이신 것을 믿고 정말로 율법에 대해서 더욱 깊이 알기 위해서 질문한 것이 아니고 예수님을 시험하기 위해서 물었다. 예수님의 대답에 따라서는 꼬투리를 잡을 생각으로 질문한 것이다.

예수님은 "율법에 무엇이라 기록되었으며 네가 어떻게 읽느냐?"라고 반문하신다. 그러자 이 율법교사는 성경에 있는 대로 "네 마음을 다하며 목숨을 다하며 힘을 다하며 뜻을 다하여 주 너의 하나님을 사랑하고 또한 네 이웃을 네 자신 같이 사랑하라 하였나이다"라고 대답하였다. 예수님은 "네 대답이 옳도다 이를 행하라 그러면 살리라"고 하셨다.

이 대화에서 예수님의 능숙한 화술을 엿볼 수 있다. 율법교사의 질문에 대해서 직접 대답하지 않으시고 오히려 반문하심으로써 율법교사가 자신의 질문에 스스로 대답하게 하신 것은 매우 고차원적인 대화 기법인 것이다.

율법교사는 자기를 옳게 보이기 위해서 "그러면 내 이웃이 누구니이까?"라고 다시 질문한다. 그러자 예수님은 한 비유를 들어 말씀하신다.

어떤 사람이 예루살렘에서 여리고로 내려가다가 강도를 만났다. 강도들이 그가 가진 물건들을 뺏고 그 옷을 벗기고 때려 거의 죽게 된 것을 버리고 갔다. 그 후 마침 한 제사장이 그 길로 내려가다가 그를 보았지만 못 본체 피하여 지나가고, 또 한 레위인도 마찬가지로 그를 보고 피하여 지나갔다. 그러나 어떤 사마리아인은 여행하는 중에 거기 이르러 그를 보고 불쌍히 여겨서 가까이 가서 기름과 포도주를 그 상처에 붓고 싸매고 자기 짐승에 태워 주막으로 데리고 가서 돌보아 주고 이튿날에는 주막 주인에게 데나리온 둘을 주며 "이 사람을 돌보아 주라 비용이 더 들면 내가 돌아올 때에 갚겠다"고 하였다.

예수님은 율법교사에게 이런 비유의 말씀을 하시고 나서 "네 생각에는 이 세 사람 중에 누가 강도 만난 자의 이웃이 되겠느냐?"고 물으셨다. 그 율법교사는 "자비를 베푼 자니이다"라고 대답하였고 예수님은 "가서 너도 이와 같이 하라"고 하셨다. 이때에도 역시 예수님은 이 세 사람 중에 누구의 행위가 옳은지를 율법교사에게 판단하도록 하셨다.

비유란 실제로 있었던 사실을 소개하는 것은 아니다. 예수님이 말씀하시고자 하는 것을 이해하기 쉽도록 하기 위해 이야기를 만들어서 빗대어 설명하는 것이다. 그렇다면 이 비유에서 예수님이 말씀하시고자 하는 것은 무엇일까?

율법교사는 예수님께 어떻게 해야 영생을 얻겠는가를 물었다. 예수님은 구약의 모든 율법을 마태복음 22:37-40에서 다음과 같이 요약하셨다.

> 마태복음 22:37-40 37네 마음을 다하고 목숨을 다하고 뜻을 다하여 주 너의 하나님을 사랑하라 하셨으니 38이것이 크고 첫째 되는 계명이요 39둘째도 그와 같으니 네 이웃을 네 자신 같이 사랑하라 하셨으니 40이 두 계명이 온 율법과 선지자의 강령이니라.

즉, 구약의 모든 율법을 압축하면 첫째, 하나님을 사랑하고 둘째, 이웃을 사랑하는 것이다. 예수님이 "율법에 무엇이라 기록되었으며 네가 어떻게 읽느냐?"라고 반문하셨을 때 이 율법교사도 같은 대답을 하였다. 이 두 가지 계명이야말로 성경 전체에서 가르치는 핵심사항이다.

그런데 그 다음에 율법교사가 "내 이웃이 누구입니까?"라고 물었을 때 예수님이 말씀하신 비유는 사랑이란 단순히 감정적인 것이 아니고 남의 유익을 위해서 행동하는 것이라는 것을 말하고 있다.

> 야고보서 2:16 너희 중에 누구든지 그에게 이르되 평안히 가라, 덥게 하라, 배부르게 하라 하며 그 몸에 쓸 것을 주지 아니하면 무슨 유익이 있으리요.

말로만 관심을 보이는 것이 아니라 실제로 필요한 사람에게 도움을 주는 행동을 요구하는 것이다.

흔히 사람들은 사랑이란 누군가를 좋아하는 감정이라고 생각하는 경향이 있다. 물론 사랑에는 감정이 중요한 요소임에는 틀림없다. 그러나 그것이 전부가 아니라는 것을 하나님은 "사랑하라"고 명령하신다는 사실로 알 수 있다. 감정은 명령할 수 없다. 예를 들면 '슬픔'은 감정이다. 그리고 이것은 명령의 대상이 아니다. '슬퍼라'하고 명령한다고 해서 슬퍼지지 않기 때문이다. 하나님이 "사랑하라"고 명령하시는 것은 사랑이란 감정적인 요소 외에 의지적인 요소가 있다는 것을 의미한다.

감정적으로는 사랑스럽지 않더라도 의지로 사랑하라는 뜻이다. 예수님은 심지어 "원수를 사랑하라"고 명령하신다. 감정적으로 사랑스러운 원수는 있을 수 없다. 원수는 미운 것이다. "원수를 사랑하라"는 말씀은 감정적으로는 밉지만 그 미운 감정을 억누르고 의지로 사랑하려고 애를 쓰라는 의미이다. 억지로라도 상대를 위해서 유익한 일을 하는 것을 의미한다. 이 사마리아인은 강도 만난 사람을 전에는 만난 적도 없다. 따라서 그에게 특별한 감정적인 요소는 없었다고 보는 것이 타당하다. 그러나 곤경에 처한 그를 보는 순간 측은한 마음이 들어서 그를 돕는 것으로 사랑을 실천한 것이다.

그러한 사람이 우리의 이웃인 것이다. 예수님은 "이 세 사람 중에 누가 강도 만난 자의 이웃이 되겠느냐"고 물으셨고 율법교사는 "자비를 베푼 자니이다"라고 대답하였다. 자비를 베푼 자가 강도 만난 자의 이웃이면 강도 만난 자는 자비를 베푼 자의 이웃인 것이다. 궁극적으로 모든 사람이 우리의 이웃이지만 특히 곤경에 처한 사람, 즉 우리의 도움이 필요한 사람은 우리가 즉시 행동을 취해야 할 우리의 이웃인 것이다.

그리고 하나님을 사랑하는 것과 이웃을 사랑하는 것은 두 가지 계명인 것처럼 보인다. 그러나 예수님은 마태복음 25:40에서 "너희가 여기 내 형제 중에 지극히 작은 자 하나에게 한 것이 곧 내게 한 것이니라"고 하셨다. 우리가 이웃에게 베푸는 어떠한 사랑도 그것은 바로 하나님을 사랑하는 것이 된다. 우리가 이웃을 사랑하는 것이 바로 하나님을 사랑하는 것이다. 하나님에 대한 사랑은 이웃에 대한 사랑에 의해서 표현된다. 따라서 하나님 사랑과 이웃 사랑은 궁극적으로 하나라고 볼 수 있다. 즉, 하나님을 사랑하고 이웃을 사랑하라는 말씀은 두 가지 계명처럼 들리지만 사실은 하나의 계명의 두 가지 측면을 말씀하신 것으로 볼 수도 있다.

우리 인간은 누구나 사랑을 실천하는 데 서투르다. 그러나 부족한 우리를 하나님이 먼저 사랑하셨다. 사도 바울은 로마서 5:8에서 이렇게 말하였다.

> 로마서 5:8 우리가 아직 죄인 되었을 때에 그리스도께서 우리를 위하여 죽으심으로 하나님께서 우리에 대한 자기의 사랑을 확증하셨느니라.

따라서 이 같은 사랑을 하나님으로부터 받은 우리 자녀들은 하나님을 사랑하는 것이 당연하고 하나님께 대한 사랑은 이웃 사랑으로 나타나야 되는 것이다. 사도 요한은 이렇게 말하였다.

> 요한일서 4:11, 20 [11]사랑하는 자들아 하나님이 이같이 우리를 사랑하셨은즉 우리도 서로 사랑하는 것이 마땅하도다 [20]누구든지 하나님을 사랑하노라 하고 그 형제를 미워하면 이는 거짓말하는 자니 보는 바 그 형제를 사랑하지 아니하는 자는 보지 못하는 바 하나님을 사랑할 수 없느니라.

지나가는 길에 강도 만난 사람을 보게 된 세 사람을 비교해 보자. 제사장은 백성들의 지도자로 하나님과 백성들의 사이에서 중간역할을 하는 사람들이었다. 백성들을 대신해서 하나님께 제사 드리는 일을 수행하는 사람이었다. 당시에는 레위인들만이 제사장이 될 수 있었으므로 처음 지나간 사람도 레위인이었겠지만 그 후에 또 한 레위인이 지나가게 되었다. 이 레위인은 하나님을 위해 성전에서 봉사하는 일을 담당하는 사람이었을 것이다. 이들은 아마도 성전에서 일을 마치고 집으로 돌아가는 길이었을지 모른다. 이들은 보통의 백성들보다는 더 하나님께 직접 봉사하는 직분으로 이들은 신앙이나 삶에 있어서 다른 백성에게 모범을 보여야 할 만한 신분이었으며 곤경에 처한 사람을 보면 누구보다도 먼저 자비를 베풀어야 했을 사람들이었다. 그러나 그들은 강도 만난 사람을 보았으나 못 본 체하고 지나갔다.

반면에 사마리아인은 어떤 사람인가? 하나의 왕국이었던 이스라엘이 솔로몬 왕이 죽은 후, 북왕국 이스라엘과 남왕국 유다로 나뉘었는데 북

쪽의 사마리아 땅을 차지하고 있던 이스라엘이 먼저 앗수르에게 멸망하자 앗수르는 이스라엘 백성들 중 많은 사람들을 다른 곳으로 이주시키고 대신 다른 지역의 사람들을 사마리아로 이주시켜 남아 있는 이스라엘 사람들과 섞여 살게 하였다. 따라서 원래의 이스라엘 사람들과 새로 이주해 온 이방인들 사이에 결혼을 하면서 이들의 혈통이 섞이게 되어 혼혈 족속이 만들어지게 되었는데 이들이 바로 사마리아인들이다.

이들에게는 이방의 문화의 영향을 받아 우상숭배가 성행하였다. 이에 비해 남쪽 유다의 사람들은 원래의 혈통을 그대로 유지할 수 있었다. 혈통의 순수성을 중요시하는 남쪽의 유대인들은 혼혈인 사마리아인들을 같은 민족으로 생각하지 않았을 뿐 아니라 멸시하여 서로 상종조차 하지 않고 있었다. 그런데 유대인들이 멸시하는 사마리아인이 지나가다가 곤경에 처한 사람을 보고 최선을 다해 도와주며 사랑을 베풀었다.

예수님은 상황을 이렇게 설정을 하셨지만 그렇다고 해서 제사장들이나 레위인들은 모두 남의 어려움을 보고도 모른 체하는 사람들이라거나 사마리아인들은 모두 남에게 자비를 베푸는 사람들이라는 뜻은 결코 아니다. 그러나 백성의 지도자의 신분인 사람들이 베풀지 않은 자비를 사람들로부터 멸시를 당하는 사마리아인이 베푸는 것으로 상황을 설정하신 것에 주목할 필요가 있다.

하나님을 섬기는 일을 직업으로 하고 있는 사람들은 하나님의 말씀에 순종하지 않았고 오히려 하나님과는 거리가 멀고 멸시 당하는 사람이 하나님의 계명에 순종한 것이다. 예수님이 상황을 이렇게 설정하신 데에는 분명한 의도가 있다고 보아야 할 것이다.

사람을 외모로 판단하지 말라는 가르침을 극적으로 표현하신 것이다. 이 사회에서 지도자의 신분에 있는 사람이라고 해서 다 존경받을 만한 것도 아니고 존경받지 못하고 오히려 멸시 받는 사람이라도 그 마음에 따뜻한 사랑이 있을 수 있다는 사실을 말씀하시는 것이다. 우리가 사람의 사회적 신분으로 그 사람을 평가하는 것도 옳지 않고 나 자신의 사회적 신분이 어떠하든지 나의 처지에서 최선을 다해 사랑을 실천하고 하나님의 뜻에 순종하면 이 세상은 나를 알아주지 못하더라도 중심을 보시는 하나님은 나에게 큰 상을 주실 것이다.

당시의 유대인들은 자기들만이 하나님의 선택된 백성이라는 사상이 강해서 동족이 아니면 이웃이 아니라고 생각했다. 같은 동족이라 하더라도 세리들은 죄인으로 단정했고 사마리아인들을 포함해서 이방인들은 개로 취급하면서 멸시하고 이들과는 상종도 하지 않았다. 그러나 예수님은 제사장과 레위인이 베풀지 않은 자비를 사마리아인이 베푸는 비유를 통해서 그들의 이웃에 대한 개념을 자연스럽게 허물고 이들도 모두 그들의 이웃이라는 것을 분명히 가르치시는 것이다.

만일 예수님이 이것을 비유로 말씀하시지 않고 직설적으로 사람들에게 '사마리아인들도 너희들의 형제다'라고 말씀하셨다면 아마도 그들은 크게 저항했을 것이고 그것 때문에라도 예수님을 죽이려 하는 이유가 되었을 것이다. 그러나 예수님은 이런 비유를 들어서 율법교사 스스로 자비를 베푼 사마리아인이 이웃이라고 말하게 만들었다.

이것이 바로 기독교의 기본 정신이다. 하나님 앞에 모든 사람은 평등하다. 거기에는 남녀의 구별이나 인종의 차별이 있을 수 없다. 나이의 차이나 빈부의 차이나 사회적 신분의 차이가 문제되어서도 안 된다. 우리와 함께 살고 있는 타민족이라도 우리와 피부 색깔이 다르고 언어가 다르고 문화가 다르지만 그들도 우리의 이웃이며 하나님 안에서 형제이고 자매인 것이다. 우리는 그들과도 교제하며 사랑을 나누어야 한다.

예수님은 우리에게 "무엇이든지 남에게 대접을 받고자 하는 대로 너희도 남을 대접하라"고 하셨다(마 7:12). 그리고 이어서 "이것이 율법이요 선지자니라"고 말씀하심으로써 이것이 실천하는 사랑의 결론임을 밝히셨다. 우리도 언제 불의의 사건을 당해서 곤경에 처하게 될지 모른다. 그럴 때 내가 누구의 도움을 받기 원한다면 나도 평소에 주위의 곤경에 처한 사람을 도와 주어야 하는 것이다.

> **마태복음 7:12** 그러므로 무엇이든지 남에게 대접을 받고자 하는대로 너희도 남을 대접하라 이것이 율법이요 선지자니라.

우리의 주위에는 우리의 도움이 필요한 사람들이 항상 있다. 우리가 그들을 도와준다고 해서 세상에 가난한 사람들은 없어지지 않는다. 예수님도 가난한 자들은 항상 너희와 함께 있다고 하셨다(막 14:7).

그럼에도 성경은 우리에게 자비를 베풀라고 강조한다. 우리가 그들에게 도움을 주면 나는 손해를 보는 것처럼 보인다. 그런데 참 이상한 것은 남에게 도움을 주면 줄수록 나의 삶은 더욱 풍성해진다는 것이다. 사실 우리가 이웃에게 자비를 베풀면 그 이웃이 받는 도움보다 나에게는 더 큰 이익이 돌아온다는 사실을 나중에 깨닫게 되는 것이다. 이것이 바로 우리는 알 수 없는 하나님의 섭리인 것이다.

> **마가복음 14:7** 가난한 자들은 항상 너희와 함께 있으니 아무 때라도 원하는 대로 도울 수 있거니와 나는 너희와 항상 함께 있지 아니하리라.

교회생활
하나님 앞에 의로운 자

사람들은 세상을 살아가면서 여러 가지 면에서 남들을 의식하면서 살고 있다. 우리는 남에게 피해를 주지 않기 위해서 남을 의식할 필요가 있다. 그리고 이웃을 사랑하라는 예수님의 말씀을 실천하기 위해서는 이웃을 의식하며 배려하는 것이 필요한 일이다.

> **야고보서 2:16** 너희 중에 누구든지 그에게 이르되 평안히 가라, 덥게 하라, 배부르게 하라 하며 그 몸에 쓸 것을 주지 아니하면 무슨 유익이 있으리요.

우리가 이웃을 사랑한다 하면서 이웃이 아픈지, 식량이 떨어졌는지, 어떤 어려움에 처했는지에 대해서 관심을 가지지 않는다면 진정한 사랑이라고 할 수 없을 것이다. 이러한 면에서 우리가 남을 의식하고 배려하는 것은 중요하고 필요한 일이다.

그러나 우리는 바람직하지 않은 이유로 남을 의식하는 경우도 많다. 남이 어떤 집에서 살고 있는가, 가구는 얼마나 고급인가, 어떤 브랜드의 옷을 입고 있는가, 어떤 자동차를 타고 다니는가에 대해서 지나칠 정도의 관심을 가지고 있다. 때로는 자기보다 못하다고 깔보기도 하고, 때로는 자기가 가지지 못한 것을 가진 사람을 부러워하기도 하고 시기하기도 한다. 그래서 형편이 그다지 좋지 않은데도 무시당하지 않기 위해서 고급차를 타는 사람들도 있다. 사람들이 유행에 민감한 것도 같은 이유에서이다. 유행에 지난 옷을 입고 다니면 남들이 우습게 보지 않을까 염려해서 창피하게 생각한다. 많은 사람들이 실용성보다는 내가 다른 사람들에게 어떻게 보이는가에 대해서 더 많은 신경을 쓰는 것 같다.

심한 경우에는 자기보다 나은 형편에 있는 사람을 시기해서 중상모략하기까지도 한다. 이런 현상은 사람들이 자기의 정체성에 대한 자신이 없기 때문이라 생각된다. 자신의 정체성이 뚜렷하고 주관이 확실하다면 남들에게 신경 쓸 필요 없이 자기 소신대로 자기의 삶을 살아 갈 수 있을 텐데 그렇지 못하니까 항상 남을 의식하고 비교하면서 상대적인 자신의 위치를 확인하려고 하는 것이다. 우리가 정작 비교해야 할 대상은 성경말씀이다. 자기의 삶을 성경말씀에 비교해서 합당한가를 살피는 것이 올바른 태도인 것이다.

예수님은 비유를 통해서 많은 것을 가르치셨다. 누가복음 18:9-14에서 예수님은 바리새인과 세리의 예를 들어서 무엇이 '의'(義)이고 무엇이 교만인가를 설명하셨다. 이 이야기는 비교적 많이 알려진 비유 중의 하나이다. 바리새인과 세리 두 사람이 각각 기도하러 성전에 올라갔다. 바리새인은 성전에 당당하게 서서 "하나님이여 나는 다른 사람들 곧 토색, 불의, 간음을 하는 자들과 같지 아니하고 이 세리와도 같지 아니함을 감사하나이다"라고 기도하였다. 그러면서 "나는 이레에 두 번씩 금식하고 또 소득의 십일조를 드리나이다"라고 자랑하였다.

　이 바리새인의 기도내용을 보면 이레에 두 번씩 금식하고 또 소득의 십일조를 드린다고 한다. 어쩌다 한 끼만 굶어도 배가 고파서 참기 쉽지 않은데 매주 두 번씩 금식을 하는 것은 결코 쉬운 일은 아니다. 그리고 소득의 십일조를 꼬박꼬박 드리고 있다. 뿐만 아니라 토색, 불의, 간음 등 악행을 하지 않는다. 외형적으로 보아 그는 상당히 경건한 생활을 하고 있다.

　그러나 그의 기도 내용을 자세히 보면 이것은 기도가 아니고 자랑이라는 것을 알 수 있다. 말은 "감사하나이다"라고 하고 있지만 사실은 '나는 이렇게 경건한 생활을 하고 있습니다'라는 뜻의 자랑을 하고 있는 것이다. 당시의 바리새인들은 율법을 문자 그대로 철저히 지키려고 애를 썼고, 유대인들 사이에 종교적 지도자로 존경을 받고 있는 부류의 사람들이었다. 그들은 자신들의 그러한 행위를 통해서 스스로 의롭다고 생각했던 것이다.

　이에 비해서 당시의 세리들은 유대인들이 미워하는 로마를 위해서 세금을 거두는 일을 하는 사람들로 유대인들 사이에서는 이들은 죄인으로 규정되어 있었고 보통 사람들은 그들과 상종하는 것조차 기피하였다. 그러한 신분인 세리는 성전에서 기도하는 곳에 가까이 가지도 못하고 멀리 서서 감히 눈을 들어 하늘을 우러러 보지도 못하고 가슴을 치며 "하나님이여 불쌍히 여기소서. 나는 죄인이로소이다"라고 울부짖었다.

　우리 인간의 눈으로 볼 때 어떤 사람은 경건한 것처럼 보이지만 하나님의 눈으로 볼 때에는 모두가 다 그렇고 그런 죄인들일 뿐이다. 단지 자기가 죄인인 줄 아는 죄인과 자기가 죄인인 줄도 모르는 죄인이 있을 뿐이다. 바리새인처럼 자기가 죄인인 줄도 모르고 감히 하나님 앞에 나와서 '나는 이처럼 의롭습니다'라고 자랑하는 것은 하나님이 보시기에는 가소로운 일이다. 이처럼 자기 스스로를 의롭다고 생각하는 것을 자기의(自己義, self-righteousness)라고 한다. 이것은 바로 교만이고 하나님은 이런 자를 미워하신다. 바리새인은 하나님께 자신의 교만을 노출했을 뿐, 하나님으로부터 의롭다하심을 받지 못하였다. 오히려 세리는 자신이 죄인임을 고백하고 스스로 낮아졌으므로 하나님으로부터 의롭다하심을 받았다.

여기에서 바리새인이 하나님 앞에서 한 말 중에 눈에 띄는 대목이 있다. "나는 다른 사람들 곧 토색, 불의, 간음을 하는 자들과 같지 아니하고 이 세리와도 같지 아니함을 감사합니다"라는 말이다. 자기가 경건한 생활을 하기 때문에 스스로 의롭다고 자랑하는 것도 주제넘은 일이지만 이 바리새인은 자기를 다른 사람들, 특히 세리와 비교함으로써 자기의 의를 돋보이려고 한 것이다. 바리새인이 볼 때 이 세리는 너무나 형편없는 죄인으로 보였을 것이다. 그는 교만의 죄에 더해서 자기의 기준으로 남을 부당하게 정죄한 죄까지 범하고 있는 것이다. 우리는 이런 점을 주의해야 한다. 자기의 기준으로 남을 평가하고 멋대로 정죄해서는 안 된다. 그런데 우리는 무의식중에 이러한 잘못을 범하고 있다. 우리 모두는 자신도 모르는 가운데 마음속에 자기보다 못한 어떤 사람을 생각하며 적어도 저 사람보다는 내가 낫다고 생각함으로써 위안을 받고 있지는 않은지 주의해야 한다. 하나님이 보시기에는 오히려 그 사람을 나보다 의롭다 하실는지도 모른다.

믿음이란, 하나님과 나와의 올바른 관계이다. 여기에는 어느 누구도 개입할 수 없다. 누구와 비교할 수도 없고 비교해서도 안 된다. 창세기 4장에는 인류 최초의 살인사건이 기록되어 있다. 최초의 인간인 아담과 하와의 첫아들 가인이 그 동생 아벨을 죽인 것이다. 가인은 농사짓는 자였고 아벨은 양치는 자였다. 가인은 땅의 소산으로 제물을 하나님께 드렸고 아벨은 양의 첫 새끼와 그 기름으로 드렸는데 하나님이 아벨과 그 제물은 받으셨으나 가인과 그 제물은 받지 않으셨다.

하나님이 가인의 제물을 받지 않으신 이유에 대해서는 구체적인 설명이 없으나 가인이 분하여 안색이 변하니 하나님은 "네가 선을 행하면 어찌 낯을 들지 못하겠느냐 선을 행하지 아니하면 죄가 문에 엎드려있느니라"(창 4:7)고 하신 것으로 보아 가인은 행실이 옳지 않았고 하나님께 드리는 제물에도 정성이 담겨 있지 않았기 때문이라고 짐작된다. 그러나 가인은 자신의 잘못을 회개하지 않았고 오히려 그 아우 아벨을 쳐 죽였다.

아벨이 죽임을 당할 만큼 가인을 노엽게 했거나 피해를 주었다는 기록은 어느 곳에도 없다. 단지 가인은 하나님이 자신의 제물을 받지 않으셨다는 이유로 동생인 아벨에게 분풀이를 한 것이다. 왜 그랬을까? 만일 하나님이 아벨의 제물도 같이 받지 않으셨다면 그래도 아벨을 죽였을까? 아마도 그러지 않았을 것이다. 단지 자기의 제물은 받지 않으시고 아벨의 제물을 받으셨다는 것이 아벨을 죽인 이유인 것이다.

이때 하나님이 두 사람 중 한사람의 제물만을 받겠다고 하심으로써 두 사람을 경쟁시킨 것도 아니다. 아벨의 제물이 열납되고 안 되고는 가인의 제물의 열납 여부와는 아무 관계가 없었던 것이다. 두 사람의 제물에 다 정성이 담겨 있었고 하나님께 기쁨이 되었다면 하나님은 두 사람의 제물을 다 받으셨을 것이고 만일 그 반대였다면 두 사람의 제물을 다 받지 않으셨을 것이다. 단지 아벨의 제물은 받으시기에 합당하니까 받으셨고 가인의 제물은 그렇지 않으니까 받지 않으신 것이다.

가인은 자기의 제물이 열납되지 않았을 때 그 이유가 무엇인가, 자기에게 어떤 잘못이 있었는가를 살폈어야 했다. 그러나 그렇게 하지 않았고 오히려 자기의 제물은 열납되지 않았는데 동생의 제물이 열납되었다는 사실을 인정할 수 없었던 것이다. 오직 질투심 때문에 동생을 죽인 것이다. 사람의 질투심은 이토록 무서운 것이다. 아무리 그렇지만 질투 때문에 동생을 죽이기까지 할까 하는 생각도 든다. 그러나 우리 주변에서 일어나는 악한 일들을 보면 질투심은 이보다 더한 일이라도 저지를 정도로 무서운 것이라는 것을 깨닫게 된다. 어떤 사람은 물리적인 방법으로 사람의 생명을 끊기까지는 않더라도 온갖 사실이 아닌 거짓말을 퍼뜨려 모함해서 인격적인 살인을 저지르기도 한다.

성경에 기록된 사실만으로 추정하건대 아벨은 비교적 착한 성품을 가졌으리라고 생각된다. 그러나 아무리 착한 성품을 가진 아벨이라도 항상 착한 일만 했고 잘못을 저지른 적이 전혀 없다고 생각할 수는 없다. 반면에 가인은 성격이 과격하고 포학했으리라고 짐작된다. 그러나 아무리 그렇더라도 항상 악했고 착한 일을 한 번도 한 적이 없다고 가정할 수는 없다. 정도의 차이는 있었겠지만 두 사람 다 때로는 선을 행하기도 하고 때로는 악을 행하기도 했을 것이다. 하나님은 그러한 가인과 아벨을 모두 사랑하셨을 것이다. 그런 중에 두 사람이 올린 제물과 두 사람의 마음을 헤아려 보신 하나님은 아벨의 제물에는 정성이 담겨 있다고 판단되었기에 받으시고 가인의 제물에는 정성이 없고 불순한 마음이 드러났다고 판단되었기에 거절하셨을 것이다. 하나님은 결코 사람을 비교하시는 분이 아니시다. 뿐만 아니라 하나님은 아무것도 부족한 것이 없는 분이기 때문에 제물 자체를 놓고 어느 것이 다른 것보다 더 마음에 드는 것도 없을 것이다. 하나님은 가인의 제물과 아벨의 제물을 비교하시고 아벨의 제물이 가인의 제물보다 더 자기에게 필요한 것이라고 판단하신 것도 아니다.

이때 만일 가인이 하나님이 왜 자기의 제물은 열납하지 않으셨는가를 생각하고 반성하여 다시 정성껏 제물을 준비하였더라면 하나님은 가인을 용서하시고 두 번째 제물을 기쁘게 받으셨을 것이다. 그런데 가인은 자기와 아벨을 비교하였다. 자기와 아벨의 행위나 하나님께 제물을 드릴 때의 정성을 비교한 것이 아니라 결과만을 비교해서 하나님이 자기의 제물은 거절하셨는데 아벨의 제물은 받으셨다는 사실에 분노한 것이다. 이것은 자신과 하나님과의 온전한 관계가 정립되어 있지 않았기 때문이다. 자신과 하나님의 1:1의 절대적인 관계가 형성되어 있지 못한 가운데 그 사이에 아벨을 등장시켜서 상대적인 관계로 인식되어 있었던 것이다.

하나님은 한 사람, 한 사람의 중심을 보시고 있는 그대로를 받아 주신다. 하나님은 결코 우리를 비교하지 않으신다. 우리가 아무리 악하고 부족하더라도 하나님은 이대로의 우리를 사랑하신다. 그리고 있는 그대로 하나님께 나아오기를 원하신다. 그리해서 내가 하나님과의 온전한 관계에 있을 때 하나님은 나를 변화시켜 주신다. 내가 먼저 변화된 후에 하나님 앞에 나가는 것이 아니다. 하나님이 이대로의 우리를 사랑하신 다는 말씀은 우리가 의로워지려는 노력을 할 필요가 없다는 말이 아니다. 우리가 죄인인 이 상태로 나가더라도 하나님은 우리를 받아주시고 구원해 주신다. 그리고 구원받은 자를 하나님은 변화시켜주시는 것이다. 구원받은 사람은 하나님의 도움을 받아 변화되기 위해 노력해야 하는 것이다. 변화되어야만 구원받는 것이 아니고 구원받은 자가 변화된 다는 것이다.

자신을 세리와 비교해서 스스로 의롭다고 생각한 바리새인은 하나님과의 올바른 관계를 가지지 못하였다. 그러나 세리는 하나님 앞에 아무것도 내세울 것이 없는 자신을 그대로 드러내 놓고 멀리 서서 감히 눈을 들어 하늘을 우러러 보지도 못하고 다만 가슴을 치며 "하나님이여 불쌍히 여기옵소서 나는 죄인이로소이다"라고 하였다. 이와 같이 자신의 있는 그대로의 모습, 즉 죄인임을 인정할 때 하나님과의 바른 관계가 이루어지는 것이다. 이 세리는 하나님으로부터 의롭다 하심을 받았다.

그래도 "나는 이만큼은 의롭지 않습니까" 하고 내세울 것이 있다고 생각하는 사람은 큰 착각에 빠져 있다는 것을 깨달아야 한다. 우리는 모든 자랑이나 교만을 다 버리고 아무것도 없이 하나님 앞에 서야 온전히 하나님의 은혜를 받을 수가 있는 것이다.

우리 인간은 누구나 똑같은 크기의 자루 하나씩을 가지고 예수님께 나아간다고 가정해 본다. 그러면 예수님은 그 자루에 은혜라는 이름의 선물을 가득 채워 주실 것이다. 그런데 어떤 사람은 세상에 사는 동안 자기가 이루어 놓은 것이 있는데 이것을 포기할 수가 없어서 그 자루에 넣어 가지고 간다. 예수님 앞에 왔을 때 그의 자루는 이미 반쯤 차있기 때문에 예수님이 주시는 은혜의 선물을 반밖에 받을 수 없게 된다. 어떤 사람은 자루를 90%쯤 채워서 가기에 예수님의 은혜는 10%밖에 받을 수 없다. 우리가 이 세상에 살면서 아무리 소중하게 생각했던 것이라도 천국에 가면 아무 소용이 없는 것이다. 우리는 자신을 의롭다고 생각하면 하는 만큼 예수님의 은혜를 받을 수 있는 분량은 적어지는 것이다. 우리가 이 세상에서 아무리 소중하게 생각하는 것이 많더라도 예수님 앞에 갈 때는 그 자루를 완전히 비운 채로 나가야 한다.

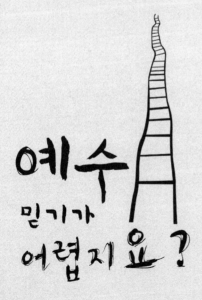

교회생활
개혁적인 신앙

오늘날 한국교회는 세상적인 가치관에 오염되어 많은 문제를 야기하고 있는 것이 사실이고 이를 염려하는 사람들 사이에 개혁의 필요성이 거론되고 있다. 우리가 하나님의 말씀인 성경의 정신대로 올바른 믿음의 생활을 한다는 것은 결코 쉬운 일이 아닌 것 같다. 그래서 개혁적인 의지를 가진 분들이 올바른 교회를 만들어 보고자 소리를 높이고 있지만 그 추진력은 거대한 저항을 돌파하기에는 역부족이고 무엇을 어떻게 개혁할 것인지 방향을 정하는 것조차 쉽지 않은 것 같다.

우리가 교회를 개혁하기 위해서는 개혁이란 무엇인가에 대한 정의를 분명히 할 필요가 있다고 생각한다. 그리고 나서 우리의 무엇을 어떻게 개혁할 것인가를 기초부터 차분히 생각해 보고 정리하며 하나씩 추진해 나갈 때라고 생각한다.

대부분의 사람들은 자신이 처해 있는 환경이나 이해관계에 따라 생각의 틀이 크게 제한을 받는다. 사도 바울의 경우를 생각해 보자. 바울은 유대인으로 바리새파에 속했다.

> 빌립보서 3:5-6 ⁵팔일 만에 할례를 받고 이스라엘의 족속이요 베냐민 지파요 히브리인 중의 히브리인이요 율법으로는 바리새인이요 ⁶열심으로는 교회를 박해하고 율법의 의로는 흠이 없는 자라.

바울은 바리새인 중에서도 엘리트로, 율법교사이며 모든 백성에게 존경을 받는 가말리엘의 문하에서 조상들의 율법의 엄한 교훈을 받은 골수 바리새인이었으며 율법주의적 신앙관에 확고한 신념을 가지고 있었다.

예수님을 만나기 전의 사울(개명하기 전의 이름)의 신앙관은 불완전한 것이었지만 그는 자신의 신앙관에 대해 강한 확신을 가졌던 것이다. 그러한 그에게 예수님이 하나님의 아들이면서 십자가 못박혀 죽었다는 사실은 자신이 가지고 있던 기존의 지식체계에는 도저히 부합될 수가 없었다. 그 결과 그는 이를 사실로 인정할 수가 없었을 뿐 아니라 이것을 주장하는 사람들은 유대인들의 정신을 오염시키는 자들로 모두 죽여야 한다고 믿었던 것이다. 그래서 그는 예수님을 따르는 자들을 핍박하고 죽이는 일에 앞장섰고 스데반 집사가 돌에 맞아 죽는 것을 보면서 이것을 마땅히 여겼다.

> 사도행전 8:1 사울은 그가 죽임 당함을 마땅히 여기더라 그날에 예루살렘에 있는 교회에 큰 박해가 있어서 사도 외에는 다 유대와 사마리아 모든 땅으로 흩어지니라.

그뿐 아니라 다메섹에 예수님을 믿는 자들이 있다는 소식을 듣고 사울은 살기가 등등하여 예수 믿는 자들을 모두 잡아들이기 위해서 대제사장에게서 위임장을 받아 다메섹으로 향하고 있었다. 그러나 다메섹으로 가는 도상에서 예수님을 만나고는 완전히 엎드러졌다. 사흘간 식음을 전폐하고 앞을 보지도 못하다가 주님이 보내주신 아나니아의 도움으로 겨우 정신을 차릴 수 있었다(행 9장).

우리는 세상을 살아가면서 매일매일 많은 양의 정보를 입수한다. 단편적으로 입수한 정보들이 서로 상반되지 않고 잘 부합되면 그 정보에 대한 신뢰가 형성되고 그러한 정보들이 쌓여서 우리의 지식체계를 형성한다. 그리고 어떤 새로운 정보가 들어왔을 때 기존의 지식체계와 잘 부합되지 않으면 그 정보는 틀린 정보라고 생각하게 된다. 그러나 새로 입수된 정보가 우리가 가지고 있는 기존의 지식 체계에 잘 부합되지 않을 때 한 번쯤은 내가 지금까지 알고 있는 지식이 최선의 것이 아닐 수도 있다는 생각을 해봐야 할 것이다. 기존의 지식체계에서 벗어나 생각을 처음부터 다시 정리해 보는 사고의 전환이 필요한 것이다.

바울도 자신의 기존 신앙관(지식체계)에 대한 확신이 지나치게 강했기 때문에 그것과 부합되지 않는 나중에 입수된 예수님에 관한 정보는 잘못된 것이라고 믿었던 것이다. 그러나 주님 앞에서 완전히 엎드러져서 겸손하게 그동안 자신이 그토록 옳다고 믿었던 모든 기존의 지식체계를 다 버렸을 때 오늘날 우리가 신약성경에서 읽는 위대한 바울의 신학이 이루어진 것이다. 우리는 율법의 행위로 의롭다 하심을 얻는 것이 아니고 오직 믿음으로 그리고 우리의 공로에 의해서가 아니고 오직 하나님의 은혜로 구원 받는다는 것을 깨닫게 된 것이다.

이것은 결코 구약의 율법과 신약의 성경이 다르기 때문도 아니고 바울이 구약에는 없던 새로운 진리를 만들어 낸 것도 아니다. 구약성경에 이미 이러한 진리가 있었고 인간의 구원을 위해서 예수님이 오셔서 인간의 죄로 인해 대신 고통을 받으실 것이라는 것이 이미 다 예언 되어 있었던 것이다. 그가 로마서(1:17)에서 말한 "의인은 믿음으로 말미암아 살리라"도 하박국(2:4) 선지자를 통해서 하나님이 이미 주신 말씀을 인용한 것이다. 그럼에도 자라면서 교육 받은 대로 형성된 기존의 지식체계에 대한 확신이 너무 강했던 나머지 사고의 균형감각을 잃게 되고 이러한 진리가 그의 사고의 영역 안으로 들어 갈 수가 없었던 것이다. 이전의 지식에 얽매이면 이것이 새로운 사고를 방해한다. 이것을 흔히 고정관념이라고 한다.

바리새인들은 원래는 하나님의 말씀인 율법을 더 잘 지키려는 좋은 뜻으로 율법을 지키기 위한 세칙을 만드는 등 열심을 가졌던 사람들이다. 그러던 것이 점차 하나님이 율법을 주신 원래의 뜻은 잊어버리고 문자대로의 율법을 지키는 데에 몰두하게 되었고 지키지 못하는 다른 사람들보다 자신들만이 의롭다는 교만과 위선에 빠지게 된 것이다.

이와 같이 스스로 자신을 의롭다하는 우월감과 당시 사람들로부터 존경받는 사람들이라는 특권의식에 사로잡힌 사람들에게는 하나님의 아들이 스스로 낮아져서 종의 모습을 취하시고 죄인처럼 죽임을 당한다는 사실을 받아들일 여지가 없었던 것이다. 바울이 다메섹으로 가는 도상에서 예수님을 만나는 경험을 한 뒤 자신이 기존에 가지고 있던 우월감 등을 모두 버리고 완전히 낮아졌을 때, 전에는 보이지 않던 진리가 보이기 시작했던 것이다. 그러한 바울이 나중에는 과거에 중요하게 생각했던 모든 것을 해로 여길 뿐만 아니라 배설물로 여긴다고 하였다.

> **빌립보서 3:8-9** ⁸또한 모든 것을 해로 여김은 내 주 그리스도 예수를 아는 지식이 가장 고상하기 때문이라 내가 그를 위하여 모든 것을 잃어버리고 배설물로 여김은 그리스도를 얻고 ⁹그 안에서 발견되려 함이니 내가 가진 의는 율법에서 난 것이 아니요 오직 그리스도를 믿음으로 말미암은 것이니 곧 믿음으로 하나님께로부터 난 의라.

이 세상에는 진실이 아닌 거짓 정보들도 많다. 이들 거짓 정보들을 모두 진실로 받아들인다면 그것이 아무리 잘 짜맞추어져서 그럴듯해 보인다 하더라도 그 지식체계는 그릇된 것이 될 것이다. 세상에는 분명히 진실이 있고 진실 아닌 것이 있다. 따라서 우리는 진실과 진실이 아닌 것을 구별할 수 있어야 한다. 그러면 그것을 어떻게 구별할 것인가? 우리에게는 그것을 구별할 기준이 있어야 한다. 요즘처럼 상대주의가 팽배한 세상에서는 모든 것이 상대화되어서 절대 진리는 없는 것처럼 보인다. 무엇이 진실이고 무엇이 거짓인지를 구별하기가 매우 어렵다.

다행히도 우리 그리스도인들에는 절대 권위를 가지신 상담자(Counselor)가 있다. 바로 하나님이시다. 우리에게는 하나님의 말씀인 성경이 있다. 디모데후서 3:14-17에서는 다음과 같이 말하고 있다.

> **디모데후서 3:14-17** ¹⁴그러나 너는 배우고 확신한 일에 거하라 너는 네가 누구에게서 배운 것을 알며 ¹⁵또 어려서부터 성경을 알았나니 성경은 능히 너로 하여금 그리스도 예수 안에 있는 믿음으로 말미암아 구원에 이르는 지혜가 있게 하느니라 ¹⁶모든 성경은 하나님의 감동으로 된 것으로 교훈과 책망과 바르게 함과

의로 교육하기에 유익하니 [17]이는 하나님의 사람으로 온전하게 하며 모든 선한 일을 행할 능력을 갖추게 하려 함이라.

하나님은 성경을 통해서 우리에게 자신을 계시하신다. 그리고 우리는 성경을 통해서 하나님을 알 수 있다. 만일 성경이 없다면 우리는 하나님을 어떻게 알 수 있겠는가. 따라서 우리의 신앙은 성경에 기초한 신앙이어야 한다. 성경이 하나님의 말씀이라면 어떤 누구의 말이나 생각보다도 성경이 최고의 권위를 가져야 한다. 그럼에도 성경을 읽다가 어떤 내용이 자기가 이미 알고 있는 지식과 다르면 이것은 이런 뜻이 아닐꺼야 하면서 무시하거나 또는 그 뜻을 자기가 원하는 대로 왜곡하는 일이 많다. 이것을 조심해야 한다. 성경말씀이 자신의 지식과 부합되지 않는다면 자신이 낮아져서 자신의 기존 지식을 버리고 처음부터 다시 생각해야 되는 것이다. 우리가 새로운 정보를 접했을 때 이것이 진실인가 아닌가를 판단하는 기준은 오직 성경밖에 없다.

콘스탄틴 대제에 의해서 기독교가 승인받은 이후 기독교는 타락하기 시작했다고 한다. 기독교가 권력의 중심에 서면서부터 기독교는 순수성을 잃고 더 이상 필요 없게 되었던 제사장 제도가 부활되고, 교회의 화려한 건축이나 교회에서 행해지는 여러 가지 의식과 성직자들이 입는 복식의 화려함을 통해서 성직자들은 자신들을 일반 대중으로부터 차별화하기 시작했고 자신들만의 특권을 누리게 되었다. 자신들이 부당한 특권을 계속 누리기 위해서는 백성이 많이 알면 알수록 방해가 된다고 생각했을 것이다. 따라서 일반 백성은 성경을 접할 수 없도록 하였다. 중세의 성경은 평소에 사용되지 않는 라틴어로만 되어 있었기 때문에 고등교육을 받은 사람들 외에는 읽을 수가 없었다. 당시에는 일반 백성이 성경을 소지하는 것조차 법으로 금지되었고 설사 소지한다 하더라도 읽을 수도 없었다.

이런 폐단을 바로잡기 위해 일반인들이 성경을 직접 읽을 수 있게 해야 한다고 주장하는 양심적인 지식인들이 나타나기 시작했고 1523년 가톨릭 사제였던 영국인 틴데일(William Tyndale)은 생명의 위협을 무릅쓰고 성경을 대중 언어인 영어로 번역하는 작업에 착수했다. 틴데일은 믿었던 사람으로부터 배신을 당해서 도피 생활을 하면서 경제적인 어려움과 숱한 방해와 난관 가운데에도 결국 1535년 10월 4일 성경 완역작업을 마쳤다. 그러나 그것 때문에 체포되어 1536년 재판도 없이 화형을 당하였다.

이와 같은 기독교의 타락은 종교개혁을 불러 왔고 오늘날의 개신교가 생겨났다. 마틴 루터에 의해서 촉발된 종교개혁에서 내세운 중요한 슬로건 중의 하나가 "오직 성경으로"(Sola Scriptura)이다. 우리에게는 오직 하나님의 말씀인 성경만이 최고의 권위를 가지며 성경이외의 어느 것도 성경만큼의 권위를 가질 수 없다는 것이다.

종교개혁으로 오늘날에는 당시의 많은 문제들이 개선되었지만 과거의 잘못을 개혁함으로써 성립된 오늘날의 개신교에서도 목사, 장로, 등 교회의 지도자들이 자신의 권위나 파워를 나타내기 위해 눈에 보이는 차이를 원하는 경향이 있다. 교회 안에서 인간의 권위를 중요시할 경우 하나님의 영광을 가리게 된다.

요즘 우리나라 기독교의 여러 가지 문제점들에 대해서 우려하는 목소리가 높다. 하나님의 위대한 구원계획을 편의대로 왜곡해서 하나님께 돌려야 할 영광을 사람들이 가로채는 일이 너무나도 빈번하게 일어나고 있다. 예수님이 사역하실 때에도 이런 일이 많아서 예수님은 이러한 지도자들에 대해서 다음과 같이 경고하셨다.

> **마태복음 23:13** 화 있을진저 외식하는 서기관들과 바리새인들이여 너희는 천국 문을 사람들 앞에서 닫고 너희도 들어가지 않고 들어가려 하는 자도 들어가지 못하게 하는도다.

이 말씀이 단지 예수님 당시의 서기관들과 바리새인들에게만 적용되는 말씀일까? 오늘날의 교회 지도자들에게는 해당되지 않을까?

혹시 하나님의 말씀을 들을 때 말씀 그 자체보다 말씀을 전하는 사람의 권위에 압도되지는 않는가? 똑같은 말씀을 들어도 권위 있는 목사님이 전할 때에는 은혜가 되는데 그렇지 못한 분이 전할 때에는 시시하게 들리지는 않는가?

> **고린도후서 4:7** 우리가 이 보배를 질그릇에 가졌으니 이는 심히 큰 능력은 하나님께 있고 우리에게 있지 아니함을 알게 하려 함이라.

여기에서 보배란 하나님의 말씀을 말하는 것이고 그릇이란 말씀을 전하는 사람을 비유한 것이다. 그리고 자신을 깨어지기 쉬운 질그릇으로 비유하고 있다.

하나님이 예수님을 통해서 우리에게 주신 약속의 메시지는 영광스럽고 귀한 보배이다. 그에 비해 메시지를 전하는 전달자는 죽을 수밖에 없는 사람이다. 이것을 바울은 보잘 것 없는 질그릇에 담긴 보배로 비유하고 있다. 만일 보배를 담은 그릇이 너무 훌륭하면 사람들은 그 안에 있는 보배보다는 그릇에 관심을 가질 것이다. 따라서 바울은 능력의 심히 큰 것이 하나님께 있고 우리에게 있지 아니함을 알게 하기 위해서라고 설명하고 있다.

우리가 복음을 전도할 때 우리 자신은 비록 보잘 것 없는 질그릇과 같은 존재이지만 그 그릇에 하나님의 거룩한 복음(보배)을 담아서 전하는 것이다. 사람들로 하여금 복음을 전하는 사람이 얼마나 훌륭한가보다는 복음 자체에 관심을 가지도록 하는 것이 하나님의 뜻이다. 우리는 연약하고 여기저기서 상처 받아 흠집도 생기고 깨지기도 하지만, 비록 보잘 것 없는 깨어진 질그릇일지라도 그 안에 하나님의 귀한 보배인 복음을 담아서 전한다면 이 얼마나 귀한 일인가?

우리는 말씀을 전하는 사람의 인간적인 권위를 중요시하지 말고 말씀 자체를 깊이 묵상하고 그 말씀을 분별하고 말씀으로부터 배우고 실천해야 한다. 그렇게 하지 않고 전하는 사람에 따라 좌우된다면 하나님의 말씀이 절대적인 것이 되지 못하고 상대화되는 것이다.

만일 유명하고 권위 있는 목사님의 설교를 들었는데 그 설교가 성경 말씀에 합당한 설교였는지를 확인하기 위해서 성경과 대조해 본다면 불경하다고 하겠는가? 사도행전 17:11에 다음과 같은 말이 있다.

> **사도행전 17:11** 베뢰아에 있는 사람들은 데살로니가에 있는 사람들보다 더 너그러워서 간절한 마음으로 말씀을 받고 이것이 그러한가 하여 날마다 성경을 상고하므로.

그런데 여기서 '너그럽다'는 말은 '고상한 성품'이라는 뜻이다. 베뢰아 사람은 데살로니가 사람보다 성품이 더 고상했다는 뜻이다. 왜 그런가 하면 베뢰아 사람들은 매일 바울의 설교를 듣고 와서 바울이 말한 것이 성경과 일치하는지 조사했기 때문이라는 것이다.

이 말씀에 의하면 세상적으로 아무리 권위 있는 분의 말씀이라도 성경말씀에 비추어 부합하면 받아들이고 그렇지 않으면 버리는 것이 옳다고 권장하는 것이다. 아무리 권위 있고 훌륭한 분이라도 사람이기 때문에 오류가 있을 수 있는 것이다. 어떤 사람의 말이라도 그것이 완전한 진리인양 무조건 받아들이고 맹목적으로 따르는 것은 옳지 않다. 요즘 한국의 유명한 대형교회들이 잘못된 방향으로 가는 것을 흔히 보는데, 그 교회의 교인들 중에는 세상적으로는 똑똑하고 훌륭한 사람들이 많은데도 옳고 그른 것을 판단하지 못하고 목사님 말씀을 하나님 말씀으로 착각하고 맹목적으로 따르는 것을 볼 수 있다.

종교는 마약과 같다는 말을 가끔 듣는데 바로 이런 일 때문인 것 같다. 그러나 마치 마약에 취한 것처럼 혼미한 상태로 맹목적으로 지도자를 따라가는 것은 결코 올바른 신앙태도가 아니다. 예수님은 참 선지자와 거짓 선지자를 구별하라고 분명히 말씀하셨다. 마태복음 7:15에서 예수님은 "거짓 선지자들을 삼가라 양의 옷을 입고 너희에게 나아오나 속에는 노략질하는 이리라"라고 하신다. 참 선지자들이 있듯이 거짓 선지자들은 분명히 있다는 사실을 부인해서는 안된다. 오늘날에도 마찬가지로 교회 지도자들 중에는 훌륭한 참 지도자들이 있는 반면 엉터리 거짓 지도자들도 있다는 사실을 인정해야 하는 것이다. 그것을 인정하지 않고 목사님이니까 무조건 순종해야 한다고 생각한다면 분명히 잘못된 생각이다.

종교개혁자들은 "개혁 교회는 항상 개혁되어야 한다"고 말하였다. 교회는 500년 전의 한 번의 개혁으로 개혁이 끝난 것이 결코 아니다. 교회는 계속해서 개혁되어야 한다. 그렇지 않으면 반드시 타락한다.

개혁이란 무조건 기존의 질서를 버리고 뜯어 고치는 것을 말하는 것이 아니다. 기독교에서의 개혁이란 '성경으로 돌아가는 것'을 말한다. 기독교의 모든 진리는 성경에 있는데 세월이 가면서 사람들이 성경을 왜곡하여 해석하거나 성경에 불필요한 군더더기를 씌움으로써 성경으로부터 멀어져 가는 경향이 있다. 이것을 시정해서 원래의 성경으로 되돌아가는 것이 개혁이다. 개혁자들이 내세웠던 기본 교리는 새로운 것을 만들어낸 것이 아니고 이미 성경이 말하는 기본 진리를 강조한 것이다.

예수님도 "내가 율법이나 선지자를 폐하러 온 줄로 생각하지 말라 폐하러 온 것이 아니요 완전하게 하려 함이라"(마 5:17)고 하셨다. 이어서 하나님이 주신 율법은 일점 일획도 없어지지 않고 다 이루리라(마 5:18)고 하셨다. 당신이 이 땅에 오신 것은 율법을 폐하러 온 것이 아니고 단지 사람들이 하나님이 율법을 주신 본래의 뜻을 이해하지 못하고 그것을 잘못 적용하는 것을 지적하시고 율법의 근본정신을 가르쳐 주심으로써 완전케 하려 함이라고 분명히 하셨다. 다시 말하면 예수님의 종교개혁도 '본래의 하나님의 뜻(말씀)으로 돌아가는 것'을 의미하는 것이다.

그로부터 약 1,500년이 지난 후 루터와 칼빈의 종교개혁에서도 같은 맥락으로 "성경으로 돌아가자"를 외치는 것이다.

이런 의미에서 볼 때 역설적이지만 종교개혁은 개혁이라기보다는 오히려 강한 보수라고 볼 수 있다. 종교의 개혁이란 새로운 것을 만들어 내는 것이 아니고 원래부터 있는 것으로 되돌아가자는 것이다. 우리가 모든 것을 판단하는 기준은 오직 성경에 기록된 하나님의 말씀인 것이다.

오늘날 많은 교회에서 관행으로 행하여지고 있는 일들 중에 비성경적인 요소들이 많다. 우리 모두는 자신도 모르는 사이에 비성경적인 생각이나 행동을 할 때가 많다. 우리는 때로는 남을 비판하기도 하지만 그보다 먼저 나 자신과 내가 속한 공동체에서 비성경적인 요소를 찾아내어서 제거하는 일이 더 중요하다. 그렇게 함으로써 우리의 신앙을 더욱 순수하게 유지할 수 있을 것이다.

얼마 전 어느 목사님의 설교에서 TV 리모컨을 수리하는 예화를 들었던 기억이 난다. 작동을 하지 않는 리모컨에 새 배터리를 넣어도 고쳐지지 않았으나 리모컨을 분해해서 먼지와 때를 깨끗이 제거하고 다시 조립했더니 작동하더라는 것이다. 먼지와 때가 잔뜩 끼어 있을 때 리모컨이 작동하지 않았던 것처럼 우리의 신앙에 비성경적인 요소들이 많을 때 하나님의 영광을 가리고 하나님의 은혜를 제대로 깨닫지 못할 것이다.

우리가 그동안 교회에서 관습적으로 배우고 익숙한 모든 것에 대하여 주저 없이 성경말씀과 대조해 봐야 할 것이다. 그래서 성경말씀에 어긋나는 것은 과감하게 버려야 하는 것이다. 수많은 사람들이 생명을 걸고 지켜낸 복음의 진리에 군더더기가 씌워지는 것을 막아야 한다.

교회생활
기름 부음 받은 주님의 종

　흔히 목사(牧師)님들을 기름 부음 받은 하나님의 종이라고 한다. 양들을 돌보는 목자(牧者)처럼 하나님의 백성을 돌보고 바른 길로 인도하는 귀한 사역을 하나님으로부터 위임받은(그리스도의 몸인 교회로부터 위임 받은 것은 하나님으로부터 위임받은 것이다) 직분이니 그것이 얼마나 귀한 직분인지를 생각하고 무거운 책임감을 인식하여 하나님의 기름 부음 받은 종이라고 하는 것은 지극히 타당하다. 그렇다면 하나님의 기름 부음 받은 종이라는 말이 가지는 의미를 곰곰이 음미해 볼 필요가 있다고 생각된다. 교회에는 목사만이 아니고 그 외에도 여러 가지 직분이 있다. 그 중에서 목사만 하나님의 기름 부음 받은 종인가도 생각해 볼 필요가 있다.

　구약성경에 의하면 하나님을 대신해서 직무를 수행하는 어떤 직분을 사람에게 부여할 때 기름 붓는 의식을 행하였다. 이에 해당하는 직분으로는 왕, 제사장, 선지자가 있다. 그러나 이런 직분을 받았던 수많은 사람들 중에 어떤 사람은 성경에 분명히 기름 붓는 의식을 행한 기록이 있으나 그렇지 않은 경우가 많아서 이런 직분을 받았던 사람들 모두가 실제로 기름 붓는 의식을 치렀는지는 알 수 없다. 그리고 이 의식이 바로 왕의 즉위식이나 직분의 임직식을 의미해서 즉시 임무를 수행한 것은 아니다. 예를 들면, 하나님은 제사장이자 선지자였던 사무엘로 하여금 다윗에게 이스라엘의 왕으로 기름 붓게 하셨다(삼상 16:1-13). 그러나 다윗은 즉시 왕이 되지 못하고 아직은 실제의 왕으로 나라를 통치하는 사울의 신하로 충성을 다하지만, 그의 존재를 불편하게 여겼던 사울로부터 시기를 받아 여러 차례 죽을 고비를 넘기기도 하였다.

예수님은 이 땅에 왕이자 제사장이요, 선지자로 오셨다. 예수님은 이 세상적인 시각으로는 왕이 아니라 오히려 지극히 가난하고 낮은 계층인 목수의 아들로 오셨지만 그가 바로 창조주 하나님이시며 피조세계의 주인으로 모든 것을 주관하시는 분이시며 실제로 세상을 바꾸시기 위해서 오셨기 때문에 왕으로 오신 것이다. 그분은 우리 인간의 죄를 대신 지고 희생제물로 자신을 드렸기 때문에 대제사장의 직분을 수행하셨다. 그리고 그분은 우리에게 하나님을 계시하셨고 하나님의 말씀(뜻)을 전하셨기 때문에 선지자이시다.

구약성경에는 인류의 구원을 위해서 메시아가 오실 것을 여러 차례 예언하였다. 그리고 그 예언대로 메시아로 오신 이가 바로 예수님이시다. 메시아라는 말은 히브리어로 '기름 부음 받은 자'라는 뜻인데 같은 의미의 헬라어는 그리스도이다. 그렇다고 해서 기름 부음 받은 모든 사람들을 다 메시아 또는 그리스도라 하지는 않는다. 구약성경에 예언되었던 그분, 다윗의 가계에서 오신 그분을 메시아 또는 그리스도라 칭하는 것이다. 따라서 메시아 또는 그리스도라는 말은 예수님을 지칭하는 고유명사가 되었다.

　오늘날 우리는 예수님을 그리스도라 하고 그리스도라는 말은 '기름 부음 받은 자'라는 뜻인데 성경 어디를 보아도 예수님이 세상에서 기름 부음 받았다는 기록은 없다. 예수님이 세례 요한에게 세례를 받으신 것은 복음서에 기록되어 있는데 기름 부음 받았다는 기록은 없다. 예수님이 요한에게 세례를 받으러 가셨을 때 요한은 "내가 당신에게 세례를 받아야 할 터인데 당신이 내게로 오시나이까"하고 말렸고 예수님은 "이제 허락하라 우리가 이와 같이 하여 모든 의를 이루는 것이 합당하니라"고 하셨다(마 4:14-15). 예수님이 세례를 받으신 것은 요한의 세례를 공인하시는 의미가 있고 예수님은 앞으로 사람들의 죄를 대신 지시기 위해서 죄인들과 같아짐, 즉 동질화되시는 의미가 있다. 그러나 예수님께 임무를 부여하기 위한 기름 부음이라고 할 때, 예수님께 기름을 부을 만한 사람이 있겠는가. 성자 하나님이신 예수님은 성부 하나님으로부터 임무를 부여받으셨으므로 하나님으로부터 기름 부음 받으신 것이고 제자들도 그것을 인정하였다(행 4:27).

> **사도행전 4:27** 과연 헤롯과 본디오 빌라도는 이방인과 이스라엘 백성과 합세하여 하나님께서 기름 부으신 거룩한 종 예수를 거슬러.

　임무를 부여하는 의식으로 성경에 기록되어 있는 것으로는 기름 부음 외에도 안수(按手)라는 의식이 있다. 예루살렘의 초대교회에서 믿는 자들의 수가 많아지자 구제하는 일에 약간의 소홀함이 있어 불평이 있음에 사도들이 제자들에게 성령과 지혜가 충만한 자 일곱을 택하게 하여 안수하여 집사로 세우고 구제 등의 일을 맡기고 사도들은 기도하는 것과 말씀 전하는 일에 전념하게 되는데 이 일이 사도행전에 기록되어 있다(행 6:1-6). 이와 같이 안수란 그 사람의 머리에 손을 얹고 기도함으로써 임무를 부여하는 의식이다. 오늘날의 교회에서는 너무 번거로운 탓인지 기름 붓는 의식은 거의 행하여지지 않고 목사와 장로를 세울 때 안수가 주로 행해지고 있다. 교회에 따라서는 집사들도 안수로 세우기도 하는데 안수 받아서 된 집사를 특별히 구별해서 안수집사라 하고 그렇지 않은(안수 받지 않은) 집사는 서리집사라 부르기도 한다.

그러나 안수하는 의식 그 자체로서 큰 의미가 있다고 생각할 필요는 없다. 교회가 하나님의 교회이며 그리스도의 몸이라는 것을 믿는다면 교회에서 임무를 부여한 모든 직분은 하나님이 주신 직분이다. 따라서 교회에서 사람들 앞에서 안수를 받았든 안 받았든 하나님이 보시기에는 다 같이 귀한 직분인 것이다. 그리고 그 직분이 하나님이 주신 직분이라고 믿는다면 교회 안의 모든 직분은 다 하나님으로부터 안수 받았다고 생각해도 틀린 생각은 아니다. 서리집사라고 해서 안수집사보다는 신분이 낮은 것이라고 생각해서 책임이 없다고 생각하면 안 되는 것이다.

그렇다고 해서 교회에서 행하는 안수라는 의식이 필요 없다고 하지는 않겠다. 모든 의식은 그자체로 큰 의미가 있는 것이 아니라 그 의식을 통해서 사람들에게 알리는 의미가 있고 사람들은 그 직분의 의미를 좀 더 깊이 생각하고 책임을 느끼며 잘 해 보자고 다짐을 하기 때문이다. 결혼식이 필요 없다고는 할 수 없지만 결혼식 자체에 너무 많은 의미를 부여해서 지나치게 화려하게 하는 것은 바람직하지 않다고 본다. 그리고 우리나라가 가난할 때 어떤 이들은 경제적으로 결혼식을 치를 형편이 되지 못해서 결혼식을 생략한 채 혼인신고만 하고 사는 부부들도 많았다. 그런 경우에 결혼식을 하지 않았으므로 그 결혼은 무효라고 할 수 없지 않은가. 따라서 교회의 모든 직분은 사람들 앞에서 의식을 치르지 않았더라도 하나님이 주신 직분이라고 믿는다면 모두가 소중한 직분이다. 목사만 특별한 직분이라고 생각할 필요는 없다.

교회에서 맡은 모든 직분은 하나님이 주신 직분이라는 생각으로 신실하게 수행하는 것이 옳다. 바울은 "맡은 자들에게 구할 것은 충성이니라"(고전 4:2)고 하였다. 그런데 많은 사람들이 목사님만이 기름 부음 받은 주의 종이라고 생각하는 경향이 있다. 과연 목사라는 신분은 특별한 것인가? 사실 교회에서 목사의 역할은 매우 중요하다. 목사의 직분은 다른 교인들에게 많은 영향을 끼칠 수 있기 때문이다. 그러나 목사를 존경하는 것이 지나쳐서 -좀 심하게 표현한다면- 우상화하는 경우가 있다.

사도행전에는 고넬료라 하는 사람의 이야기가 소개되고 있다(행 10장). 그는 로마 군인으로 백부장이었으나 경건하여 하나님을 경외하는 자였다. 그는 하나님으로부터 계시를 받고 사람들을 보내어 베드로를 집으로 청했다. 베드로가 집으로 들어 올 때 고넬료가 베드로의 발 앞에 엎드려 절을 하자 베드로는 그를 일으키며 "일어서라 나도 사람이라"(행 10:26)고 말렸다. 그 후 베드로가 설교를 할 때 유대인만이 아니라 이방인들에게도 성령이 내려오심을 체험하게 된다.

바울과 바나바는 전도 여행 중에 루스드라라는 곳에서 나면서부터 앉

은뱅이인 사람을 고쳐주는데 이것을 보고 그곳 사람들이 "신들이 사람의 형상으로 우리 가운데 내려오셨다"고 하면서 이들을 위해 제사를 지내고자 하였다. 이에 두 사도는 "여러분이여 어찌하여 이러한 일을 하느냐 우리도 여러분과 같은 성정을 가진 사람이라 여러분에게 복음을 전하는 것은 이런 헛된 일을 버리고 천지와 바다와 그 가운데 만물을 지으시고 살아 계신 하나님께로 돌아오게 함이라"고 소리를 질렀다(행 14:8-15).

위의 사례에서 보듯이 고넬료나 루스드라의 사람들처럼 사람들은 자기가 하지 못하는 특별한 일을 하거나 특별히 존경스러운 사람을 보면 우상화하려는 경향이 있는 것 같다. 이러한 경향이 오늘날의 교회에서도 나타나서 존경하는 목사님은 나와는 다른 특별한 존재로 구별하여 우상화하는 것이라고 생각된다. 목사님이 존경스러우면 그 가르침을 명심하고 실천하려고 노력하며 그가 하는 일을 잘 할 수 있도록 협조하는 것이 올바른 태도일 것이다. 그렇게는 하지 못하는 대신 그 사람을 특별히 섬김으로써 보상을 받는 느낌을 가진다면 그것이 바로 우상화의 첫 단계라고 볼 수 있다.

특별한 대우를 받는 사람의 입장에서도 생각해 볼 점이 있다. 베드로나 바울과 바나바는 상대가 자기들을 특별한 존재로 취급할 때 황급히 말리며 나도 당신들과 똑같은 성정을 가진 사람이라는 것을 강조하였다. 이것을 분명히 하지 못하면 특별한 대우를 받는 것에 익숙해지고 나아가서 그것을 즐기게 될 것이다. 그것이 바로 타락으로 가는 길이 되는 것이다.

목사도 다른 교인들과 똑같은 사람이며, 목사는 계급이 아니고 교회에서 다른 직분들과 같이 하나의 직분일 뿐이다. 그러나 목사는 교인들을 가르치고 영성을 인도하는 직분으로 다른 사람들에게 많은 영향을 끼칠 수 있으므로 정해진 교육을 받은 자에게 안수라고 하는 의식을 거쳐 주어지며 특별히 다른 사람들보다 높은 수준의 도덕성이 요구되는 것이다.

교회에는 여러 가지 직분이 있다. 다른 사람들에게 미치는 영향이라는 면에서 더 중요하고 덜 중요한 것은 있을 수 있으나 그것이 하나님이 보시기에 더 귀하거나 덜 귀한 것은 아닐 것이다. 우리가 아는 하나님은 우리가 더 중요한 일을 해야만 더 귀하게 보시는 분이 아니다. 하나님은 우리 한 사람, 한 사람을 천하보다도 귀하게 보신다. 그렇다면 우리가 어떤 직분을 맡았든지 나의 능력껏 신실하게 섬긴다면 하나님은 모두를 귀하게 보시는 것이다. 그리고 사실은 교회에서의 직분만이 아니라 우리가 세상에서 살아가기 위해서 하는 모든 일도 다 하나님이 주신 것이다. 우리는 그 일을 위해서도 기름 부음 또는 안수를 받은 것이다. 하나님은 교회 안에서만의 하나님이 아니고 온 우주 만물을 주관하시는 하나님이시다.

> 고린도전서 10:31 너희가 먹든지 마시든지 무엇을 하든지 다 하나님의 영광을 위하여 하라.

우리가 진정한 그리스도인이라면 한 주일에 한 번씩 교회에 가서만 하나님께 예배를 드리는 것이 아니라 우리의 삶 전체가 하나님께 드리는 거룩한 산제물이 되어야 한다(롬 12:1). 그렇다면 교회에서만이 아니라 이 세상 어디에서든지 하나님께 영광을 올려야 할 것이며 우리의 삶 자체가 하나님께 드리는 예배인 것이다. 우리가 직장에서 하는 일은 물론이고 내가 하는 모든 일이 그것이 악한 일이 아니라면 다 하나님이 나에게 맡기신 일이고 성직(聖職)이다. 나는 그 일을 위해서 하나님의 부르심을 받은 것이다. 그런 의미에서 우리는 모두가 하나님의 기름 부음 받은 종이다. 교회는 택하심을 입은 자들의 공동체이고 그리스도인은 택하심을 입은 자이다. 하나님이 우리를 하나님의 백성으로 택하실 때 우리는 그리스도인이라는 직분을 받았고 그때에 우리는 기름 부음을 받은 것이다. 따라서 모든 그리스도인은 기름 부음 받은 자로서 그에 합당한 삶을 살아서 하나님께 영광을 올려드려야 할 것이다(요일 2:27).

로마서 12:1 그러므로 형제들아 내가 하나님의 모든 자비하심으로 너희를 권하노니 너희 몸을 하나님이 기뻐하시는 거룩한 산 제물로 드리라 이는 너희가 드릴 영적 예배니라.

요한일서 2:27 너희는 주께 받은 바 기름 부음이 너희 안에 거하나니 아무도 너희를 가르칠 필요가 없고 오직 그의 기름 부음이 모든 것을 너희에게 가르치며 또 참되고 거짓이 없으니 너희를 가르치신 그대로 주 안에 거하라.

교회생활
참 선지자와 거짓 선지자

"하나님은 우리에게 복을 주시는 분이다. 우리가 하나님을 믿으면 하나님은 우리를 사랑하시므로 우리가 행복하고 편안하게 살기를 원하신다." 오늘날 많은 교회에서 이렇게 가르치고 있다. 하나님을 믿고 교회에 열심히 출석하고 헌금 잘하면 이 세상에서 복을 받고 부자 되고 모든 일이 잘 풀린다는 것이다. 이를 흔히 기복신앙(祈福信仰)이라 하고 이렇게 가르치는 것을 번영신학(繁榮神學)이라고도 한다. 하나님은 당신의 백성들에게 복을 주신다는 말은 옳다. 그러나 하나님이 주시는 복이 어떤 복인가를 생각해 보아야 한다. 예수님은 심령이 가난한 자, 애통하는 자, 의를 위하여 핍박 받은 자가 복이 있다고 하시는데(마 5:3-10) 이러한 복은 세상 사람들이 생각하는 복과는 거리가 멀다.

고린도후서 11:24-27에서 바울은 자신이 당한 고난을 말하고 있다.

> 고린도후서 11:24-27 ²⁴유대인들에게 사십에서 하나 감한 매를 다섯 번 맞았으며 ²⁵세 번 태장으로 맞고 한 번 돌로 맞고 세 번 파선하고 일 주야를 깊은 바다에서 지냈으며 ²⁶여러 번 여행하면서 강의 위험과 강도의 위험과 동족의 위험과 이방인의 위험과 시내의 위험과 광야의 위험과 바다의 위험과 거짓 형제 중의

위험을 당하고 ²⁷또 수고하며 애쓰고 여러 번 자지 못하고 주리며 목마르고 여러 번 굶고 춥고 헐벗었노라.

바울은 하나님의 뜻을 실천하려고 애를 쓴 사람이고 분명히 하나님의 뜻에 따라 크게 쓰임 받은 사람이었지만 그의 삶은 이토록 힘든 삶이었다. 그럼에도 바울은 다음과 같이 말한다.

> 고린도전서 15:10 그러나 내가 나 된 것은 하나님의 은혜로 된 것이니 내게 주신 그의 은혜가 헛되지 아니하여 내가 모든 사도보다 더 많이 수고하였으나 내가 한 것이 아니요 오직 나와 함께 하신 하나님의 은혜로라(고전 15:10).

"내가 나 된 것은 하나님의 은혜"라는 것이다. 주님을 따르는 길이 이렇게 힘들어도 주님으로부터 쓰임 받는다는 사실을 은혜로 알고 기쁨을 느끼며 감사하는 이것이 진정 우리가 추구해야 할 믿음의 생활의 모본이라 생각된다.

그렇다고 해서 우리 모두의 생활이 바울처럼 그렇게 힘들고 고통스러워야 한다는 것은 아니다. 그러나 예수 믿는 사람들의 삶이 항상 안전하고 편안한 것은 아니라는 점은 분명하다. 오히려 예수님은 그리스도인은 "세상에 속한 자가 아니요, 세상이 너희를 미워한다"(요 15:19)고 하셨다. 그러므로 그리스도인이 세상에서 고난을 받는 것은 당연한 것이고 의를 위하여 고난을 받으면 복 있는 자라고 한다(벧전 3:14). 그러면 예수 믿으면 이 세상에서 모든 것이 형통할 것이라는 이런 잘못된 생각은 어디에서부터 온 것일까? 근본적으로는 우리들 자신의 세상적인 욕망에서부터 형성되었을 것이다. 우리는 아무 근거 없이 원하는 대로 믿어버리는 경향이 있다. 그러나 또 한 편으로는 거짓 선지자들이 복음을 잘못 가르친 때문이기도 하다.

> 요한복음 15:19 너희가 세상에 속하였으면 세상이 자기의 것을 사랑할 것이나 너희는 세상에 속한 자가 아니요 도리어 내가 너희를 세상에서 택하였기 때문에 세상이 너희를 미워하느니라.
>
> 베드로전서 3:14 그러나 의를 위하여 고난을 받으면 복 있는 자니 그들이 두려워하는 것을 두려워 하지 말며 근심하지 말고.

마태복음 7장에서 예수님은 거짓 선지자에 대해서 경고하신다.

> 마태복음 7:15-23 15거짓 선지자들을 삼가라 양의 옷을 입고 너희에게 나아오나 속에는 노략질하는 이리라 16그들의 열매로 그들을 알찌니 가시나무에서 포도를 또는 엉겅퀴에서 무화과를 따겠느냐 17이와 같이 좋은 나무마다 아름다운 열매를 맺고 못된 나무가 나쁜 열매를 맺나니 18좋은 나무가 나쁜 열매를 맺을 수 없고 못된 나무가 아름다운 열매를 맺을 수 없느니라 19아름다운 열매를 맺지 아니하는 나무마다 찍혀 불에 던지우느니라 20이러므로 그들의 열매로 그들을 알리라 21나더러 주여 주여 하는 자마다 다 천국에 들어갈 것이 아니요 다만 하늘에 계신 내 아버지의 뜻대로 행하는 자라야 들어가리라 22그날에 많은 사람이 나더러 이르되 주여 주여 우리가 주의 이름으로 선지자 노릇하며 주의 이름으로 귀신을 쫓아 내며 주의 이름으로 많은 권능을 행하지 아니하였나이까 하리니 23그때에 내가 그들에게 밝히 말하되 내가 너희를 도무지 알지 못하니 불법을 행하는 자들아 내게서 떠나가라 하리라.

선지자는 단순히 '예언하는 자'가 아니다. 선지자란 '하나님의 말씀을 사람들에게 전하는 사람'을 말한다. 구약시대에는 하나님이 선지자에게 직접 말씀을 주셔서 백성에게 전하게 하셨으므로 선지자의 역할이 분명했다. 물론 그때에도 거짓 말씀을 전하는 거짓 선지자들이 있었다. 오늘날에는 계시가 완성된 시대이므로 구약시대와 같은 선지자는 더 이상 필요 없게 되었다. 그러나 새로운 계시가 아니라 이미 주어진 성경말씀을 풀이 해 주는 사람, 즉 교회내의 목사, 교사, 장로, 기타 교회지도자들이 선지자의 역할을 한다고 볼 수 있다.

그런데 예수님이 말씀하신 분명한 사실은 거짓 선지자가 존재한다는 것이며 진실이 존재하듯이 거짓됨도 존재한다. 그럼에도 오늘날 이 분명한 사실을 인정하지 않는데 심각한 문제가 있다. 예수님은 분명히 "거짓 선지자들을 삼가라"(마 7:15)고 말씀하신다. 거짓 선지자에게 속지 않기 위해 정신 똑 바로 차리라는 말씀이다.

오늘날 교회의 목사는 하나님이 세운 특별한 사람이라는 생각으로 목사의 말에는 순종하는 것이 미덕이고 목사의 잘못을 지적하는 것은 신앙생활의 원칙에 어긋나는 것으로 생각하는 사람들이 많다. 하지만 오늘날 한국 기독교의 타락한 모습들이 노출되어 사회에서 많은 비판을 받고 있는 것이 현실이다. 그 원인에는 목사들을 비롯한 잘못된 교회 지도자들의 책임이 크다는 것을 부인할 수 없다. 그럼에도 교회에서는 목사를 비판하는 것을 금기시하는 분위기 때문에 사회에서 학식 있고 유능한 지도층의 인사들까지도 교회에서는 목사의 잘못된 판단이나 행동에 대해서 무비판적으로 지지하고 맹종하는 것을 볼 수 있다. 교회에서 목사가 우상이 되어 가고 있는 것이다. 특히 교회에서 열심을 내는 교인들 중에 이런 편견을 가진 사람들이 많다.

만일 모든 교인들이 목사에게 순종하고 잘 따른다면 교회는 외부에서 보기에 평온하고 효율적이며 일사불란한 모습을 보일 것이다. 교회 내에서의 분쟁 때문에 시달려 본 사람들에게는 그러한 교회가 좋은 교회로 보일지도 모른다. 그러나 그러한 교회가 정말 하나님이 원하시는 교회일까? 교회는 이윤추구를 목표로 하는 주식회사가 아니다. 모든 일이 능률적으로 일사불란하게 처리되는 것은 기업체에서는 매우 좋은 일이지만 교회에서는 그렇지 않다. 교회는 다들 부족한 사람들이 모인 공동체이다. 그래서 어느 정도의 갈등은 없을 수 없다. 갈등이 발생하고 또 그것을 여러 사람이 의논해서 수습하는 과정에 성도는 성숙해 가는 것이다. 그러면서 갈등을 수습하는 방법도 배우고 서로 사랑한다는 것이 무엇을 의미하는지도 배우는 것이다. 만일 교회가 지도자인 목사 한 사람의 말에 절대 순종하며 일사불란하게 운영된다면 성도의 영성은 전혀 자라지 못할 것이다. 그렇게 되면 그것은 교회가 아니다.

만일 목사가 진정으로 하나님을 경외하고 양들을 사랑하는 참 목자라면 적어도 성도를 엉뚱한 이단으로 인도하지는 않을 것이다. 그러나 현실적으로 모든 목사가 다 그렇게 훌륭한 참 목자라고 전제할 수 있는가가 문제이다. 성경적인 관점에서 인간을 볼 때 "의인은 없다"(롬 3:10)고 하는데 그러한 인간이 신학을 공부하고 안수 받는다고 해서 바로 사람이 변화되어 모두 의인이 된다고 할 수 있겠는가. 그리스도의 몸인 교회로부터 안수를 받았으니 변화되지 않겠는가라고 생각할 수는 있다. 실제로 처음에는 부족한 점이 있었더라도 안수 받은 후 하나님으로부터 받은 직분에 대해 경외심을 가지고 절제하며 성화(聖化)를 위해 노력한다면 서서히 변화되어 훌륭한 주의 종이 될 수도 있을 것이다. 실제로 역사적으로 그런 분들은 얼마든지 있다. 그러나 안수 받은 목사들이 다 그렇게 된다는 보장은 없는 것이다.

> 로마서 3:10 기록한 바 의인은 없나니 하나도 없으며.

성경에도 실제로 기름 부음을 받아 직분을 받은 왕이나 제사장들 중에 하나님의 뜻에 어긋나게 악행을 저지른 사람들의 기록은 얼마든지 있다. 물론 오늘날의 목사들도 마찬가지이다. 그렇다고 목사들이 다 악하다는 말은 아니다. 물론 훌륭한 다수의 목사들이 있는 것은 틀림없지만 일부 잘못 가르치는 목사들 때문에 한국의 교회 전체가 비난을 받고 있는 것이다. 목사의 가르침이 성경의 말씀에 부합하면 따라야 하지만 성경에 비추어 옳지 않다고 판단될 때에는 거부할 수 있어야 한다. 기준은 어디까지나 성경이다.

맹목적으로 목사를 추종하는 교인들은 목사를 타락하게 만든다. 사람은 누구나 완전하지 못하기 때문에 쉽게 유혹을 받는다. 처음에는 매우 신실했던 분이 교인들로부터 지나친 신망을 받다 보니 특별한 대우를 받는 것에 익숙해져서 이 세상적인 관점에서 목회가 어느 정도 성공했다고 할만한 시점이 되면 교만해지고 타락하는 경우를 많이 보아 왔다. 따라서 목사가 초심을 잃지 않고 훌륭한 목사로 남기 위해서라도 교인들의 감독과 충언이 필요한 것이다.

예수님은 분명히 거짓 선지자가 있으므로 그들을 경계하라고 말씀하셨다. 예수님의 경고를 무시하고 교회의 지도자라고 해서 무조건 맹종하는 것은 결코 올바른 태도라고 할 수 없다. 역사를 돌이켜 보더라도 하나님의 뜻을 거스르고 백성들의 영성을 피폐하게 만든 것은 항상 지도자들이었다. 구약시대의 많은 왕과 제사장들이 그랬고 예수님이 오셔서 지상사역을 하시는 동안에도 예수님을 받아들이지 않고 오히려 대적하여 끝내 십자가에 못박혀 죽으시게 한 사람들은 서기관과 대제사장 등 지도자들이었다. 구약성경에 메시아가 오실 것에 대해 분명히 예언되어 있었는데 그들이 참 지도자들이었다면 누구보다도 메시아를 기다리고 있었어야 했고 오신 메시아를 환영했어야 했다. 그러나 그들은 세상에서의 기득권을 지키는데 급급했고 메시아를 배척했다.

신약시대에 와서도 기독교가 공인된 후 중세까지 기독교를 타락시킨 사람들도 종교 지도자들이었다. 종교개혁으로 많이 개선되었다고는 하지만 교회가 커지면서 과거의 잘못된 관행으로 되돌아가는 경향이 있고 잘못 가르치는 목사들이 많은 것이 현실이다. 그럼에도 지도자들을 맹목적으로 따르는 것을 당연한 일로 여기는 것은 매우 잘못된 일이다. 우리는 참 선지자와 거짓 선지자를 구별할 수 있어야 하는 것이다.

그러면 참 선지자와 거짓 선지자를 어떻게 구별할 수 있는가? 예수님은 "그들의 열매로 그들을 알리라"(마 7:16, 20)고 하셨다. 그의 성품, 언어와 행위 그리고 그의 사역의 열매를 보고 판단해야 한다는 것이다. 그의 가르침이 성경에 부합하는지를 살피는 것이 무엇보다 중요하다. 예레미아 23:16-17에는 거짓 선지자들의 가르침의 특징들이 설명되고 있다.

> 예레미야 23:16-17 ¹⁶만군의 여호와께서 이와 같이 말씀하시되 너희에게 예언하는 선지자들의 말을 듣지 말라 그들은 너희에게 헛된 것을 가르치나니 그들이 말한 묵시는 자기 마음으로 말미암은 것이요 여호와의 입에서 나온 것이 아니니라 ¹⁷항상 그들이 나를 멸시하는 자에게 이르기를 너희가 평안하리라 여호와의 말씀이니라 하며 또 자기 마음이 완악한 대로 행하는 모든 사람에게 이르기를 재앙이 너희에게 임하지 아니하리라 하였느니라.

　이 말씀에서 설명되고 있는 거짓 선지자들의 특징은 하나님의 말씀을 전하지 않고 자기 마음에서 나오는 말을 하며 사람들에게 헛된 것을 가르쳐서 거짓 희망을 갖게 하고 하나님을 멸시하는 자에게 화평을 약속한다. 그리고 자기 마음의 강퍅한 대로 행하는 사람에게도 재앙이 임하지 않을 것이라고 안심시킴으로써 사람들을 회개하게 하지 않는 것이다. 사람들은 '당신은 죄인이므로 회개하라'고 가르치는 설교보다는 '믿기만 하면 복을 받고 모든 일이 형통할 것이다'라고 하는 설교를 듣기 좋아하므로 거짓 선지자들은 사람들이 듣기 좋아하는 말만 하게 되고 그러한 교회에 교인들이 많이 몰리기도 한다.

　참 믿음은 하나님과 나와의 긴밀한 교제가 이루어지는 것이다. 그러기 위해서는 하나님이 어떤 분인지를 알아야 하고 하나님을 알기 위해서는 성경을 알아야 한다. 주일에 교회를 찾는 많은 사람들이 모두 건강한 믿음을 가지고 있다고 볼 수는 없다. 어떤 사람은 믿음보다는 다른 목적을 가지고 교회에 나가는 사람도 적지 않은 것 같다. 또 어떤 사람은 많은 사람들이 하나님을 믿고 있는데 무시하자니 두렵기도 하고 그렇다고 믿음의 확신도 없어서 어정쩡하게 한 발만 걸쳐 놓은 상태를 유지하는 사람도 있을 것이다. 그러면서 하나님을 좀 더 알기 위한 노력은 하기 귀찮고 쉽게 만날 수 있는 목사에게 의지하고 하나님 대신 목사를 섬기면서 할 만큼은 한 것이 아닌가 하고 위안을 삼는 사람도 있다. 어떤 사람은 믿음은 뒷전이고 가진 재산으로 목사나 다른 교인들의 환심을 사서 교회에서 영향력을 행사하려고 하는 사람도 있다.

사람들은 과거의 습관을 버리지 못해서 그 습관에 의해서 행동이 결정되는 경우가 많다. 초대교회 시절에 예수님의 복음을 듣고 개종한 유대인들 중에는 과거의 제사장에게 의존하던 시절이 그리워서 유대교로 되돌아가는 사람들이 있었다고 한다. 우리나라에도 기독교가 들어오기 전에 민간에는 무속(巫俗)신앙이 널리 퍼져 있었다. 그런 상태에서 기독교가 들어오면서 기독교를 받아들이기는 했지만 과거의 무속신앙을 완전히 버리지 못한 채로 기독교와 무속신앙이 혼합된 신앙형태가 만들어지게 되었다. 이들은 하나님을 믿는다 하지만 성경을 통해서 하나님을 제대로 알지는 못하고 무속적(巫俗的)인 우상을 만들어서 이 우상을 하나님이라는 이름으로 섬기는 양상을 보이기도 한다. 참된 지도자라면 이런 잘못을 지적해주고 바르게 가르쳐야 하는데 그러지 못하고 오히려 그들의 비위를 맞추어 주다보면 목사 자신이 무당이 되어 버린다.

목사든 장로든 혹은 다른 어떤 훌륭한 사람이라도 다른 사람에게 얹힌 신앙으로는 결코 천국에 들어 갈 수 없다. 그 지도자가 참 선지자라면 바로 이런 점을 깨닫게 해주어야 한다. 지도자의 직분을 수행하고 있는 사람의 입장에서 맹목적으로 자기를 따르는 사람들을 보면 그 잘못된 점을 지적해 주고 올바른 신앙을 가지도록 인도해야 할 것이다. 만일 그러지 못하고 오히려 자기를 섬기는 것을 좋아 하고 즐긴다면 그가 바로 거짓 선지자인 것이다.

그런데 거짓 선지자들은 하나님의 선한 일꾼인 것처럼 위장을 하고 있으므로 구별하기가 쉽지 않다. 예수님은 그들은 "양의 옷을 입고 너희에게 나아오나 속에는 노략질하는 이리"라고 표현하고 있다(마 7:15). 뿐만 아니라 마태복음 7:21-22에 보면 그들은 "주여 주여" 한다. 주의 이름으로 선지자 노릇하며, 주의 이름으로 귀신을 쫓아내며, 주의 이름으로 많은 권능을 행한다. 이런 일 때문에 많은 사람들이 쉽게 속는다. 어떤 이적을 행한다든지, 특히 병자를 고치는 일을 보면 많은 사람들이 반해 버린다. 이러한 능력을 행하는 것을 보면 하나님의 위대한 일꾼임에 틀림없다고 생각한다. 그러나 이러한 것들은 그들이 하나님과 함께 하는 자라는 증거가 되지 않는다는 것을 예수님은 분명히 말씀하신다. 예수님은 누가 진정한 선지자인지는 열매로 안다고 하셨다.

만일 우리가 신앙생활에 열심은 있는데 말씀을 분별하는 능력이 없다면 어떻게 되겠는가? 누군가를 열심히 쫓아갔는데 거짓 선지자를 쫓아갔다면 그래도 천국에 들어갈 수 있겠는가? 무엇인지도 모르고 맹목적으로 열심을 내는 것은 무속(巫俗)종교이다. 하나님은 결코 우리에게 맹목적인 추종을 요구하시지 않으신다. 하나님은 우리에게 말씀을 잘 분별해서 참 선지자와 거짓 선지자를 구별하라고 분명히 경고하신다.

요한계시록에서 예수님은 에베소교회에 대해서 "악한 자들을 용납하지 아니한 것과 자칭 사도라 하되 아닌 자들을 시험하여 그의 거짓된 것을 네가 드러낸 것"을 칭찬하신다(계 2:1-4). 당시에도 거짓으로 예수를 믿는다 하면서 교회 안에 들어와서 교회를 어지럽히고 거짓으로 사도라 하며 사람들을 미혹케 하는 자들이 있었던 것 같다. 그런데 에베소교회는 그런 악한 자들을 가려서 교회에 들어오지 못하게 하고 자칭 사도라고 하는 자들을 시험해서 거짓임을 드러내서 쫓아내었던 것이다. 예수님은 이런 일을 잘 했다고 칭찬하시는 것이다. 그러나 예수님은 동시에 그런 에베소교회가 "처음 사랑을 버렸다"고 책망도 하신다. 아마도 에베소교회가 거짓 사도를 시험해서 드러내기 위해서 촉각을 곤두세우다 보니 서로의 허물을 덮어 주고 용납하며 감싸주는 사랑에는 소홀했던 것이 아닌가 생각된다. 오늘날의 교회에서도 유념해야 할 사항이라 생각된다. 거짓 선지자를 가려내기 위해서 저 사람이 하는 말이 진실인가를 시험하는 일에 신경 쓰다 보면 서로의 마음이 강퍅해져서 따뜻한 사랑의 마음을 잃을 수가 있을 것이다.

요한계시록 2:1-4 [1]에베소교회의 사자에게 편지하라 오른손에 일곱 별을 붙잡고 일곱 금 촛대 사이를 거니시는 이가 이르시되 [2]내가 네 행위와 수고와 네 인내를 알고 또 악한 자들을 용납하지 아니한 것과 자칭 사도라 하되 아닌 자들을 시험하여 그의 거짓된 것을 네가 드러낸 것과 [3]또 네가 참고 내 이름을 위하여 견디고 게으르지 아니한 것을 아노라 [4]그러나 너를 책망할 것이 있나니 너의 처음 사랑을 버렸느니라.

우리는 신앙생활에도 균형된 감각을 가져야 한다. 이성적으로는 말씀을 분별해서 거짓된 말에 미혹되지 않아야 하지만 마음으로는 온유함과 사랑을 잃지 않아야 할 것이다. 이것이 말처럼 쉽지 않은 일임에 틀림없다. 그러므로 우리는 하나님 말씀을 통해서 그런 훈련을 받고 영적 성장을 도모해야 하는 것이다. 교회의 지도자(목사, 장로, 권사 등)의 위치에 있는 사람이라면 더욱 갖추어야 할 덕목이다.

예수 믿기가 어렵지요?
Hard to Believe in Jesus?

2013년 3월 25일 초판 발행

지은이 | 최진호

펴낸곳 | 사)기독교문서선교회
등록 | 제16-25호(1980. 1. 18)
주소 | 서울시 서초구 방배로 68
전화 | 02) 586-8761~3(본사) 031) 942-8761(영업부)
팩스 | 02) 523-0131(본사) 031) 942-8763(영업부)
홈페이지 | www.clcbook.com
이메일 | clckor@gmail.com
온라인 | 기업은행 073-000308-04-020, 국민은행 043-01-0379-646
          예금주: 사)기독교문서선교회

ISBN 978-89-341-1269-3(03230)

* 낙장·파본은 교환해 드립니다.